Gelassen und agil dank Kindern

Springer Nature More Media App

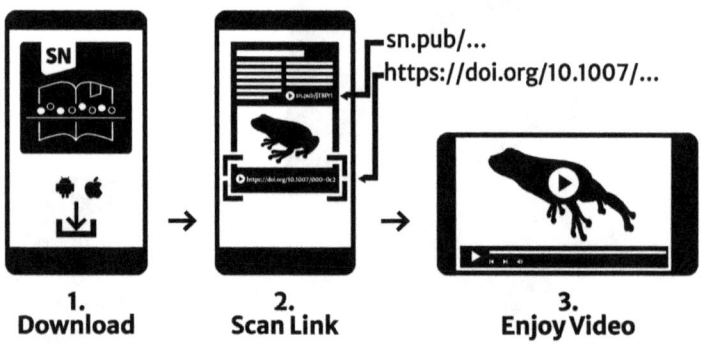

- 1. Download
- 2. Scan Link
- 3. Enjoy Video

Support: customerservice@springernature.com

Lilian Güntsche-Hilgendag

Gelassen und agil dank Kindern

Marienkäfermomente – ein Erfolgsgeheimnis zu mehr Achtsamkeit im Elternalltag

Lilian Güntsche-Hilgendag
Berlin, Deutschland

Die Online-Version des Buches enthält digitales Zusatzmaterial, das durch ein Play-Symbol gekennzeichnet ist. Die Dateien können von Lesern des gedruckten Buches mittels der kostenlosen Springer Nature „More Media" App angesehen werden. Die App ist in den relevanten App-Stores erhältlich und ermöglicht es, das entsprechend gekennzeichnete Zusatzmaterial mit einem mobilen Endgerät zu öffnen.

ISBN 978-3-658-41109-1   ISBN 978-3-658-41110-7 (eBook)
https://doi.org/10.1007/978-3-658-41110-7

Die Deutsche Nationalbibliothek verzeichnet diese Publikation in der Deutschen Nationalbibliografie; detaillierte bibliografische Daten sind im Internet über https://portal.dnb.de abrufbar.

© Der/die Herausgeber bzw. der/die Autor(en), exklusiv lizenziert an Springer Fachmedien Wiesbaden GmbH, ein Teil von Springer Nature 2023
Das Werk einschließlich aller seiner Teile ist urheberrechtlich geschützt. Jede Verwertung, die nicht ausdrücklich vom Urheberrechtsgesetz zugelassen ist, bedarf der vorherigen Zustimmung des Verlags. Das gilt insbesondere für Vervielfältigungen, Bearbeitungen, Mikroverfilmungen und die Einspeicherung und Verarbeitung in elektronischen Systemen.
Die Wiedergabe von allgemein beschreibenden Bezeichnungen, Marken, Unternehmensnamen etc. in diesem Werk bedeutet nicht, dass diese frei durch jedermann benutzt werden dürfen. Die Berechtigung zur Benutzung unterliegt, auch ohne gesonderten Hinweis hierzu, den Regeln des Markenrechts. Die Rechte des jeweiligen Zeicheninhabers sind zu beachten.
Der Verlag, die Autoren und die Herausgeber gehen davon aus, dass die Angaben und Informationen in diesem Werk zum Zeitpunkt der Veröffentlichung vollständig und korrekt sind. Weder der Verlag noch die Autoren oder die Herausgeber übernehmen, ausdrücklich oder implizit, Gewähr für den Inhalt des Werkes, etwaige Fehler oder Äußerungen. Der Verlag bleibt im Hinblick auf geografische Zuordnungen und Gebietsbezeichnungen in veröffentlichten Karten und Institutionsadressen neutral.

Illustration: Fine Heininger

Planung/Lektorat: Christine Sheppard
Springer ist ein Imprint der eingetragenen Gesellschaft Springer Fachmedien Wiesbaden GmbH und ist ein Teil von Springer Nature.
Die Anschrift der Gesellschaft ist: Abraham-Lincoln-Str. 46, 65189 Wiesbaden, Germany

Das Papier dieses Produkts ist recyclebar.

In Erinnerung an meine Mutter. Für immer unvergessen.
In Liebe für meinen Sohn.

Vorwort

Gelassen und agil dank Kindern! Geht das überhaupt? „Dank Kindern"? Müsste es nicht „trotz" Kindern heißen, denkst Du vielleicht? Nein, denn meine Überzeugung ist, dass gerade Kinder uns stark dabei unterstützen können, bewusster im Jetzt zu leben und dadurch gelassener zu werden. Ich verfolge die These, dass Kinder unsere besten Achtsamkeitstrainer:innen sind – wenn wir sie nur lassen und wenn wir uns darauf einlassen. Sie sind kleine Zen-Meister, die die Haltungen der Achtsamkeit intuitiv in sich tragen. Wir können so viel von ihnen lernen. Dieses Buch ist eine Einladung dazu, die Welt ein bisschen mehr aus Kinderaugen zu sehen und sich auch selbst die Erlaubnis einzuräumen, sich gemeinsam mit unseren Kindern weiterzuentwickeln. Jeden Tag aufs Neue.

Niemand wurde als Jedi geboren! Wir sind nicht perfekt und werden es vermutlich nie sein. Das ist auch gut so. Gerade Mütter haben oft sehr hohe Ansprüche an sich selbst. Unerfüllbar hohe Erwartungen. Mir hilft es persönlich sehr mir selbst zuzugestehen, stets dazu lernen zu dürfen. Ich sehe mich selbst als „Work in Progress" und nicht als ein abgeschlossenes „Working Mom-Programm". Dieses Buch ist somit kein Elternratgeber, es ist eher ein Impulsgeber. Von „Man muss dies oder jenes"-Ratschlägen halte ich wenig. Jeder Mensch ist anders!

Ein paar Worte zu meinem Hintergrund (mehr kannst Du in der Autoren-Bibliografie und im Laufe dieses Buches erfahren): Ich bin Autorin des Werkes „Achtsamkeit in digitalen Zeiten" (Güntsche 2016), Diplom-Medienökonomin und langjährige Beraterin für die (digitale) Transformation, Agilität und Achtsamkeit. Ich helfe Unternehmen und Menschen dabei, das „Jetzt" und den „Wandel" zu meistern, und leite dabei teilweise sehr umfangreiche, komplexe Projektvorhaben. Ein guter Umgang mit Stress gehört quasi zu meinem Daily Business. In fast all meinen Mandaten vermittele ich die Fähigkeiten der Achtsamkeit und des agilen Arbeitens, etwas, das ich in dieser Kombination „Mindful Agility*" (The Dignified Self 2022) nenne. In diesem Buch wende ich die Grundhaltungen und Gedanken dessen auf die Elternschaft an. Warum? Ich verfolge folgende These:

Die Transformation in die Elternschaft

Eltern werden ist eine der größten Transformationen, die wir im Leben erfahren können. Auf einmal ändert sich alles. Es ist klar, ein Kind ist natürlich kein Change-Projekt. Aber Kinder haben bedeutet konstante Veränderung. Und die Grundgedanken aus dem Veränderungsmanagement, die agilen Werte sowie die 7 Grundhaltungen der Achtsamkeit nach Jon Kabat-Zinn helfen in allen Lebenslagen, vor allem in solchen wie heute, die geprägt sind von Herausforderungen und konstanten Veränderungen.

Ich denke, in Zeiten von Veränderungen braucht es primär zwei Superkräfte: Auf der einen Seite die Fähigkeit, innere Stabilität zu haben und Ruhe zu bewahren, was durch Achtsamkeit begünstigt wird. Auf der anderen Seite die Anpassungsfähigkeit, etwas, das durch Agilität vermittelt werden kann.

> Diese Eigenschaften können auf dem Weg zu einer guten Work-Life-Kid-Integration, aka Vereinbarkeit von Familie und Beruf sehr dienlich sein. Ich wende daher in diesem Buch die achtsamen und agilen Haltungen und Werte auf die Elternschaft an.

Impuls

In den ersten Wochen, als ich Mama wurde, kickte mich das im positiven Sinne ganz schön aus meiner Komfortzone. Es war, als wäre nicht nur mein Kind, sondern auch ich in diesem Moment neu geboren worden!

Eigentlich konntest Du mich immer ins kalte Wasser werfen und ich fing nach kürzester Zeit an zu schwimmen. Ich habe eine hohe Stressresistenz. Aber beim Mama-Werden musste ich mich zu Beginn erst einmal selbst neu erfinden und erforschen, was „gute Eltern sein" eigentlich für mich bedeutet, lernen, mit viel Mitgefühl, Liebe, Vertrauen und endloser Geduld meine volle Aufmerksamkeit meinem Baby zu widmen, an mich selbst zu glauben, zu vertrauen, nicht zu urteilen, loszulassen, zu entdecken – alles Haltungen, die durch regelmäßige Achtsamkeitspraxis kultiviert werden können. Dies half auch mir in dieser Zeit und tut es bis heute.

Als ich nach der Elternzeit wieder zu arbeiten begann, kam natürlich noch hinzu, herauszufinden, wie all die Rollen, die ich in meinem Leben begleitete, zu vereinen waren? Stichwort: Vereinbarkeit. Hierzu sei angemerkt, dass ich als selbstständige Unternehmerin verschiedene Tätigkeiten ausübe: als Autorin, Speakerin, Dozentin, Digital-Beraterin, Agile Coach sowie als Achtsamkeits- und „Mindful-Parenting"-Trainerin. Und last but not least, kam nun eine entscheidende Rolle hinzu: MAMA.

Wie all das unter einen Hut bringen? Hier hilft aus meiner Erfahrung vor allem: „Test and Learn" – Ausprobieren und daraus lernen, so wie es auch in agilen Projekten und in Lean Start-ups gemacht wird. Somit können wir Stück für Stück Frau oder Herr der Veränderungen und Innovationen werden.

Seitdem ich Mutter bin, lerne ich jeden Tag dazu. Dank der positiven Erinnerungen aus meiner Kindheit und der Unterstützung meines wundervollen Sohnes, den ich bereits, als er noch in meinem Bauch war, „My little Buddha" nannte, wachse ich Tag für Tag mit meinen Aufgaben in meiner Rolle als „Working Mom". Ich finde es wertvoll, wenn sich Menschen, so auch Eltern, gegenseitig unterstützen, ohne einander zu bewerten.

Dieses Buch ist primär für berufstätige Eltern, aber letztlich für alle, die den inneren Wunsch haben, glücklich zu sein und ihrem Kind/ihren Kindern meistens „gute" Eltern oder Großeltern sein möchten, was auch immer „gut" für jeden individuell bedeuten mag. Ich schreibe bewusst *„meistens gute Eltern"*, denn seien wir mal ehrlich, „immer" schafft es, glaube ich, so gut wie niemand. Aus diesem Perfektionsdrang sollten wir uns ohnehin unbedingt befreien! Denkst Du nicht auch so? Auch als Eltern sind wir noch eigene Individuen, die den eigenen Akku ab und zu aufladen müssen, um mit voller Energie für die Kinder da sein zu können.

Happy parents – happy kids!

Tun wir etwas für unsere Zufriedenheit, profitieren davon auch unsere Kinder. Gehen wir achtsam und wertschätzend mit uns selbst um, können wir es auch mit anderen sein. An diesen Grundsatz glaube ich fest. Um es in den Worten des renommierten Kinderarztes und Autors Dr. Früchtenicht zu sagen, den ich im Rahmen dieses Buches auch interviewt habe: „Je zufriedener die Eltern sind, je positiver ihr Lebensgefühl ist, desto weniger Stress geben sie an ihre Kinder weiter" (Früchtenicht und Seifert 2020, S. 176).

Marienkäfermomente – oder auch „Die Geschichte mit dem Marienkäfer"

Ich wünsche sowohl Dir selbst als auch gemeinsam mit Deinen Liebsten viele zufriedene, bewusste Momente der Freude und Verbundenheit im JETZT – *„Marienkäfermomente"*, wie ich sie nenne (Marienkaefermomente.jetzt 2022).

Warum, erfährst Du genauer in der „Geschichte mit dem Marienkäfer" in diesem Buch. Eine Geschichte, die ich mit meiner Mutter erlebte. Eine Geschichte, die die Inspiration sowie der inhaltliche und visuelle Anker für dieses Buch wurde. Die Geschichte mit dem Marienkäfer dient dazu uns daran zu erinnern, die Welt ein bisschen mehr aus Kinderaugen zu sehen, und daran, wie kostbar die kleinen Momente sind: Marienkäfermomente.

Wenn ich eines gelernt habe in meiner Erziehung sowie in meinen Erfahrungen als Geschäftsfrau und als Mutter, ist es Folgendes:

> **Impuls zur Intuition** Folge deiner Intuition und höre immer auf Dein Bauchgefühl. Dafür müssen wir jedoch im Kontakt zu uns selbst stehen, was durch Achtsamkeitspraxis begünstigt und gemäß Jon Kabat-Zinn, Medizinprofessor, Autor und Achtsamkeitsexperte, sogar das „wichtigste Ziel der Achtsamkeitspraxis ist" (Kabat-Zinn und Kierdorf 2013, S. 19).

Das Bauchgefühl kann man als Intuition sehen. Die Intuition wiederum wird auch als der sechste Sinn beschrieben, den wir Menschen haben. Er ist nicht immer verstehbar, aber er leitet uns meist nicht ohne Grund in bestimmte Richtungen. Meine Intuition sagte mir: „Schreibe dieses Buch. Teile die Geschichte mit dem Marienkäfer, denn: Sharing is Caring und Geschichten inspirieren." Ich habe im Rahmen dieses Buches mit neun wunderbaren Menschen über die Geschichte mit dem Marienkäfer gesprochen, die ihre persönlichen Reaktionen und Impulse darauf geteilt haben sowie zudem wertvolle Tipps geben rund um die Themen Achtsamkeit, Elternschaft, Mindset, Gesundheit, Stressmanagement und Vereinbarkeit. Ein Auszug der Gespräche findet sich im Buch. Die vollständigen Interviews sind auf meinen Webseiten zu finden.

Wie kam es zu diesem Buch?
Nachdem nicht nur mein Bauchgefühl immer lauter wurde („Schreib dieses Buch!"), sprachen mich mehr und mehr Personen aus meinem Netzwerk und Moms auf Spielplätzen an, ob es auch einen Beitrag von mir zum Thema Achtsamkeit angewandt auf das Familienleben geben könnte. Sie fragten mich oft, wie ich persönlich als berufstätige Mama und Entrepreneurin alles unter einen Hut bekommen würde. Als mir schließlich eine gute Freundin einen Link zu dem wunderbaren Buch „Achtsamkeit für Mamas" (Moralis 2019) sendete, mit dem Hinweis „Das hättest Du schreiben können!!", war klar: Die Zeit für mein zweites Buch war gekommen. Auch mein Verlag hatte bereits nachgefragt. Trotz Kind und Kegel würde ich das schon irgendwie schaffen. Das Schreiben dieses Buches wurde mein Live-Test aller Tipps, Übungen und Grundhaltungen, die ich in diesem Buch gebe. Täglich konnte ich selbst verproben, wie ich es schaffe, Gelassenheit in Momenten zu bewahren, in denen die Buch-Deadline näher rückt, meine Kunden, Freunde und Familie Unterstützung wünschten und das Kind parallel auch mal krank zu Hause war. Nicht immer einfach, allem gerecht zu werden. Aber, wie sagt man so schön im Englischen: „Walk your talk"!

> **Motivation**
>
> Der Gedanke, dass die achtsame Grundhaltung und ein Mindset der Resilienz und Anpassungsfähigkeit, welche ich Dir in diesem Buch näherbringen möchte, einen kleinen Beitrag dazu leisten könnten, um Veränderungen besser zu meistern und zu mehr Zufriedenheit von Kindern und Familien führen könnten, motivierte mich, dranzubleiben. Ich denke, wenn nur ein Kind daraus einen Mehrwert erfährt, dass die Eltern dieses Buch lesen, hat es sich bereits gelohnt!

Ich habe Dir in diesem Buch all das zusammengeführt, was ich mir als junge, berufstätige Mama gewünscht hätte:

- Tipps und Impulse für mich selbst und das Familienleben als Inspirationsquelle
- in multimedialer Form, anschaulich aufbereitet, schnell erfassbar
- digitale Inhalte
- Literaturhinweise und inspirierende Zitate
- 50 + Hands-on-Übungen und Impulse für Gelassenheit im Elternalltag (auch mit wenig Zeit)

In meinem Mama-Netzwerk fragte ich natürlich auch nach. Hier kamen noch ergänzende Wünsche:

- geführte Meditationen
- Interview-Inspirationen von Gleichgesinnten, Experten und Role-Models
- Anekdoten aus dem Familienalltag
- Übungen sowohl für sich selbst als auch mit anderen Menschen zusammen
- Momentaufnahmen, Check-ins oder Selbsttests
- Impulse zum Dranbleiben

Ich freue mich zu sagen, dass all diese Punkte in dieses Werk mit eingeflossen sind, und ich hoffe von Herzen, dass mein Buch Dich und Deine Familie dabei unterstützt, etwas mehr Resilienz, Zufriedenheit und Achtsamkeit in den Familien- und Arbeitsalltag zu bringen und ins Gespräch zu kommen für eine gelingende Vereinbarkeit von Beruf und Familie. Zudem wünsche ich Dir durch die Impulse der Agilität und aus dem Change Management eine Anpassungsfähigkeit zu entwickeln, um Veränderungen zu meistern.

> **Impuls**
>
> Kinder haben bedeutet Veränderung – nonstop! Da ist es hilfreich, Veränderungen stressfreier begegnen zu können.

Ich wünsche Dir und Deiner Familie viele „Marienkäfermomente" im Jetzt! Lass uns den Forschergeist wecken, wie damals, als wir selbst noch Kinder waren. Ich lade Dich ein die Welt (wieder) ein bisschen mehr aus Kinderaugen zu sehen.

Literatur

Früchtenicht K, Seifert, G (2020) Von Anfang an gesund, Gesundheitskräfte natürlich stärken für Kinder von null bis drei, 1. Aufl. hanserblau, München

Güntsche L (2016) Achtsamkeit in digitalen Zeiten, Springer Fachmedien, Wiesbaden

Kabat-Zinn J, Kierdorf T (2013) J Im Alltag Ruhe finden: Meditationen für ein gelassenes Leben (German Edition) Knaur MensSana eBook. Kindle-Version

Marienkaefermomente.jetzt (2022). https://marienkfermomente.jetzt/. Zugegriffen: 22.11.22

Moralis S (2019), Achtsamkeit für Mamas, Mentor Verlag, Berlin

The Dignified Self (2022), Mindful Agility Training, https://thedignifiedself.com/de/training/. Zugegriffen: 22.11.22

Weiterführende Links

Denken und Handeln (2022), https://denken-handeln.com/, Berlin

Berlin, Deutschland   Lilian Güntsche-Hilgendag

Danksagung

Dieses Buch ist eine **Erinnerung an meine wunderbare Mutter**, die mich mit ihrer „Geschichte mit dem Marienkäfer" zu diesem Buch inspirierte. Danke Mami, dass Du mir gezeigt hast, was bedingungslose Mutterliebe bedeutet. Du lebst in unseren Herzen. Für immer.

Dieses Buch ist ein kleines **Dankeschön an meinen Sohn**, ohne den es dieses Werk nicht geben würde! Danke für Dein Strahlen und die unendliche Freude, die Du jeden Tag in unser Leben bringst. Danke für all die „Marienkäfermomente", die Du uns schenkst. Du bist meine Inspiration, das größte Geschenk auf Erden und mein bester Achtsamkeitstrainer! Jeden Tag. Dieses Buch ist für Dich – als kleiner Dank dafür, dass wir Deine Eltern sein dürfen.

Dieses Buch ist zudem allen tollen **Mamas in dieser Welt gewidmet,** die so viel leisten und leider oft zu wenig Anerkennung dafür bekommen. **Auch den modernen Vätern,** die im Familienalltag helfen, für Gleichberechtigung sorgen und Vereinbarkeit unterstützen, ist dieses Buch mit einem großen Dank gewidmet. **Ihr seid Helden!**

Einen besonderen Dank möchte ich hierbei meinem **Ehemann Jens** aussprechen! Danke, für Deine Unterstützung, Deine Liebe und das fantastische Team-Work in unserem Familienalltag.

Meinem **Vater** danke ich für all die einzigartigen Ratschläge und liebevolle Unterstützung in diversen Lebenslagen. Ich danke meinem **Bruder** dafür, dass er mich immer wieder an die schönen Momente unserer Kindheit erinnert, so wie es sonst niemand könnte. Meiner **Schwiegermutter** danke ich für die besondere Fürsorge in den ersten, herausfordernden Wochen, in denen ich Mama wurde. Den Großeltern danke ich für eure Liebe für unseren Sohn. Und: Ich danke meinen treuen **Freund:innen,** die ich ebenfalls zu meiner Familie zähle. You know who you are! Danke, dass es euch gibt.

Ich danke meinen **Achtsamkeits-Wegbegleiter:innen, Mentor:innen sowie den Change-Agents und Agile Coaches dieser Welt** für den wertvollen Austausch, die kreativen Life- und Organisations-Design Ansätze und eure wertvolle Arbeit.

Ich danke dem **Springer Nature Verlagsteam** – insbesondere Christine Sheppard, Rolf-Günther Hobbeling und Isabell Kaiser – für das Vertrauen in mich als Autorin.

Den **Unterstützer:innen dieses Buches** gilt ein großer Dank, insbesondere zu nennen sind hier:

Fine Heininger – danke für die wunderbaren Illustrationen und Abbildungen in diesem Buch!

Juliane Kupfer – danke für das Rücken freihalten in der „heißen Phase" und die tolle, strukturelle Unterstützung bei den Interviews.

Juliane Seyhan – danke für das inhaltliche Sparring als mein Buch-Buddy.

Tom Lang und Alex Zerning – danke für die gemeinsame Kreativzeit im Rahmen der Meditationsaufnahmen.

Christa Witt – danke für das Lektorieren meines Manuskriptes.

Jens Hilgendag – danke für das Bearbeiten, Sichten und Editieren der Video- und Audio-Interviews im Rahmen der anknüpfenden Podcast-Gesprächsreihe „Achtsamkeit für Eltern".

Einen ganz besonderen Dank möchte ich natürlich meinen fantastischen Interview-Partner:innen aussprechen:

Lienhard Valentin, Andrea Lindau, Dr. med. Klaus-Dieter Früchtenicht, Sarah Drücker, Ines Imdahl, Kathrin Koehler, Sandra Runge, Chérine De Bruijn und Dr. med. Gabriele Kewitz – danke für die tollen Impulse, die gemeinsame Zeit und den wertvollen Austausch. Ihr seid echte Inspirationen!

Ich schreibe dieses Buch für Menschen wie mich, die ebenfalls eine große Veränderung ihres Lebens erfahren haben, als sie Eltern wurden, Eltern, die ebenfalls nicht perfekt sind, auch mal über sich selbst lachen können, eine gelingende Work-Life-Kid-Integration anstreben und sich einfach über Impulse freuen zu den Themen: Gelassenheit, Achtsamkeit, Resilienz, Kreativität, Vereinbarkeit und Veränderungsmanagement.

Viel Spaß beim Lesen!

Inhaltsverzeichnis

1 **Achtsamkeit für Eltern – bewusst „Marienkäfermomente" erfassen und genießen** 1
  1.1 Einleitung – was Dich erwartet 2
  1.2 Die Geschichte mit dem Marienkäfer – die Welt aus Kinderaugen 9
  1.3 Kinder sind die besten Achtsamkeitstrainer:innen 14
  1.4 Mindfulness in a nut-shell – wie Achtsamkeit gegen Stress helfen kann 25
  1.5 Mindful Parenting – das (innere) Kind in sich wiedererkennen, auch wenn es rebelliert 38
  1.6 Achtsamkeit mit Kind in den Alltag integrieren 53
  1.7 Check-in: Intention und Assessment – Momentaufnahme des Status quo 57
  1.8 Kreative Achtsamkeitsimpulsseite #1 „Marienkäferpunkte zählen und ausmalen" 62
  Literatur 63

2 Grundgedanken des agilen Change-Mindsets angewandt auf die Transformation, Eltern zu werden — 67

2.1 Das Geheimnis des Veränderungsmanagements und wie es uns Eltern helfen kann — 68

2.2 Anpassungsfähigkeit, Achtsamkeit und Resilienz – die Superkräfte der modernen Zeit — 76

2.3 Agile Werte nach Scrum – eine solide Stütze bei Veränderungen auch im Familienkontext — 84

    2.3.1 Mut – lasst mal an uns selber glauben — 87

    2.3.2 Fokus – von Multi-Tasking zu Single-Tasking — 89

    2.3.3 Offenheit/Transparenz – Bedürfnisse ehrlich mit Empathie kommunizieren und die Sache mit dem „pinken Elefanten" — 92

    2.3.4 Respekt – Grenzen setzen, respektieren, bewusst werden — 95

    2.3.5 Hingabe/Commitment – das All-in-Mindset, mit Herz und Seele eine Vision verfolgen — 97

2.4 Agile Routinen & Impulse – Struktur ins Chaos des Alltags bringen — 99

2.5 Kreative Achtsamkeitsimpulsseite #2 „Marienkäferpunkte berechnen" — 105

Literatur — 107

3 Die 7 Grundhaltungen der Achtsamkeit angewandt auf die Elternschaft — 111

3.1 Der Diamant der Achtsamkeit – die achtsamen Grundhaltungen nach Jon Kabat-Zinn — 112

3.2	Der Anfängergeist – den Forschergeist in Dir erwecken	114
3.3	Nicht wertend – befreit von Vorurteilen – no filter needed!	128
3.4	Vertrauen – die drei Vertrauensebenen	136
3.5	Loslassen – vom To-do- zum To-be-Modus	148
3.6	Akzeptanz – es ist, was es ist!	161
3.7	Müheloses Tun – and breathe! Gelassen treiben lassen	169
3.8	Geduld – alles zu seiner Zeit. Geduld Du musst haben, junger Jedi!	175
3.9	Kreative Achtsamkeitsimpulsseite #3 „Marienkäfer entdecken"	183
Literatur		184

4 Work-Life-Kid-Blending: Eine integrative Haltung, wenn Grenzen verschwimmen — 187

4.1	Vereinbarkeit von Family- und Businessleben – eine Frage der (inneren) Haltung	188
4.2	Symbiose aus Karriere und Familie – eine Zeit für bewusste Entscheidungen	196
4.3	Kreative Achtsamkeitsimpulsseite #4 – „Brain dump" für eine gelingende Vereinbarkeit	208
Literatur		209

5 Marienkäfermomente „Achtsamkeit für Eltern": Interviewreihe mit Role-Models für Gesundheit, Achtsamkeit, Persönlichkeitsentwicklung und Vereinbarkeit von Business- & Family-Leben — 211

5.1	Du bist nicht allein! Intro zu der Interviewreihe in diesem Buch	212

5.2 Lienhard Valentin – Achtsamkeitstrainer, Verein „Mit Kindern wachsen", Autor und Gründer Arbor Verlag – zum Thema Achtsamkeit und Gelassenheit für Familien ... 215

5.3 Andrea Lindau – CEO Life Trust, Co-Founderin von homodea, Autorin, Hebamme – zum Thema Liebe, Achtsamkeit und weibliche Führungsqualitäten ... 223

5.4 Dr. med. Klaus-Dieter Früchtenicht – Kinderarzt, Neuropädiater & Autor – zum Thema Mind-Body-Medicine, Resilienz und Achtsamkeit durch Kinder ... 231

5.5 Sarah Drücker – Co-Founderin smart worq und Mama Meeting sowie Dozentin für Vereinbarkeit (IHK) – zum Thema Vereinbarkeit, Netzwerken und Achtsamkeit ... 238

5.6 Ines Imdahl – psychologische Marktforscherin, Inhaberin rheingold salon, Mom of 4 – zum Thema Vereinbarkeit, Empathie und Achtsamkeit ... 246

5.7 Kathrin Koehler – Kommunikationsexpertin, LinkedIn Rock Your Profile Trainerin, Digital Coach, Autorin – zum Thema bewusste Kommunikation, Achtsamkeit und Umgang mit Stress ... 253

5.8 Sandra Runge, Rechtsanwältin für Arbeitsrecht, Proparents-Initiatorin & Autorin – zum Thema Vereinbarkeit, Elterndiskriminierung und den achtsamen Umgang mit Stress ... 261

5.9 Chérine De Bruijn – Unternehmerin, Kommunikationsprofi und Podcasterin „MUT ZUR PERSÖNLICHKEIT" – zum Thema Mut, Authentizität und Mindset 270

5.10 Dr. med. Gabriele Kewitz – Fachärztin und Oberärztin am Universitätsklinikum Charité (im Ruhestand) – zum Thema Achtsamkeit, Ruhepausen für das Gehirn und Auswirkungen von Stress bei Eltern und Kindern 277

5.11 Kreative Achtsamkeitsimpulsseite #5 „Marienkäfermomente erfassen" 281

Literatur 283

6 Mindful Agile Parenting Manifest (MAP-M) – Zeit zu fliegen, Marienkäfer! 285

6.1 MAP-M: Ein Achtsamkeits-Versprechen mit Dir selbst 286

6.2 CHECK-OUT: RETROSPEKTIVE 289

6.3 Impulse zum Dranbleiben für den achtsamen Alltag 290

6.4 „Flieg Marienkäfer, flieg" – eine Reise des Erwachens 295

6.5 Kreative Achtsamkeitsimpulsseite #6 „Wertschätzung und Kudos" 299

Literatur 309

Über die Autorin

Lilian Güntsche-Hilgendag – Autorin & Expertin für Achtsamkeit, Agilität & (digitale) Transformation

Diplom-Medienökonomin Lilian Güntsche-Hilgendag ist Autorin, Speakerin und Coach für Agilität, (digitale) Transformation, Achtsamkeit und Life Design. Seit über 15 Jahren begleitet Lilian crossfunktionale Teams und führende Unternehmen strategisch und organisatorisch in (digitalen) Change- und Transformationsprojekten. Als Mama, Gründerin von THE DIGNIFIED SELF° und international tätige Beraterin und Speakerin weiß sie, gelassen mit Veränderungen umzugehen. Lilian setzt sich als Mindful Parenting Coach, mit ihren *MINDFUL AGILITY°* Trainings sowie mit ihrem Podcast „Achtsamkeit für Eltern by MARIENKÄFERMOMENTE" für eine gelingende Vereinbarkeit von Berufs- und Familienleben und für mehr Gelassenheit im Elternalltag ein.

Mehr zur Autorin: www.LilianGuentsche.com. Impulse zur Achtsamkeit und Agilität: www.marienkäfermomente.jetzt sowie unter www.TheDignifiedSelf.com.

Über die Autorin

Lilian Güntsche-Hilgendag (lilianguentsche.com),
Foto: JAMMIN Photostudio & Gallery, www.jammin.photos

Weitere Hintergründe zur Autorin und Lilians Begeisterung für Achtsamkeit

Es ist Lilians Überzeugung, dass die Achtsamkeit eine der relevantesten Fähigkeit in der modernen Zeit ist und dringend erforderlich, um ständigen Wandel und Herausforderungen zu meistern. Als Buchautorin des Wegweisers „Achtsamkeit in digitalen Zeiten" (erschienen 2016 bei Springer), Achtsamkeitstrainerin, zertifizierter Mindful Parenting Coach und Speakerin setzt sich Lilian seit Jahren europaweit für mehr Achtsamkeit in der Wirtschaft und Gesellschaft ein. Mit ihrer Initiative THE DIGNIFIED SELF° (thedignifiedself.com), einer Bewegung für mehr Achtsamkeit und Agilität, gibt sie in ihren MINDFUL AGILITY° Trainings und Workshops Impulse, die zum Umdenken anregen. Lilian vermittelt New-Work-Fähigkeiten im Bereich Achtsamkeit, Resilienz, Anpassungsfähigkeit und Agilität (The Dignified Self 2022) in namhaften Unternehmen sowie an der Hochschule.

Lilians Themen finden auch international Resonanz, so z. B. in Publikationen wie dem Harvard Business Manager, der Huffington Post, dem Manager Magazin, dem Brigitte Magazin oder dem FOCUS Magazin. Zu ihren Speaker-Referenzen zählen Fachvorträge u. a. in Deutschland, Österreich, Spanien und Großbritannien, auf Firmenevents für Mitarbeiter:innen und Führungskräfte, auf renommierten Branchenveranstaltungen, sowie als Dozentin für Change- und Projektmanagement und Agile Entwicklung an einer führenden Business Universität in Berlin.

Mit Lilians erstem Buch „Achtsamkeit in digitalen Zeiten" (Güntsche 2016), war sie 2016 Pionierin für das Thema Mindful Business und Achtsamkeit im (Business)-Alltag in Deutschland. Es war den Auswirkungen der Digitalisierung auf die Menschen gewidmet und verfolgte das Ziel einer durch Daten und Maschinen dominierten Zeit etwas Menschlichkeit entgegenzusetzen sowie bewusst auch an die Grenzen von „Always-On" zu erinnern. Nachdem Lilian zwei Jahre später Mutter wurde und sich ihr Leben als „Mindful Workaholic", wie sie sich selbst manchmal nennt, sinnbildlich auf den Kopf stellte, sortierte sie sich als leidenschaftliche Mama und Unternehmerin neu und findet durch eine achtsame und agile Haltung kreative Wege, um gemeinsam mit ihrem Mann eine erfüllende Symbiose aus Familie und Beruf zu leben. Hierbei ist sie im regelmäßigen Austausch mit anderen Coaches, Working Moms und berufstätigen Eltern sowie Role-Models für Vereinbarkeit, Gesundheit, Achtsamkeit und Persönlichkeitsentwicklung.

Lilians Credo lautet: „Kinder sind die besten Achtsamkeitstrainer:innen". In ihrem zweiten Buch sowie mit ihrer anknüpfenden Podcast-Gesprächsreihe „Achtsamkeit für Eltern" teilt Lilian auf www.marienkäfermomente.jetzt audio-visuelle Impulse für mehr Gelassenheit für Eltern. In ihren abwechslungsreichen Gesprächen mit inspirierenden Gästen geht es u. a. darum, wie wir als leistungsorientierte Eltern das „Loslassen" lernen, dennoch auch eigene Träume nicht aus den Augen verlieren und die Welt, zum Beispiel durch das Zählen von Marienkäferpunkten, etwas mehr aus Kinderaugen sehen.

Lilian hat eine Passion für Gesang, Songwriting, Meditation, Yoga und Reisen. Sie lebt nach Aufenthalten in den USA und Spanien, mit Ehemann und Sohn in Berlin.

Weiterführende Links

lilianguentsche.com | www.marienkäfermomente.jetzt | thedignifiedself.com
Instagram: @LilianGuentsche @TheDignifiedSelf @Marienkaefermomente.jetzt

Zusätzliche Werke der Autorin

„Achtsamkeit in digitalen Zeiten – Ein persönlicher Wegweiser für mehr Ruhe in der Beschleunigung" (Güntsche 2016). Weitere Informationen unter THEDIGNIFIEDSELF.COM (TDS 2017), Probekapitel und Detailinformationen auf springerlink erhältlich.

Literatur

Güntsche L (2016), Achtsamkeit in digitalen Zeiten, Springer Fachmedien, Wiesbaden

The Dignified Self (2022), Mindful Agility Training, https://thedignifiedself.com/de/training/. Zugegriffen: 22.11.22

TDS (2017), The Dignified Self, Buch, https://thedignifiedself.com/de/buch/. Zugegriffen: 23.11.22

Abbildungsverzeichnis

Abb. 1.1	Digital Content – visueller Hinweis für begleitende Audio- und Videoinhalte. (Illustration: Fine Heininger)	5
Abb. 1.2	Me-Time/Quality Time – visueller Hinweis für Achtsamkeitsübungen und Impulse. (Illustration: Fine Heininger)	6
Abb. 1.3	Audio-Track 1 „Marienkäfermomente – die Marienkäfer-Geschichte". (Illustration: Fine Heininger)	10
Abb. 1.4	Mama und Tochter, Foto: Karen Bergh Photography, ZA	11
Abb. 1.5	Die 7 Ebenen der Achtsamkeit aus „Achtsamkeit in digitalen Zeiten", Illustration: Celia Krietsch. (Güntsche 2016, S. 60)	21
Abb. 1.6	Das Stresserleben steigt kontinuierlich an. (TK Stressstudie 2021, S. 10, Illustration: Fine Heininger)	29
Abb. 1.7	So schaltet Deutschland ab „Was tun Sie zum Stressabbau besonders gern?". (TK Stressstudie 2021, S. 18; Illustration: Fine Heininger)	31

Abbildungsverzeichnis

Abb. 1.8	Die 7 Ebenen der Achtsamkeit aus „Achtsamkeit in digitalen Zeiten", Illustration: Celia Krietsch. (Güntsche 2016, S. 60)	32
Abb. 1.9	Stressreaktion mit regelmäßiger Achtsamkeitspraxis. (Illustration: Fine Heininger)	35
Abb. 1.10	Stressreaktion ohne regelmäßige Achtsamkeitspraxis	35
Abb. 1.11	Das Bewusstseinsdreieck. (Nach Moralis 2019, S. 25, Illustration: Fine Heininger)	36
Abb. 1.12	Audio Track 2 „3-Minuten Atempause"	48
Abb. 1.13	Audio Track 3 „Hörmeditation". (Illustration: Fine Heininger)	50
Abb. 2.1	Change Management – Die 7 emotionalen Phasen nach Richard K. Streich. (Illustration: Fine Heininger)	73
Abb. 2.2	Die 7 Säulen der Resilienz – angelehnt an „The Resilience Factor". (Reivich und Shatté 2003; Illustration: Fine Heininger)	79
Abb. 2.3	MINDFUL AGILITY° Kernkompetenzen für Zeiten von Veränderungen, angelehnt an THE DIGNIFIED SELF ° 2022. (Illustration: Fine Heininger)	81
Abb. 2.4	„Top 15 Skills für 2025" – gemäß des Future of Jobs Surveys. (World Economic Forum 2020; Illustration: Fine Heininger)	83
Abb. 2.5	Agile Werte nach Scrum. (Scrum.Org 2016; Illustration: Fine Heininger)	87
Abb. 2.6	Kanban-Family-Board-Beispiel. (Illustration: Fine Heininger)	104
Abb. 3.1	Die 7 Grundhaltungen der Achtsamkeit nach Jon Kabat-Zinn. (Angelehnt an Bögels und Restifo 2015, S. 158; YouTube Minds Unlimited Mindfulness 2022; Illustration: Fine Heininger)	112
Abb. 3.2	Die Vertrauensebenen	137

Abb. 3.3	Audio-Track 4 „Loslassen Meditation". (Illustration: Fine Heininger)	157
Abb. 3.4	Me-Time – Schmetterlingsumarmung. (Illustration: Fine Heininger)	157
Abb. 3.5	Audio-Track 5 „Om Tare Mantra Meditation". (Illustration: Fine Heininger)	168
Abb. 3.6	Audio-Track 6 „Rama Bolo Mantra Meditation". (Illustration: Fine Heininger)	168
Abb. 3.7	Audio-Track 7 „Harmonium Sound Meditation 1"	180
Abb. 3.8	Audio-Track 8 „Harmonium Sound Meditation 2". (Illustration: Fine Heininger)	180
Abb. 3.9	Audio-Track 9 „Harmonium Sound Meditation 2". (Illustration: Fine Heininger)	180
Abb. 4.1	Familienreport Statistik. (Familienreport 2020, S. 10; Illustration: Fine Heininger)	190
Abb. 4.2	Inneres vs. äußeres System. (Illustration: Fine Heininger)	195
Abb. 4.3	Selbst der Wandel sein – Von der Raupe zum Schmetterling. (Illustration: Fine Heininger)	196
Abb. 4.4	Bedeutung der Lebensbereiche. (Familienreport 2020, S. 35; Illustration: Fine Heininger)	199
Abb. 4.5	„Selbstliebe" Beliebtheit gemäß Google Trends (2022). (Illustration: Fine Heininger)	205
Abb. 5.1	Interviews mit Familienheld:innen und Role-Models. (Illustration: Fine Heininger)	214
Abb. 5.2	Lienhard Valentin. (Foto: www.lienhard-valentin.de)	215
Abb. 5.3	Video-Intro aus dem Interview mit Lienhard Valentin – Track 10. (Illustration: Fine Heininger) (▶ https://doi.org/10.1007/000-bgb)	222
Abb. 5.4	Andrea Lindau. (https://andrealindau.com/)	223
Abb. 5.5	Video-Intro aus dem Interview mit Andrea Lindau – Track 11. (Illustration: Fine Heininger) (▶ https://doi.org/10.1007/000-bg8)	230

Abb. 5.6	Dr. med. Klaus-Dieter Früchtenicht	231
Abb. 5.7	Video-Intro aus dem Interview mit Dr. med. Klaus-Dieter Früchtenicht – Track 12. (Illustration: Fine Heininger) (▶ https://doi.org/10.1007/000-bg9)	237
Abb. 5.8	Sarah Drücker. (Foto: Amanda Dahms)	238
Abb. 5.9	Video-Intro aus dem Interview mit Sarah Drücker – Track 13. (Illustration: Fine Heininger) (▶ https://doi.org/10.1007/000-bga)	245
Abb. 5.10	Ines Imdahl. (www.rheingold-salon.de)	246
Abb. 5.11	Video-Intro aus dem Interview mit Ines Imdahl – Track 14. (Illustration: Fine Heininger) (▶ https://doi.org/10.1007/000-bg7)	252
Abb. 5.12	Kathrin Koehler. (https://www.kathrinkoehler.com/; Foto: Steffen Jänicke)	253
Abb. 5.13	Video-Intro aus dem Interview mit Kathrin Koehler – Track 15. (Illustration: Fine Heininger) (▶ https://doi.org/10.1007/000-bgc)	260
Abb. 5.14	Sandra Runge. (https://sandrarunge.de/; Foto: Manu Wolf)	261
Abb. 5.15	Video-Intro aus dem Interview mit Sandra Runge – Track 16. (Illustration: Fine Heininger) (▶ https://doi.org/10.1007/000-bgd)	269
Abb. 5.16	Chérine De Bruijn. (https://www.cherinedebruijn.com; Foto: Alyn Camara)	270
Abb. 5.17	Video-Intro aus dem Interview mit Chérine De Bruijn – Track 17. (Illustration: Fine Heininger) (▶ https://doi.org/10.1007/000-bge)	276
Abb. 6.1	Literatur Inspiration; Foto: Lilian Güntsche-Hilgendag	294

Tabellenverzeichnis

Tab. 2.1   Fokus: Single-Kontext-Übung nach
            Sutherland 2015   91

1

Achtsamkeit für Eltern – bewusst „Marienkäfermomente" erfassen und genießen

Auf einmal ist es wieder wichtig, wie viele Punkte ein Marienkäfer hat. Dank Kindern nehmen wir wieder bewusst wahr. Eine einzigartige Chance, das eigene Leben noch einmal zu erleben – aus Kinderaugen!

Ergänzende Information Die elektronische Version dieses Kapitels enthält Zusatzmaterial, auf das über folgenden Link zugegriffen werden kann [https://doi.org/10.1007/978-3-658-41110-7_1]. Die Videos lassen sich durch Anklicken des DOI-Links in der Legende einer entsprechenden Abbildung abspielen, oder indem Sie diesen Link mit der SN More Media App scannen.

© Der/die Autor(en), exklusiv lizenziert an Springer Fachmedien Wiesbaden GmbH, ein Teil von Springer Nature 2023
L. Güntsche-Hilgendag, *Gelassen und agil dank Kindern*,
https://doi.org/10.1007/978-3-658-41110-7_1

1.1 Einleitung – was Dich erwartet

Du musst dieses Buch nicht chronologisch lesen, Du kannst auch in bestimmte Kapitel und Übungen rein springen, die Dich jetzt in diesem Moment ansprechen. Da ich als Mutter weiß, wie schwer es ist, Zeit zum Lesen eines Buches zu finden, habe ich Dir kleine Hilfestellungen integriert:

Check-in und Check-out
Ich bitte Dich, den Check-in: „Meine Wetterlage" zu Beginn des Buches sowie den Check-out: „Retrospektive" zum Abschluss zu vollziehen. Das wird Dir selbst ein Werkzeug an die Hand geben, den Fortschritt oder auch die subjektiv wahrgenommene Veränderung Deiner Haltung und Empfindungen im Verlauf dieses Buches oder auch im Nachgang zu messen und bewusst in Dich zu gehen. Dies ist eine Methodik, die im agilen Arbeiten angewendet wird. Agilität lässt sich als Anpassungsfähigkeit definieren, die sehr hilfreich ist, um Veränderungen zu meistern. Mehr dazu erfährst Du in Kap. 2. Ein paar Methodiken aus dem „agilen Werkzeugkoffer" und Impulse aus dem Veränderungsmanagement sind daher hilfreich, wenn wir neue Akzente in unserem Leben setzen möchten.

Anschauliche Illustrationen von Fine Heininger und Achtsamkeitsimpulsseiten
Die Abbildungen bzw. Illustrationen helfen hoffentlich dabei, dass Du das Buch vielleicht auch gemeinsam mit

Deinem Kind lesen bzw. anschauen kannst. Das hat bei mir im Urlaub mal sehr gut funktioniert. Ich habe bestimmte Passagen aus dem Buch meinem kleinen Sohn laut vorgelesen und ihn zwischendurch auch selbst mal darin blättern lassen. Er hat es somit als „unser" Buch anerkannt und auch akzeptiert, wenn Mama mal ein paar Seiten alleine darin gelesen hat. Er fühlte sich quasi somit integriert und nicht ausgeschlossen. Um dies zu ermöglichen, habe ich mit der wunderbaren Illustratorin Fine Heininger (Denken und Handeln 2023) zusammengearbeitet, die alles sehr liebevoll gestaltet hat. Warum so viele Marienkäfer in Buch zu finden sind, wirst Du natürlich noch genauer erfahren. Es gibt auch kreative Achtsamkeitsimpulsseiten am Ende eines jeden Kapitels, die man wunderbar auch mit Kind und/oder Partner:in gemeinsam erforschen kann.

Übungen & Impulse für „Mindful Agile Moms & Dads"
Du findest in diesem Buch viele Übungen und Impulse rund um die Themen Achtsamkeit und Agilität, angewandt auf das Familienleben. Diese beiden Fähigkeiten können helfen Zeiten des Wandels mit mehr Gelassenheit und Freude zu begegnen. Du wirst daher im Rahmen dieses Buches die **7 Grundgedanken der Achtsamkeitspraxis,** angewandt auf das Elternsein, kennenlernen. Zudem werde ich Dir die **5 agilen Werte** für Zeiten des konstanten Wandels näherbringen und diese ebenfalls mit **Tipps für den Familienalltag** anreichern. Wer mein erstes Buch „Achtsamkeit in digitalen Zeiten" (Güntsche 2016) gelesen hat, hat bereits **die „7 Ebenen der Achtsamkeit"** kennengelernt und weiß, dass ich gerne mit solchen Modellen arbeite, um Dinge einfacher greifbar zu machen. Ich hoffe es hilft Dir ebenfalls!

> **Wichtiger Hinweis**
> Alle Übungen im Überblick inkl. ungefährer Dauer sind zusammengestellt im „Übungsverzeichnis", siehe Kapitel 6.3.

Multimediale/digitale Inhalte und Bonusmaterial

Da ich aus meinem eigenen Mami-Alltag weiß, dass es nicht immer leicht ist, noch die Kraft zum Lesen zu finden, denn manchmal sind die Augen einfach zu müde und die Buchstaben verschwimmen, kann ein Podcast oder Audio zu hören eine hilfreiche Erleichterung sein, da auch einmal ein anderer Sinn angesprochen wird und die Augen entspannen können. Darauf möchte ich gerne einzahlen, denn manchmal ist es einfacher, ein bisschen zu lauschen und den Augen eine Pause zu gönnen. Als Digitalisierungsberaterin war es mir daher sehr wichtig, Dir ein paar ergänzende audio-visuelle, digitale Inhalte zur Verfügung zu stellen. Ich hoffe, das hilft Dir, „dranzubleiben" und einen guten Zugang zu finden.

> **Audio-visueller Hinweis**
> Immer wenn Du die Illustration in Abb. 1.1 siehst, gibt es ergänzende digitale Inhalte in der Springer Nature More Media App. Du findest dort Videos und Audioaufnahmen. Einfach den Link unter den entsprechenden Abbildungen scannen.

1 Achtsamkeit für Eltern – bewusst ...

Abb. 1.1 Digital Content – visueller Hinweis für begleitende Audio- und Videoinhalte. (Illustration: Fine Heininger)

Die folgenden digitalen Inhalte stehen Dir mit dem Erwerb dieses Buches zur Verfügung:

1. „Marienkäfermomente – Die Geschichte mit dem Marienkäfer"
2. 3-Minuten Atempause – Meditation
3. Hörmeditation mit Mantra des Mitgefühls – Meditation
4. Loslassen Meditation – Meditation
5. Om Tare – Mantra Gesangsmeditation
6. Rama Bolo – Mantra Gesangsmeditation
7. Instrumental Harmonium – Sound-Meditation 1
8. Instrumental Harmonium – Sound-Meditation 2
9. Instrumental Harmonium – Sound-Meditation 3
10. Experten Video-Interview Intros (Tracks 10–17), kurze Einleitung zu den geführten Interviews. Die vollständigen Video-und Audio-Interviews sowie ergänzende Informationen findest Du auf der begleitenden Webseite www.Marienkäfermomente.jetzt. (Marienkäfermomente 2023).

> **Ein weiterer Tipp**
>
> Du kannst Dir die Achtsamkeitsimpulsseiten aus diesem Buch zum Abschluss jedes Kapitels, das Mindful Agile Parenting Manifest (MAP-M) (siehe Kap. 6) und weitere spannende Inhalte rund um Achtsamkeit und Elternschaft mit dem Erwerb dieses Buches einfach auf der begleitenden Website herunterladen unter:
> *www.Marienkäfermomente.jetzt/bonus.*
> Da findest Du einen exklusiven Bonusbereich für ausgewählte Personen und Members, zu denen Du nun gehörst! Abonniere Dir am besten auch den Newsletter auf der Homepage, um regelmäßig neue Inspirationen für mehr Gelassenheit im Elternalltag zu erhalten. Weitere Achtsamkeit- und Agilitäts-Impulse findest Du zudem auch unter *www.thedignifiedself.com.*

Viele Übungen mit visuellem Anker
(Me-Time/Quality Time)

Bei den Impulsen und Übungen für den „Mindful Mom & Dad"-Alltag, findest Du zwei Icons: eines, welches die Selbstfürsorge, die Me-Time illustriert (s. Abb. 1.2 links), ein weiteres als kleine Erinnerung daran, dass sich viele der Übungen und Impulse auch dafür anbieten wür-

 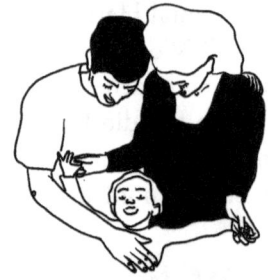

Abb. 1.2 Me-Time/Quality Time – visueller Hinweis für Achtsamkeitsübungen und Impulse. (Illustration: Fine Heininger)

den, sie mit anderen Menschen zusammen zu machen als gemeinsame Quality Time mit Deinem Partner, Kind, Freunden etc. (s. Abb. 1.2 rechts). Entscheide selbst, wie Du es gerne handhaben möchtest. Mach die Übungen alleine, oder auch mit anderen Herzensmenschen. Aber visuell möchte ich Dich somit ganzheitlich immer wieder daran erinnern: Du musst nicht alles alleine schaffen!

Achtsamkeit praktizieren – Übung macht den Meister!
Es ist nicht immer leicht, Zeit zu finden. Es ist eine tägliche Entscheidung, die wir neu für uns treffen dürfen. Aber es ist wie mit allem, was wir im Leben lernen, es braucht Zeit und Hingabe. Möchtest Du ein Instrument oder ein neues Rezept lernen, setzt Du Dich doch auch damit auseinander, oder? Wenn Du Schritt für Schritt eine Präsenz und ein Bewusstsein dafür etablierst, bist Du bereits auf einem guten Weg. Nach in der Regel ca. 30 Tagen, fühlen sich die neuen Impulse plötzlich nicht mehr so fremd an und werden Teil unserer „neuen" Routine. Wir erkennen all die Ablenkungen, den „Ballast" und Störfrequenzen des Alltags besser und lernen bewusster darauf zu achten, worauf wir unsere Aufmerksamkeit lenken. Ich spreche hierbei auch gerne von „Fokus". Medizinprofessor und „Achtsamkeitsguru" Jon Kabat-Zinn spielt auch mit dem Bild eines Dachbodens, auf dem sich viel Trödel angesammelt hat. Unsere Aufgabe besteht nun sinnbildlich darin, auszumisten. Also nicht wirklich unseren Dachboden oder Keller (obwohl ich das auch mal wieder machen könnte!), sondern unseren Geist. Unser Geist wird weniger vollgestopft, wodurch wir uns mit der Zeit besser konzentrieren können (Kabat-Zinn und Kierdorf 2013, S. 34–35). Das ist eine wertvolle Fähigkeit in einer Zeit der Ablenkung. Aber dazu später mehr…

Vergiss also nicht, Dir Zeit zu nehmen für die vielen Übungen in diesem Buch! Pick Dir einfach das heraus, was Dich persönlich anspricht. Ohne kontinuierliches Praktizieren achtsam zu sein, präsent zu sein, sich auf den eigenen Atem zu fokussieren, wird es schwer möglich, die 7 achtsamen Grundhaltungen (s. Kap 3) und somit eine wohlwollende Stimmung zu kultivieren, aus welcher u. a. Gelassenheit hervortreten kann.

> **Mein Wunsch an Dich!**
>
> Wenn ich mir jetzt von einem Glückskäfer etwas wünschen dürfte, wäre es Folgendes:
>
> Ich wünsche mir, dass ich Dir mit diesem Buch den einen oder anderen wertvollen Impuls für Deinen/euren Familienalltag liefern kann, der Dein und Euer Leben vielleicht etwas erleichtert. Ich lade Dich herzlich ein, Dein eigenes „inneres Kind" wieder zu wecken und entdecken und Dich in Deinem Leben auf die „Marienkäfermomente" zu fokussieren sowie mehr davon zu erschaffen. Dabei möchte ich Dich unterstützen (Marienkäfermomente (2023)).
>
> Schau hin, wenn Dein Kind Dir etwas zeigen möchte. Hör zu, wenn es Dir aufgeregt etwas erzählt. Lass Dich darauf ein, wenn es mit Dir „Pferde stehlen" oder einfach nur „Marienkäferpunkte" zählen möchte. Die Zeit geht so schnell vorbei! Und sie ist so wertvoll. Verlasse den Tun-Modus und komme zurück ins „Sein", wie als Du noch ein Kind warst. Es heißt schließlich „Human BEING", nicht Human DOING.
>
> Sei im Hier und Jetzt. Mache Dir bewusst, dass auch Du ein Kind warst, Dich Erinnerungen prägen aus Deiner Kindheit sowie auch aus der Kindheit Deiner Eltern, die sich wiederum auf Dich ausgewirkt haben. Nimm die Möglichkeit wahr, Eltern zu sein als eine Chance zu verstehen, dass auch Du lernen darfst, Dich weiterentwickeln kannst, nicht immer perfekt sein musst und dass Du gemeinsam mit Deinem Kind/

Deinen Kindern wachsen kannst und auf dem Weg dorthin, durchaus den Moment genießen darfst. Jeden Tag aufs Neue.

Die Geschichte mit dem Marienkäfer, die ich mit Dir teile, soll Dich auf Deinem Weg begleiten. **Ich wünsche Dir viele Marienkäfermomente!**

1.2 Die Geschichte mit dem Marienkäfer – die Welt aus Kinderaugen

Anekdote

Mutter und erwachsene Tochter sitzen zusammen am Küchentisch.
„Mami", fragt die Tochter, „warum glaubst Du sollte man Eltern werden?"
„Das ist ganz einfach," antwortet sie, „weil es auf einmal wieder wichtig ist, wie viele Punkte ein Marienkäfer hat oder wie viele Farben ein Schmetterling. Du bekommst die Chance, Dein ganzes Leben noch einmal zu erleben – aus Kinderaugen. Du wirst aufgeweckt und siehst Dinge, die Du vorher nicht mehr gesehen hast. Das ist ein großes Geschenk."

> **Digitaler Hinweis:**
>
> Deine Augen sind heute müde? Durch das Abfotografieren des Links unter der Abb. 1.3 mit der Springer Nature More Media App, kannst Du Dir die Geschichte mit dem Marienkäfer alternativ auch als Audio-File anhören. Viel Spaß dabei!

Die oben erwähnte Geschichte schildert ein Gespräch, das ich vor Jahren mit meiner Mutter geführt und nie vergessen habe. Ich war damals gerade 30 Jahre alt geworden und hatte noch gar keinen Kinderwunsch. Aber das Gespräch habe ich nie vergessen. Natürlich ist das nur ein Auszug aus dem Gespräch und es gibt noch unzählige weitere Gründe, Eltern zu werden. Aber dieser Teil mit der Marienkäfer Geschichte ist mir besonders in Erinnerung geblieben.

Meine Mutter, die ich sehr geliebt habe, und die leider viel zu früh gehen musste, war aus meiner Sicht eine „Super Mom" und in vieler Hinsicht meine Inspiration und Orakel der Weisheit (s. Abb. 1.4). Wir hatten dank meiner Eltern wahrscheinlich eine der tollsten Kindheiten, die man sich vorstellen kann, und ich bin endlos dankbar dafür, da mir klar ist, dass das alles andere als selbstverständlich ist. Wir sind zwei Kinder und haben wohl auch oft um die Aufmerksamkeit unserer Mama gebuhlt. Mein großer Bruder und ich haben sehr viel gekabbelt in unserer Kindheit – eigentlich ständig. Oft wurde auf meinen Kopf mit einer

Abb. 1.3 Audio-Track 1 „Marienkäfermomente – die Marienkäfer-Geschichte". (Illustration: Fine Heininger)
(▶ https://doi.org/10.1007/000-bfz)

1 Achtsamkeit für Eltern – bewusst … 11

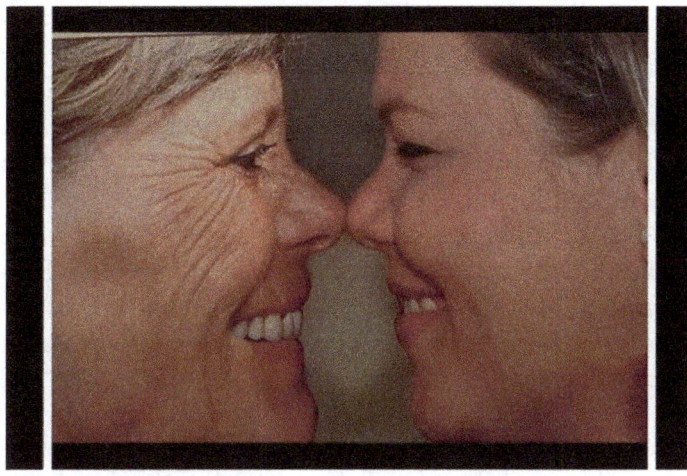

Abb. 1.4 Mama und Tochter, Foto: Karen Bergh Photography, ZA

Schippe gehauen, wir haben uns mit Sand beworfen oder andere Streitigkeiten begleiteten uns. Es war eigentlich immer was los bei uns. Da mein Vater in Vollzeit arbeitete und man damals auch erst später in Kindergärten ging, war meine Mutter eigentlich rund um die Uhr mit uns beschäftigt. Bevor sie Kinder bekam, war sie erfolgreich in ihrer Karriere gewesen und hat das quasi temporär an den Nagel gehängt, um sich auf uns zu fokussieren. Erst viel später hat sie die Arbeit wieder aufgenommen und einen Mix aus Kindern und Job gefunden, obgleich sie, auch bevor sie Mutter wurde, eine aufstrebende Karriere hatte. „Warum hat sie zurückgesteckt?", fragte ich mich damals. „War es das wert gewesen?" Ich fragte mich, wie es meine Mutter schaffte trotz der sicherlich oft fordernden Wünsche und Bedürfnisse ihrer Kinder, so eine herzliche und meist sehr entspannte Mama geworden zu sein? All das waren Fragen, die mir durch den Kopf gingen, als ich selbst noch keinen Kinderwunsch und voll auf meinem Karrierefokus war. Ich fragte mich warum meine Mom immer sagte, dass

Mutter werden, „das Beste war, was ihr in ihrem Leben passiert war" – sie hatte schließlich auch vorher bereits ein sehr erfülltes und spannendes Leben. Müssen Mamas nicht ständig zurückstecken? Der Körper geht auseinander, schlaflose Nächte?! Wie sagt man so schön: „Das M in Mama steht für MÜDE."

Aber nicht nur das. „Das M steht auch für MUT", wie meine Schwiegermutter, ebenfalls Mutter von zwei Kindern, sagt. Mut, diese Aufgabe anzunehmen und die bestenfalls lebenslange Verantwortung des Mamaseins, die damit zusammenhängt.

Die Geschichte mit dem Marienkäfer, die mir meine Mutter erzählte und dass es auf einmal wieder wichtig sei, wie viele Punkte er hat, ließ mich nicht mehr los. Die Marienkäfergeschichte inspirierte mich dazu dieses Buch zu schreiben und erklärt auch die Marienkäfer, die euch auf den Seiten begleiten werden. Meine Mutter war selbst Autorin. In ihrem Buch „Trilogie meines Lebens", welches der Familie und Freunden gewidmet war, schrieb sie die nachfolgenden Zeilen in ihrem 2. Buch, die das Gefühl von „Marienkäfermomenten" schön beschreiben. Es ist ein Geschenk, Kinder im Leben zu haben.

„Kinder gucken einen so an, als könnte man alles wieder gut machen und als ob ihnen in meiner Nähe nichts passieren kann. Sie haben grenzenloses Vertrauen und das möchte man auf keinen Fall enttäuschen, auch wenn man nicht immer alles weiß und alles richtig macht. Außerdem sieht man die Welt wieder mit anderen Augen: Plötzlich ist es wieder wichtig, wie viele Punkte ein Marienkäfer hat und wie viele Farben der Schmetterling. Außerdem haben Gänseblümchen festere Stiele als Butterblumen und man kann Kränze damit flechten. Warum kann eine dicke Hummel fliegen und kommt wirklich erst die Späher-Ameise und dann die anderen und warum laufen Ameisen eigentlich immer in einer Reihe? Viele Fragen, viele Beobachtungen und Erkenntnisse. Auf einer Wiese habe ich Radschlagen und Handstand mit Überschlag für die Kinder gemacht und zusammen machten wir Purzelbäume und lachten. Es hat mich erfüllt." (Güntsche 2015, S. 128–129)

Erst Jahre später, als ich selber Mami wurde, habe ich so richtig verstanden, was meine Mutter damals mit ihrer Geschichte mit dem Marienkäfer wirklich gemeint hat und wie viel es mit meinem Herzensthema zu tun hat. Die ACHTSAMKEIT.

> **Marienkäfermomente erleben – endlich wieder Marienkäferpunkte zählen**
>
> Wie oft zählen wir die Punkte eines Marienkäfers im Alltag? Wann hast DU das letzte Mal Marienkäferpunkte gezählt und Marienkäfermomente genossen? Wie oft halten wir wirklich an, sind im JETZT, machen Purzelbäume und lassen uns darauf ein, wenn uns Kinder die Welt aus ihren Augen eröffnen – ohne ständig von A nach B zu hetzen? Das zu tun, schafft Freude und Glück. Wie schon Wilhelm Busch treffend sagte:
>
> „Glück entsteht oft durch Aufmerksamkeit in kleinen Dingen, Unglück oft durch Vernachlässigung kleiner Dinge." – Wilhelm Busch (Ternyik 2021, S. 3)
>
> Ich lade Dich dazu ein, mehr kleine Momente zu erfassen, öfter Marienkäferpunkte zu zählen, die Farben eines Schmetterlings zu betrachten oder gemeinsam mit Deinem Kind/Deinen Kindern mit Humor darüber nachzudenken, warum auch eine dicke Hummel fliegen kann.

1.3 Kinder sind die besten Achtsamkeitstrainer:innen

> **Impuls**
>
> „Ich könnte jedes Baby als einen kleinen Buddha oder als einen Zen-Meister ansehen, als persönlichen Achtsamkeitstrainer." – Jon Kabat-Zinn (Kabat-Zinn und Kierdorf 2013, S. 212)

Dieses Zitat von Jon Kabat-Zinn spricht mir zu 100 % aus der Seele. Der international anerkannte Medizinprofessor und „Begründer der modernen Achtsamkeit", führte mit seinen Achtsamkeit-Programmen, der „Mindfulness-based-Stress-Reduction" (MBSR), vor fast 40 Jahren weltweit Wissenschaft und Meditation zusammen (7Mind Magazin 2022, S. 2). Kabat-Zinn bestätigt in einem seiner Bücher, dass sich Elternschaft und Familienleben perfekt für das Praktizieren und Üben der Achtsamkeitspraxis eignet (Kabat-Zinn und Kierdorf 2013, S. 218).

> **Impuls**
>
> **Mein Credo: Kinder sind die besten Achtsamkeitstrainer – wenn wir sie nur lassen und wenn wir uns auch darauf einlassen.**
>
> Kinder bringen uns immer wieder an unsere Grenzen, eine wunderbare Einladung für innere Arbeit und um sich auch selbst weiterzuentwickeln. Nicht nur unsere Kinder, alle Menschen, auch wir Eltern dürfen dazu lernen. Denn auch wir Eltern sind schließlich noch Menschen (Hellene 2018, S. 54). Die Geschichte mit dem Marienkäfer meiner Mutter, die ich mir Dir geteilt habe, hat viel mit dem Thema der **„Achtsamkeit"** zu tun. Wieso? Es geht um das bewusste Wahrnehmen und Leben in der Gegenwart. Achtsamkeit be-

> deutet, das volle Bewusstsein bei einer Sache zu haben, ohne gedanklich „woanders" zu sein.
>
> Jon Kabat-Zinn definiert die **Achtsamkeit** als „eine bestimmte Weise aufmerksam zu sein: bewusst, im gegenwärtigen Augenblick und ohne zu urteilen" (Kabat-Zinn und Kierdorf 2013, S. 20). *Achtsamkeit* fördert ein geschärftes Bewusstsein, da wir, wenn wir „achtsam" sind (im Englischen *„mindful"*), auf einmal bewusster Dinge sehen, hören, schmecken, riechen, fühlen – bewusst wahrnehmen. Im oft stresserfüllten Alltag vergessen wir das leider oft. Wir rennen von A nach B, sind im Erledigungsmodus, gedanklich im Morgen und verpassen somit oft den jetzigen Moment.
>
> **Mein Kind – mein Achtsamkeitstrainer.** Kinder erinnern uns daran, präsent zu sein, indem sie es sind. Dank Kindern nehmen wir auf einmal Dinge wieder bewusster wahr, wie zum Beispiel die Punkte auf einem Marienkäfer!

Nicht nur das: Wir schauen genau hin, zählen sogar die Punkte und entwickeln kreative Ideen, was die Punkte bedeuten könnten. Bei meiner Mutter standen die Punkte des Marienkäfers nicht für das Alter des Käfers, sondern für die Anzahl an Wünschen, die ich mir von dem Glückskäfer wünschen durfte. Für jeden gezählten Punkt durften wir Wünsche aussprechen, was ich toll fand als Kind. Wenn es doch immer so einfach wäre …, aber vielleicht ist es das auch, wenn wir uns nur darauf einlassen und auch unserer Kreativität freien Lauf lassen und uns ein bisschen mehr vom „doing" ins „being" bewegen. Mehr den Moment genießen, statt ständig To-do-Listen hinterherzujagen.

„Kinder sind von Natur aus im Sein-Modus, während wir mit ihnen zur Schule gehen, bleiben sie bei jeder Blume stehen, ohne Zeit und Ziel, in diesem Augenblick, an diesem Ort" (Bögels 2018, S. 25). – Das ist Achtsamkeit.

Achtsamkeit bedeutet, im HIER und JETZT zu leben, und führt vielen Studien zufolge zur Stressreduktion. Das ist verständlich, wenn wir bedenken, dass Stress entsteht, wenn wir uns HIER befinden, gedanklich aber woanders sind, wie es der Bestseller-Autor und Bewusstseinslehrer Eckhart Tolle treffend erklärt.

Meditation, als Teil der Achtsamkeitspraxis, wirkt entspannend wie andere Techniken zur Entspannung. Meditation impliziert eine Haltung der Achtsamkeit, während Achtsamkeit jedoch nicht zwingend der Meditation bedarf. „Wird die Wirkung von Meditation untersucht, schließt dies die Achtsamkeit also automatisch mit ein", erklärt Meditations-App-Anbieter 7Mind in einem Blogpost über die Wissenschaft der Achtsamkeit (7Mind Magazin 2022, S. 1). Gemäß der Techniker Krankenkasse führt regelmäßige Meditation nachweislich zu folgenden Wirkungen (Techniker Krankenkasse 2022):

- Sinkender Blutdruck
- Geringere Stresseinflüsse auf das Immunsystem
- Steigende Gelassenheit
- Erhöhte Resilienz

Bereits 25 h Achtsamkeitspraxis führen Studien zufolge zu positiven Veränderungen (7Mind Magazin 2022, S. 1). Im Rahmen meines ersten Buches „Achtsamkeit in digitalen Zeiten" (Güntsche 2016) sowie in meiner Arbeit im Rahmen meiner Firma THE DIGNIFIED SELF® habe ich mich als Digitalexpertin über Jahre intensiv damit beschäftigt, zu betrachten, was die Digitalisierung mit uns macht und warum es gerade in einer Zeit, die geprägt ist durch Beschleunigung und Veränderung wie jetzt, wichtig ist, Ruhe und Stabilität entgegenzusetzen. Ich denke, bei der Fülle an Informationen über multiple Kanäle in unserer Always-On-Kultur ist **Fokus zu einer Kunst geworden.**

„It is a skill to be still!" (The Dignified Self 2019)

Die Menge an Informationen ist stark gestiegen. Gemäß dem US-Neurowissenschaftlers Daniel Levitin ist die Menge an Informationen ca. „5-mal grösser [als] noch vor 20 Jahren. Studien besagen auch, dass uns vor 100 Jahren ca. 2000 Gedanken am Tag durch den Kopf gingen, heute sind es bis zu 80.000" (Allgaier 2022). Es ist „laut" geworden in unserem Kopf wir leben in einer Welt, die angefüllt ist mit Gedanken und Reizen. Achtsamkeit, also die Fähigkeit, sich auf den gegenwärtigen Moment zu fokussieren, ist daher insbesondere in den letzten Jahren deutlich relevanter geworden. Obgleich die Gedanken und die Weisheit, in der Gegenwart zu leben, nicht neu sind. So schrieb bereits Dale Carnegie Anfang der 1950er-Jahre in seinem internationalen Bestseller „Sorge dich nicht, lebe!", den ich in schweren Zeiten einmal von meinem Vater geschenkt bekam, über die notwendige Fähigkeit, von Tag zu Tag zu denken, um mit Sorgen im Leben zurechtzukommen: „Schließen Sie die eisernen Türen zur Vergangenheit und Zukunft. Gliedern Sie Ihr Leben in Einheiten von Tagen" (Carnegie 2003, S. 37). Er empfiehlt quasi, jeden Tag gedanklich ein neues Leben zu beginnen, um weniger Sorgen der Vergangenheit in uns zu tragen (Carnegie 2003, S. 32). Carnegies Bücher wurden weltweit über 50 Mio. mal in fast 40 Sprachen verkauft. Ich denke, wir können nicht früh genug damit anfangen, Achtsamkeit zu kultivieren. Das haben bereits viele erfolgreiche Menschen erkannt; die Liste bekannter Persönlichkeiten, die meditieren, ist lang. Es ist auch toll zu sehen, dass in neuen Büchern, die Achtsamkeit mehr und mehr thematisiert wird. Spiegel-Bestseller-Autorin Knörnschild fasste das Thema Achtsamkeit ebenfalls kürzlich humorvoll in ihrem Werk „Chillig mit Baby" als den neuen „heißen Scheiß in der Therapiewelt" auf (Knörnschild 2022, S. 33).

Achtsamkeit findet mittlerweile auch im Schulsystem statt
In Großbritannien ist Achtsamkeit bereits zum Pflichtfach geworden und wird an Hunderten Schulen durch die Lehrer vermittelt! Während kleine Kinder noch den Zen-Meister und die Grundhaltungen der Achtsamkeit von Natur aus in sich tragen, haben wir leider die Tendenz, beim Älterwerden diese Fähigkeit zu verlieren, wir werden geprägt durch unsere Außenwelt, Erfahrungen, Beurteilungen, Erwartungen und Stresspotenziale steigen. Das Schulfach Achtsamkeit setzt hier an und bringt Schülern bei, zu meditieren, Stress zu regulieren, und widmet sich den Bereichen der Emotionsregulation und des Stressabbaus (Der Storyteller 2022). „10 % der Kinder und Jugendlichen im Alter zwischen fünf und 15 Jahren gelten in England als psychisch auffällig. […] In Deutschland weisen knapp vier Millionen Kinder und Jugendliche unter 18 Jahren psychische Auffälligkeiten auf. Laut Statistischem Bundesamt: Tendenz steigend" (Der Storyteller 2022). Durch Achtsamkeit soll Stressreduktion in Schulen herbeigeführt werden. Mehr und mehr Schulen in Deutschland folgen dem britischen Schulvorbild, integrieren ebenfalls Meditation und Achtsamkeit in den Schulalltag und bilden Lehrer in Fortbildungen entsprechend aus, denn die Schüler zeigen starkes Interesse: „Schüler wollen meditieren" („Achtsamkeit, Yoga und Meditation im Klassenzimmer" Allversum 2022).

> **Achtsamkeit in Schulen zeigt Wirkung**
> Die Ergebnisse von Achtsamkeit im Schulalltag sind beachtlich. So trägt die Integration von Achtsamkeit erwiesenermaßen dazu bei, die Kreativität, die Zufriedenheit, die Konzentrationsfähigkeit, die Empathie und das Selbstvertrauen der Schüler zu stärken. Auch eine Anregung der Gehirnleistung wurde festgestellt und geringere Lernstörungen. Durch die gestiegene Empathie der Schüler wird darüber hinaus angenommen, dass sich die Mobbing-Fälle in Zukunft stark reduzieren werden (Der Storyteller 2022).

Wie können wir uns auch selbst, unabhängig von anderen, in einen Zustand des „einfach den Moment genießen" und der Stille bringen und die Emotionsregulation letztendlich positiv beeinflussen lernen? Zum Beispiel indem wir unsere fünf Sinne bewusst aktivieren, statt sie an unser Smartphone outzusourcen, um das mal plakativ darzustellen.

Fühlen – riechen – schmecken – sehen – hören
Manchmal ergänzt durch den sechsten Sinn der Intuition. Wir haben diese Sinne nicht ohne Grund erhalten. Sie bewusst und urteilsfrei wahrzunehmen, bringt uns zurück ins Jetzt und zurück ins Gleichgewicht. Einfach mal laut Kinderlieder singen und die Ohren bewusst spitzen und dazu tanzen, ohne darüber nachzudenken, wie wir dabei aussehen und fühlen, wie sich unser Körper lockert, durch den Regen laufen und in Matschepfützen springen und die Feuchtigkeit sowie die innere Freude wahrnehmen, Weihnachtskekse backen und den Plätzchenduft einatmen und genießen, beim „Blinde Kuh"-Spielen mal wieder Formen ertasten und ins Fühlen kommen, den Herzschlag unserer Kindern bewusst hören und darin vor Liebe versinken,

wenn sie uns in die Arme springen, die ersten Schritte eines Kindes genau beobachten, das erste Lächeln sehen, Brei und Beikost probieren, als würden wir gerade erst anfangen zu essen, mit Fingerfarbe malen und die Farbvielfalt bewundern.

Du denkst vielleicht, das ist doch albern! Ich bin doch kein Kind mehr!
Dazu möchte ich mit den wunderbaren und wahren Worten von Erich Kästner entgegnen: „Lasst euch die Kindheit nicht austreiben!" (GEOlino 2022, S. 1). Auch Astrid Lindgren, deren Kinderbücher millionenfach verkauft wurden und die sich vehement stark machte für die Entfaltung der Kinder, sprach u. a. darüber, dass die Kindheit die intensivste Zeit sei, in der wir alles ganz bewusst erleben (GEOlino 2022, S. 2).

Wie wäre es, das innere Kind, den Künstler in uns wieder zu erwecken, uns zu erinnern?
„Achtsamkeit ist Erinnerung", wie Lienhard Valentin, international anerkannter Achtsamkeitstrainer und Autor, im Rahmen des Interviews für dieses Buch erklärte. In Abb. 1.5 eine Illustration aus meinem Buch *„Achtsamkeit in digitalen Zeiten"* (Güntsche 2016, S. 45) als visuelle Stütze.

Statt an 1000 Dinge zu denken und gedanklich das Gestern und Morgen zu betrachten und To-do-Listen im Kopf zu sortieren, genießen wir den Moment – ganz bewusst mit allen fünf Sinnen. So wie das Zebra, das im Bild auf der rechten Seite zu sehen ist. Es genießt die schöne Natur, den Klang der Vögel, den Duft der Blumen, den Geschmack von Vanille-Eis, den Wind auf der Haut und tut nur das. Das Zebra auf der linken Seite hingegen ist gedanklich im Gestern oder im Morgen. Es macht sich Sorgen, Gedanken,

Abb. 1.5 Die 7 Ebenen der Achtsamkeit aus „Achtsamkeit in digitalen Zeiten", Illustration: Celia Krietsch. (Güntsche 2016, S. 60)

sortiert Aufgaben, Erinnerungen, und verpasst vermutlich daher leider oft die Schönheit des Moments. Gedanken sind mächtig und können uns sehr einnehmen. Sie objektiver betrachten zu lernen, sie zu beobachten, ohne sich mit ihnen direkt zu identifizieren oder sie zu bewerten – das ist ein mögliches Ergebnis regelmäßiger Achtsamkeitspraxis. Gedanken können letztlich unseren Charakter prägen, so heißt es wie folgt im Talmud.

> **Impuls**
>
> „Achte auf Deine Gedanken,
> denn sie werden Worte.
> Achte auf Deine Worte,
> denn sie werden Handlungen.
> Achte auf Deine Handlungen,
> denn sie werden Gewohnheiten.
> Achte auf Deine Gewohnheiten,
> denn sie werden Dein Charakter.
> Achte auf Deinen Charakter,
> denn er wird Dein Schicksal."
> - Der Talmud (Achtsamkeit 2007, S. 62).

Im Englischen heißt Achtsamkeit „Mindfulness". Ich halte dieses Wort für treffender. Denn Achtsamkeit hat weniger mit Aufmerksamkeit zu tun als mit der „fulness", die in dem Wort „MindFULNESS" steckt. Wir erleben die Welt in Fülle, bewusster mit allen fünf Sinnen, selbst wenn es „laut" geworden ist in Bezug auf Gedanken und Informationen. Wir finden die Stille in uns selbst und unserer Umwelt, auch wenn es mal stressig ist. Jon Kabat-Zinn nennt Mindfulness auch treffend „Heartfulness", da es um die Anwesenheit bzw. die Fülle des Herzens geht. Des Weiteren erklärte er in einem Vortrag, den ich auf der MIND Konferenz (MIND 2022) vor ein paar Jahren hörte, dass sich Achtsamkeit ein bisschen wie eine „Liebesbeziehung" anfühlt. Wir aktivieren unser Herz, unser Mitgefühl, unsere Gefühlsebene, unsere emotionale Intelligenz. Und wir erleben die Dinge bewusster, fast so, als würden wir sie das erste Mal erleben. Das erzeugt Freude.

Wir entdecken die Welt aus Kinderaugen mit kindlicher Freude in jedem Moment
Sich darauf einzulassen, die „Welt aus Kinderaugen zu sehen", impliziert, selbst in der Gegenwart zu sein, zuzulassen, es passieren lassen, wenn Geplantes anders verläuft, anzunehmen, zu akzeptieren, zu vertrauen. Einfach Freude an dem aktuellen Moment haben – so wie dieser eben gerade ist –, ohne ihn zu verurteilen oder sich Sorgen über das Morgen zu machen. Einfach mal Marienkäferpunkte zählen. Wann hast Du das das letzte Mal gemacht? Wann hattest Du Deinen letzten Marienkäfermoment? Wie Jonathan Swift sagt, leben wenige Menschen im Jetzt. „die meisten bereiten sich vor, demnächst zu leben" (Achtsamkeit 2007, S. 75).

Die sogenannten „7 Grundhaltungen der Achtsamkeit", die ich Dir in diesem Buch näherbringen werde und auf das

Elternsein anwende, können helfen, uns an diesen Sein-Zustand im Alltag zu erinnern. Diese Haltungen haben Kinder intuitiv in sich, wir alle hatten sie einmal. Wir sind alle damit gestartet, nur leider tendieren wir im Erwachsenenalter dazu, sie zu vergessen bzw. zu verlernen. Erinnern wir uns also wieder gemeinsam daran. Okay?

„Von Always-On zu Always-Omm"
(The Dignified Self 2016)

Ich lade Dich dazu ein, mit mir auf die Reise von Mind full (Kopfüberfüllt) zu Mindful (achtsam) zu kommen. „Jahrelang habe ich ‚Always-On' gepredigt, heute sehe ich die Grenzen von ‚Always-On' und bin ein Freund von ‚Always-Omm'", wie ich in meinem ersten Buch vor einigen Jahren schrieb (Güntsche 2016, S. 124). Dieses achtsame, „mindful" Mindset kann uns nicht nur selbst guttun und emotionale Stabilität schenken, es strahlt auch auf unsere Mitmenschen und unsere Familie positive Vibes aus.

> **Impuls**
>
> Oft habe ich von Klienten und Partnern gehört: „Achtsamkeit, das klingt gut. Das steht auf meiner To-do-Liste. Ich habe aber keine Zeit dafür". Darauf antworte ich immer Folgendes:
> Achtsamkeit kostet keine Zeit. Achtsamkeit schenkt Dir Zeit. Wertvolle, bewusste Zeit.

Freude und diese „FULLness" in dem Wort „Mindfulness" bedeutet, einen Moment wahrhaftig zu erleben und zu genießen – so wie ein Kind das mit voller Lebensfreude tut, wenn es in eine Matschepfütze springt – das ist Freiheit pur. Es fühlt sich wie ein kleiner Urlaub im Alltag an und schenkt Dir sofortige Gelassenheit – sofern Du Dich darauf einlassen kannst.

Mein Kind – mein Achtsamkeitstrainer
Ich empfinde die Zeit mit meinem Sohn nach einem stressigen Arbeitstag oft als Entschleunigung. Sie ist ein Teil meiner täglichen Achtsamkeitspraxis geworden. Ich liebe es, ihn bewusst zu beobachten, wie er in Pfützen springt, begeistert Fahrrad fährt, genüsslich und mit Spaß ein Bad nimmt oder mit lauter Stimme ein Lied singt, selbst wenn er den Text nur zur Hälfte kann, und wie er Dinge betrachtet, die er noch nicht zuvor gesehen hat. Natürlich ist ein 4-Jähriger wie mein Sohn auch ein kleiner Wirbelwind und die Trotzphase ist auch an ihm nicht vorbeigegangen, was mich sicher auch mal aus der Reserve lockt. Da kann man so viel meditieren, wie man möchte! Aber es überwiegen bei Weitem die Gefühls des Glücks, der Freude, des Mitgefühls und der endlosen Dankbarkeit, Mutter sein zu dürfen und einen kleinen Zen-Meister an meiner Seite zu haben. Und selbst wenn wir es mal nicht schaffen, „sinnbildlich" Marienkäferpunkte zu zählen, ist auch das ein Teil der Reise zu mehr Klarheit und Bewusstsein. Denn in dem Moment, in dem Dir das überhaupt auffällt, in dem Moment, wenn Du merkst, dass Du nicht achtsam warst, bist Du bereits achtsam. Dadurch bekommen wir ein Stück weit Steuerungsfähigkeit zurück und gelangen raus aus dem Automatismus und dem Autopilot-Modus.

1.4 Mindfulness in a nut-shell – wie Achtsamkeit gegen Stress helfen kann

> **Impuls**
>
> „In uns ist eine Lampe, eine Lampe der Achtsamkeit, die wir jederzeit entzünden können. Das Öl der Lampe sind unser Atem, unsere Schritte und unser friedvolles Lächeln. Wir müssen die Lampe der Achtsamkeit entzünden, damit das Licht die Dunkelheit erhellen kann. Unsere Praxis besteht genau darin". – Thich Nhat Nanh (Nanh, Thich Nhat 2011, S. 10)

Die „Lampe der Achtsamkeit entzünden.", sagte der weise buddhistische Mönch, Schriftsteller und Lyriker Thich Nhat Nanh. Diese Analogie finde ich treffend, denn durch eine bewusste, achtsame Haltung nehmen wir mehr wahr und scheinen tatsächlich „mehr" zu sehen, genauer hinzuschauen. Das vorher nicht Wahrgenommene, die „Dunkelheit" wird erhellt und darauf richtet sich fortan unsere Aufmerksamkeit. Dieses geschärfte Bewusstsein kann uns viel offenbaren. Über uns selbst und über andere. Und es kann uns helfen, besser mit Stress umgehen zu lernen, denn wir werden uns bewusster darüber, woher Stress kommt, wo er im Körper sitzt, über unsere Empfindungen und Gedanken. Der US-amerikanischer Medizinprofessor und Molekularbiologe Jon Kabat-Zinn, der seit Jahren die Achtsamkeitslehre erforscht und sie mithilfe seiner MBSR-Programme (Mindfulness based stress reduction) weltweit in die Schulmedizin gebracht hat (MBSR Training 2022), „hat es sich zu seiner Lebensaufgabe gemacht, Menschen durch Achtsamkeit von Stress zu heilen" (Güntsche 2016, S. 28). MBSR ist ein Programm zur Stressbewältigung

(Wikipedia 2022, Nov.). Mithilfe der MBSR-Trainings, Achtsamkeit-basierte Stressreduktion, lässt sich Stress in kurzer Zeit reduzieren und die Lebensqualität steigern. Wir erleben im Familienalltag viele Stresspotenziale, denn unsere Kinder haben die Fähigkeit, Trigger-Punkte, in uns zu wecken, die wir vermutlich vorher nicht gekannt haben oder die uns nicht bewusst waren. Lienhard Valentin erzählte im Rahmen unseres Interviews in diesem Buch (s. Kap. 5) sehr treffend von einer Mutter, die in einem seiner Achtsamkeitsseminar sagte: „Ich bin hier, weil ich, bis ich Mutter wurde, in der schönen Illusion leben konnte, ein netter Mensch zu sein." (Valentin und Kunze 2015, Einband). Dieser Kommentar der Mutter bringt es auf den Punkt und lässt uns schmunzeln, oder? Wir lernen uns als Eltern noch einmal ganz neu kennen und werden wohl fast alle irgendwann mal aus unserer Komfortzone gekickt oder stark an unsere Grenzen gebracht. Das kann zu Stress führen und bedarf der inneren Arbeit. Hier kommt die Achtsamkeitspraxis ins Spiel! Gerne möchte ich Dir etwas Hintergrundinformation an die Hand geben, was Achtsamkeit eigentlich mit Stressreduktion zu tun hat.

Warum kann Achtsamkeit dabei unterstützen, Stress zu regulieren?
Stress gehört ein Stück weit zu unserem Leben dazu. „Stress macht nicht per se krank, kann aber zu Krankheiten führen", wie Techniker Krankenkassen Chef Dr. Jens Baas gegenüber der Ärztezeitung erläuterte. Zu den Folgekrankheiten der Häufig-Gestressten gehören „Gefühle von Erschöpfung (80 %), Rückenprobleme (74), Nervosität (62) und Schlafstörungen (52). Auch Kopfschmerzen und Migräne (40) werden angegeben, 34 % sprechen von Depressionen, 26 % von Tinnitus" (Ärztezeitung 2022).

Die Corona-Pandemie hat auch einen großen Stressfaktor ausgelöst, insbesondere bei den Frauen, die sich deutlich mehr gestresst gefühlt haben als noch ein paar Jahre zuvor. Dies wird vor allem auf „die Schulschließungen und den höheren Aufwand für die Kinderbetreuung zurückgeführt". (Ärztezeitung 2022). Solche Vorkommnisse können wir leider nicht immer ändern, wir können nicht immer die Geschehnisse in der Welt beeinflussen, aber: Wir müssen auch keine „Opfer dieser Kräfte werden", wie es Kabat-Zinn benennt (Kabat-Zinn und Kierdorf 2013, S. 40). Es ist wichtiger zu lernen, mit Stress umzugehen.

„Man kann Wellen nicht aufhalten, aber man kann lernen zu surfen" (Kabat-Zinn und Kierdorf 2013, S. 39).

Die Wellen des Lebens werden bleiben. Anstatt gegen sie anzukämpfen können wir lernen mit ihnen zu surfen. Surfen impliziert Freude und Freiheit. Es muss also nicht alles schwer sein. Wir dürfen auch Spaß dabei haben, surfen zu lernen. An einem Tag wird es besser klappen, an einem anderen weniger. Das ist das Leben.

Es liegt in unserer eigenen Hand, wie wir mit Sorgen und Stress umgehen. Bestseller Autor Dale Carnegie vertritt in seinem millionenfach verkauften Buch „Sorge dich nicht, lebe!" nach Gesprächen mit Ärzten auch die Ansicht, dass wir viele Krankheiten selbst durch unsere Haltung verbessern können. „70 % aller Kranken, die zum Arzt gehen, könnten sich selbst heilen, wenn sie ihre Ängste und Sorgen loswürden. (…) Angst schafft Sorgen" (Carnegie 2003, S. 49). Wir können bewusst entscheiden, wie wir auf den Stress reagieren, indem wir uns weniger mit ihm identifizieren und ihn mehr durch die Brille eines Beobachters betrachten. Schauen wir uns dafür mal genauer an, wie

Stress eigentlich entsteht und wo Achtsamkeit ansetzten kann. „Aus biologischer Sicht reagiert der Körper auf einwirkende Reize, sogenannte Stressoren, mit einer Immunantwort" (TK Stressstudie 2021, S. 5). Die biologischen Stressreaktionen wurden von dem US-amerikanischen Physiologen Walter Cannon in der sogenannten „Fight-or-Flight"-Theorie zusammengefasst. Die biologischen Reaktionen bezogen auf Stress sind gemäß Physiologe Walter Cannon die Kampf- oder Flucht-Reaktionen, im Englischen: Fight or Flight Response. Ergänzt wurden diese durch Jeffrey Gray mit der Reaktion der Starre, im Englischen: Freeze Response (Resilienz Akademie 2022).

> **Fight – Flight – Freeze**
>
> Es gibt Menschen, die erstarren (Freeze), in der stillen Hoffnung, von der „Gefahrenquelle" übersehen zu werden, andere schreien bzw. kämpfen (Fight), da sie um ihr Überleben kämpfen und sich mit Händen und Füßen wehren und wieder weitere suchen lieber direkt das Weite und fliehen (Flight), wenn Stress entsteht. Das ist unser evolutionsbedingtes Stressverhalten in lebensbedrohlichen Situationen. Alle drei Reaktionen sind auf eine kurzzeitige Dauer ausgerichtet, werden sie chronisch können Krankheiten entstehen.

Bei der Kampf-oder-Flucht-Reaktion entsteht ein Adrenalinschub als Reaktion, der hilfreich sein kann, manchmal aber auch herausfordernd zu regulieren ist und Affekthandlungen nach sich ziehen kann. Eine längere Verweildauer dieser körperlichen Reaktion würde sich negativ auf die Gesundheit auswirken. Denn, wie die Resilienz Akademie beschreibt, dient Stress dazu „die Energie im Körper zu mobilisieren. Wird diese nicht gebraucht, da der Stress weder durch Wegrennen noch Durchkämpfen gelöst wird, gerät der Körper aus dem Gleichgewicht" (Resilienz

Akademie 2022). Die Kampf-oder-Flucht-Reaktion kommt bei Männern und Frauen vor, tritt aber jüngsten Studien zufolge bei Frauen seltener auf. In diesem Zusammenhang entstand in den späten 1990er-Jahren noch der weitere Begriff „Tend-and-befriend", den Frauen häufig als Reaktion auf Stress zeigen. Hierbei schützen sie vor allem erstmal den Nachwuchs („tend") und bieten eine freundschaftliche Lösung an („befriend") (Wikipedia 2022, Sep.). Insgesamt ist der Stresslevel in Deutschland kontinuierlich gestiegen (s. Abb. 1.6). Die Techniker Krankenkasse hat in ihrer

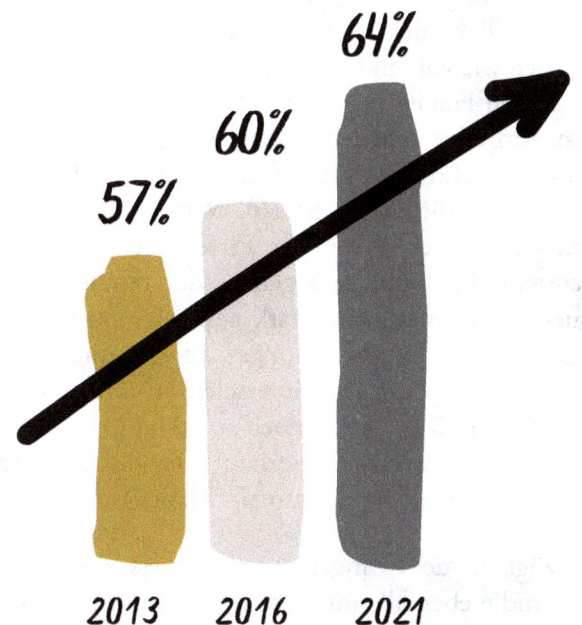

Abb. 1.6 Das Stresserleben steigt kontinuierlich an. (TK Stressstudie 2021, S. 10, Illustration: Fine Heininger)

TK-Stressstudie 2021 interessante Ergebnisse veröffentlicht: „Mehr als ein Viertel der Deutschen ist häufig gestresst; 2013 war es noch jede fünfte Person. Frauen sind gestresster als Männer, aber bei Männern nimmt der Stress seit 2013 stärker zu als bei den Frauen. Allerdings hat bei Frauen der extreme Stress deutlich zugenommen; fast jede Dritte hat 2021 extremen Stress erlebt, bei den Männern nur jeder fünfte" (TK Stressstudie 2021, S. 4). Die Abb. 1.6. zeigt eine gestaltete Übersicht auf Basis dieser Daten.

Frauen sind durchschnittlich häufiger gestresst als Männer
„Drei Stressursachen fallen bei den Frauen statistisch bedeutsam stärker ins Gewicht als bei den Männern: Hohe Ansprüche an sich selbst, Konflikte in der Partnerschaft und Erziehungsarbeit" (TK Stressstudie 2021, S. 15). Dies ist vermutlich im Zusammenhang damit zu betrachten, dass nach wie vor ein Großteil der Care-Arbeit für die Kinder bei den Frauen liegt. Ein sehr hoher Anspruch an sich selbst, um allen und jedem gerecht zu werden, stellt den Hauptstressfaktor bei Frauen dar mit 55 % der Befragten (TK Stressstudie 2021, S. 16). Wir dürfen uns also als Frauen ein bisschen weniger Perfektionsdrang aufhalsen. Interessant ist auch, dass gemäß der Studie berufstätige Frauen übrigens genauso stark gestresst sind wie erwerbstätige Männer. Die Erziehungs-, Pflege- und Hausarbeit sind sichtlich nicht zu unterschätzen (TK Stressstudie 2021, S. 20). Wie hieß es doch so schön in dem Schlager-Song von Johanna von Koczian: „Das bisschen Haushalt macht sich von allein – sagt mein Mann."

Bezüglich des Umgangs mit Stress zeigt die TK-Stressstudie ebenfalls interessante Erkenntnisse. Die Wege der befragten Männer und Frauen, um Stress zu regulieren, sind vielfältig, in Abb. 1.7 ein Auszug der Top-Antworten.

SO SCHALTET DEUTSCHLAND AB:
„Was tun Sie zum Stressabbau besonders gern?"

Auszug aus TK-Stressstudie 2021, S.18

- 80% DEM EIGENEN HOBBY NACHGEHEN
- 77% SPAZIEREN GEHEN UND GARTENARBEIT
- 71% FAULENZEN
- 69% MUSIK MACHEN ODER HÖREN
- 68% MIT FREUNDEN/FAMILIE TREFFEN

Abb. 1.7 So schaltet Deutschland ab „Was tun Sie zum Stressabbau besonders gern?". (TK Stressstudie 2021, S. 18; Illustration: Fine Heininger)

Bereits 22 % regulieren den Stress durch Entspannungstechniken, wie Yoga oder autogenes Training, immerhin 22 %, Tendenz steigend hoffentlich.

Dies betrachtet aber gewiss nicht alle Achtsamkeitsebenen und -ausprägungen, denn meiner Ansicht nach gibt es „7 Ebenen der Achtsamkeit" (Güntsche 2016, S. 58 ff.), die ich in meinem ersten Buch *„Achtsamkeit in digitalen Zeiten"* genauestens erläutert habe.

„Meditation und Yoga sind wie König und Königin der Achtsamkeit. Sie sind aber nicht die einzige Antwort" (Güntsche 2016, S. 59), schrieb ich damals im einführenden Kapitel dazu. In Abb. 1.8 eine Darstellung aus meinem ersten Buch als kleine Erinnerungsstütze bzw. als Basisinformation, falls Du es noch nicht kennst.

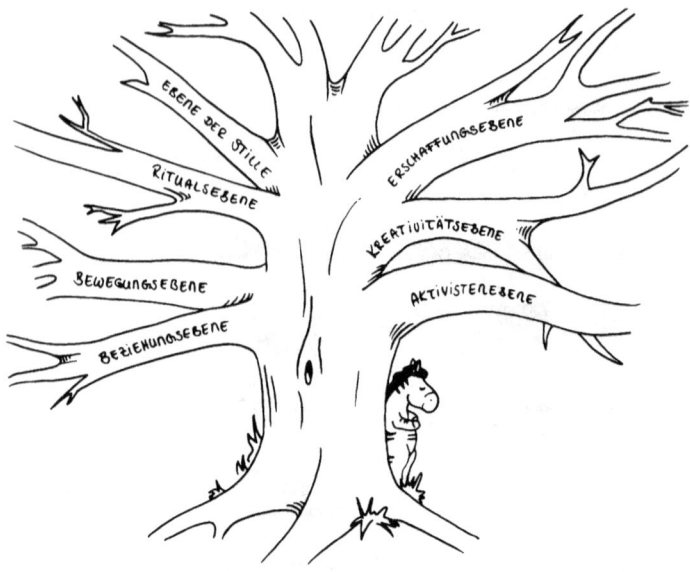

Abb. 1.8 Die 7 Ebenen der Achtsamkeit aus „Achtsamkeit in digitalen Zeiten", Illustration: Celia Krietsch. (Güntsche 2016, S. 60)

Die 7 Ebenen der Achtsamkeit

1. Die Ebene der Stille der Achtsamkeit,
   z. B. Meditation
2. Die Ritualsebene der Achtsamkeit,
   z. B. Dankbarkeits- und Selfcare-Rituale
3. Die Bewegungsebene der Achtsamkeit,
   z. B. Yoga, achtsames Gehen
4. Die Beziehungsebene der Achtsamkeit,
   z. B. bewusstes Zuhören, Empathie
5. Die Erschaffungsebene der Achtsamkeit,
   z. B. Affirmationen, Manifestation
6. Die Kreativitätsebene der Achtsamkeit,
   z. B. Musik, Malerei, Kochen
7. Die Aktivistenebene der Achtsamkeit,
   z. B. Einsetzen für universelles Bewusstsein

> **Jeder hat seine eigene Sprache der Achtsamkeit**
>
> Solltest Du merken, es fällt Dir schwer, in Stille zu sitzen und zu meditieren, so heißt das gewiss nicht gleich, dass Achtsamkeit nichts für Dich ist. Es bedeutet vielmehr, dass Du vielleicht eher ein Typ für eine informelle Achtsamkeitspraxis bist und in Dir eine andere Ebene der Achtsamkeit stärker ausgeprägt ist. Wenn es Dir beispielsweise beim Laufen leichtfällt, den Fokus auf die Gegenwart zu richten, ohne zu bewerten, Du die Haptik des Bodens unter Deinen Füßen spürst und Du die frische Luft tief einatmest, ohne Dich in Sorgen und Gedanken zu verlieren, dann ist vielleicht genau das Deine Achtsamkeitsebene.

„Wenn es Stress für Sie bedeutet, einen Yoga-Kurs zu besuchen, und Sie lieber ein Buch lesen und spazieren gehen wollen – dann sollten Sie genau das tun, und es wird das Beste für Sie sein" – wie es auch in dem Buch „Von Anfang an gesund" des Kinderarztes Dr. Früchtenicht geschildert wird (Früchtenicht und Seifert 2020, S. 179).

Wie kann die Achtsamkeitspraxis Stress reduzieren?
Wir können Stress nicht immer vermeiden, aber wir können lernen, besser damit umzugehen, indem wir uns auf eine eigene Stressforschung begeben: Was genau stresst mich und warum? Wie geht es mir damit?

Durch die Achtsamkeit können wir durch genaueres Betrachten der Stressmomente herausfinden, welches unsere Trigger sind, somit erkennen wir kleine Signale schon früher, bevor sie uns einnehmen (Valentin und Kunze 2015, S. 94). Dadurch, dass wir dieses Signal mit der Zeit früher erkennen, können wir mithilfe der Achtsamkeitspraxis lernen, eine bewusste Pause zwischen Reiz und Reaktion zu setzen. Achtsamkeit ist wie eine Ruhepause für das Gehirn und diese brauchen wir, wie auch Dr. med. Gabriele Kewitz im Rahmen unseres Buch-Interviews erläuterte (s. Kap. 5).

Durch regelmäßige Achtsamkeitspraxis wird aus dem Affekt heraus ein weniger impulsives agierendes Handeln auf Faktoren, die uns stressen, sondern ein bewussteres Wahrnehmen. Diese Pause, die wir uns dadurch verschaffen, ermöglicht es uns, mehr Entscheidungsfreiheit über unsere Reaktion zu erhalten. Durch regelmäßige Meditation und Achtsamkeitspraxis werden wir nicht nur in die Lage versetzt, unsere Gedanken-Muster mit der Zeit zu erkennen, sondern wir können uns auch mehr und mehr von ihnen befreien. Jedes Mal, wenn wir merken, wir sind in Gedanken verloren, ist genau das der Moment des Erwachens und der Achtsamkeit, wie Nancy Bardacke in ihrem wertvollen Buch und verbundenen Trainingsansatz „Mindful Birthing" erklärt (Bardacke 2012, S. 49). Genau in diesem Moment der Achtsamkeit, so Bardacke, haben wir eine Entscheidungsfreiheit. Wir können bewusst entscheiden, wo und auf was wir unsere Aufmerksamkeit lenken. So können wir alte Gewohnheiten des Geistes mit der Zeit ändern (Bardacke 2012, S. 49). Wissenschaftler haben untersucht, dass das Praktizieren von Achtsamkeit sogar dazu führt, dass weitere neuronale Verbindungen innerhalb des Gehirns entstehen (Bardacke 2012, S. 49).

> **Reiz und Reaktion**
>
> „Zwischen Reiz und Reaktion gibt es einen Raum. In diesem Raum haben wir die Freiheit und die Macht, unsere Reaktion zu wählen. In unserer Reaktion liegen unser Wachstum und unsere Freiheit." – Viktor Frankl (Moralis 2019, S. 24).
>
> Bildlich kann man sich die Stressreaktion mit und ohne Achtsamkeitspraxis wie in Abb. 1.9 und 1.10 dargestellt vorstellen.
> Wir erzeugen durch die Achtsamkeit bzw. durch eine bewusste Atempause einen Moment der Ruhe und des Bewusst-

> seins. Gestatte Dir diesen Moment der Ruhe, bevor Du reagierst; daraus kann viel Gutes entstehen. Eine hilfreiche Übung für den Alltag, um das Bewusstsein zu erweitern, ist zum Beispiel die **„3-Minuten Atempause"**. Ich habe Dir diese als angeleitete Meditation im Studio eingesprochen. Im Abschn. 1.5 „Mindful Parenting" findest Du weitere Informationen dazu.

HERKÖMMLICHE STRESSREAKTION
BEI REGELMÄSSIGER ACHTSAMKEITSPRAXIS

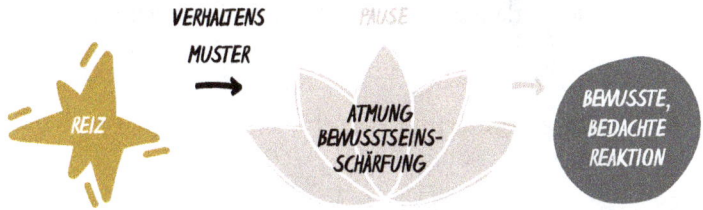

Abb. 1.9 Stressreaktion mit regelmäßiger Achtsamkeitspraxis. (Illustration: Fine Heininger)

HERKÖMMLICHE STRESSREAKTION
OHNE ACHTSAMKEITSPRAXIS

Abb. 1.10 Stressreaktion ohne regelmäßige Achtsamkeitspraxis

Das Bewusstseinsdreieck – Gedanken, Gefühle und Körperempfindungen

Hilfreich ist es bei Reizen, die uns stressen, zu beobachten, was sie mit uns machen. Das in Abb. 1.11 dargestellte Bewusstseinsdreieck oder auch Achtsamkeitsdreieck nach Shonda Moralis „Achtsamkeit für Mamas" unterstützt als visueller Anker. „Es ist ein hilfreiches Konzept, um zu zeigen, dass Achtsamkeit aus unseren Körperempfinden (einschließlich des Atems), Gedanken und Emotionen besteht" (Moralis 2019, S. 24–25). Sie wirken sich aufeinander aus, so wie auch Körper, Geist und Seele verbunden sind. Wenn wir uns dieser drei Ebenen gewahr werden, erlangen wir ein achtsames Bewusstsein.

Abb. 1.11 Das Bewusstseinsdreieck. (Nach Moralis 2019, S. 25, Illustration: Fine Heininger)

Übung zum „Bewusstseinsdreieck"

Es gibt eine Übung, um sich der eigenen Reaktionen auf Stress bewusster zu werden. Denke dafür an eine Situation aus Deinem Alltag, welche ein Stressgefühl in Dir hervorruft bzw. hervorgerufen hat, eine Situation, die Dich getriggert hat, z. B. Dein bockiges Kind möchte nicht los und ihr seid eh bereits spät dran. Gehe nun entlang des Bewusstseinsdreiecks und beobachte, was Du empfindest:

- Körperliche Reaktion (z. B. Kurzatmigkeit, schwitzende Hände)
- Ggf. ergänzt durch eine verbale Reaktion (z. B. Du nervst mich! Kommt schon, los jetzt!)
- Gefühle/Emotionale Reaktion (Schwäche, Trauer, Wut)
- Gedanken (z. B. Ich schaffe das alles einfach nicht mehr)

Was macht diese Erkenntnis mit Dir?

Wie hättest Du gerne reagiert, wenn Du die Freiheit gehabt hättest, aus dem Automatismus herauszukommen hin zu bewusster Reaktion mit achtsamem Bewusstsein? Was wäre Deine gewünschte Reaktion gewesen (Empfindungen, Emotionen, Gedanken)? Erinnere Dich das nächste Mal, wenn eine ähnliche Stress-Situation in Deinem Alltag auftritt, an diese Übungen und halte erst einmal bewusst inne und atme tief ein -und aus, **bevor** Du reagierst. Wenn es nicht klappt, mach Dir bitte keine Vorwürfe. Es ist, wie einen neuen Muskel zu trainieren. Es braucht Zeit und etwas Übung. Mit jedem Mal wird es einfacher werden.

1.5 Mindful Parenting – das (innere) Kind in sich wiedererkennen, auch wenn es rebelliert

> **Impuls**
>
> Wenn wir Eltern werden, wird gewissermaßen auch in uns das (innere) Kind wiedergeboren.

Das Gefühl, dass wir auch selbst wieder ein Stück weit neu geboren werden, wenn wir Eltern werden, haben wir umfassend im Rahmen des „Mindful Parenting" Teacher Training Programms, welches ich bei der fantastischen Psychotherapeutin, Achtsamkeitstrainerin und Dozentin für Entwicklungspsychopathologie Prof. Dr. Susan Bögels (Bögels 2022) absolvieren durfte, besprochen. Es ist eine große Transformation, wenn wir „auf einmal" ein Kind bekommen. Auch unser eigenes, inneres Kind meldet sich, wenn wir Eltern werden, oft zurück. Wir werden an unsere eigene Kindheit erinnert, an Momente, in denen wir glücklich waren oder uns etwas fehlte. Viele Reaktionen, die Eltern zeigen, sind begründet in Erlebnissen, aus ihrer eigenen Kindheit. Unsere Prioritäten verschieben sich, wir haben auf einmal große Verantwortung für einen anderen Menschen zu tragen, für den wir unbeschreibliche Liebe empfinden. Ein großer Wandel – nicht nur für die Mutter, für den Vater genauso. Es ist nicht nur ein Wandel, es ist eine komplette Transformation. Quasi wie mit der Raupe zum Schmetterling. Die Raupe gibt es danach nicht mehr. Der Schmetterling darf sich nun neu entfalten.

Es braucht erst einmal Zeit, sich in den neuen Rollen der „Eltern" zu finden. Eine wunderbare Phase der Transformation, die natürlich auch Angst machen kann. Angst etwas falsch zu machen. Angst, all dem nicht gerecht zu werden. Wenn wir Eltern werden, kann die Tendenz entstehen, einen immensen Verantwortungsdruck zu spüren; das kann Stress hervorrufen. Wenn wir Stress empfinden, übertragen wir das leider schnell auch auf unser Umfeld. „Stress in der Erziehung bestimmt das Klima in der Familie und beeinflusst das Stresssystem des Kindes bereits im Babyalter", erklärt Psychotherapeutin Bögels (Bögels 2018, S. 12). Der Stress wird oft durch die vielen Aufgaben produziert die wir, insbesondere als berufstätige Eltern, zu erfüllen haben. Oft beginnt der Stress sogar bereits vor der Geburt eines Kindes. Dieser Stress in der Mutter kann bereits auf das Baby übertragen werden. Neben der Entwicklung unseres Kindes kümmern wir uns noch um die Arbeit, den Haushalt, das Abendessen und pflegen ggf. noch Familienangehörige. Hinzu kommt die sogenannte „Mental Load", nämlich die zusätzliche Aufgabe, sich alles Mögliche zu merken und zu organisieren, was das Familiensystem betrifft. „Der Mental Load beschreibt die tägliche Belastung durch das Organisieren von Alltagsaufgaben, die scheinbar kaum sichtbar sind, aber alles in allem doch eine ganze Menge Arbeit bedeuten" (Knörnschild 2022, S. 173). All das unter einen Hut zu bringen, erinnert oft an eine niemals endende Aufgabenliste und kann viel Stress hervorrufen. Durch eine achtsame innere Haltung können wir den Blick auf unsere Kinder sowie unser Bewusstsein erweitern und somit besser mit dem aufkommenden Stress umgehen.

Die Achtsamkeitslehre angewandt auf die Erziehung und die Elternschaft wurde von Kabat-Zinn namentlich geprägt mit dem Begriff **„Mindful Parenting"** – achtsame Erziehung. Das Mindful-Parenting-Programm, welches von Prof. Susan Bögels und Kathleen Restifo entwickelt wurde, ist ein 8-Wochen-Programm für Eltern und wurde mit Studien evaluiert. „Wissenschaftliche Untersuchungen der Universität Amsterdam und auch andere Forschungsergebnisse zeigen, dass das Mindful-Parenting-Training Probleme erheblich reduziert und das Wohlbefinden von Kindern und Eltern steigert" (Arbor Online Mindful Parenting 2022). Es gibt viele Wege, die die Erziehung von Kindern begünstigen können, es gibt hier, denke ich, generell kein „falsch oder richtig". Es ist aber vermutlich wertvoll zu verstehen, was konkret mit „achtsamer Erziehung" gemeint ist. Hierfür sollten wir den Begriff der Erziehung erst einmal betrachten.

> **Mindful Parenting – die achtsame Erziehung**
>
> Im Wesentlichen handelt es sich bei der „Erziehung" darum, einem „Lebewesen Nahrung und Pflege zukommen zu lassen, sodass es sich entwickeln kann" (Bögels 2018, S. 11). Die achtsame Erziehung definiert Jon Kabat-Zinn hierbei wie folgt:
>
>> „Mindful Parenting ist der fortlaufende Prozess, unseren Erfahrungen, auch mit Bezug auf die Erziehung, die wir erfahren haben, so gut wie möglich eine bewusste, im Hier und Jetzt verankerte, nicht urteilende Aufmerksamkeit entgegenzubringen" (Bögels 2018, S. 13).

„Die Aufmerksamkeit der Eltern", so erklärt Bögels weiter, „ist für das Überleben des Kindes genauso wichtig wie die Nahrung und Sauerstoff" (Bögels 2018, S. 22). Das ist nachvollziehbar, wenn wir bedenken, dass sich Kinder über die Aufmerksamkeit ihrer Eltern oder anderer Betreuer:innen „kennenlernen", dies wird auch „Spiegelung" genannt (Bögels 2018, S. 22). Es ist hierbei beeindruckend, wie viel wir positiv beeinflussen können, wenn wir selbst Achtsamkeit praktizieren und welchen Einfluss das auf unsere Umgebung nehmen kann. Wenn wir selbst gelassener werden und mehr „bei uns angekommen" sind, wird es sich auch auf unser Umfeld übertragen. Wenn wir unseren Kindern unsere Aufmerksamkeit und Achtsamkeit schenken, ist das für sie ein wertvoller Nährboden, um zu wachsen und sich zu entwickeln. Letztlich ist es eine bewusste Entscheidung, welche Pflanze wir gießen. Es gibt hierzu eine alte Indianer-Geschichte von den Wölfen, die mir dazu einfällt.

> **Impuls**
>
> Ein Großvater sagt zu seinem Enkelsohn: „Ich fühle mich, als hätte ich zwei Wölfe in mir, die sich bekämpfen – einen bösen und einen friedlichen Wolf."
> Der Enkelsohn fragt: „Welcher der beiden Wölfe gewinnt den Kampf, Großvater?" Der Großvater antwortet: „Der Wolf, den Du fütterst." (übersetzt aus dem Englischen ins Deutsche, nach Bögels und Restifo 2015, S. 321)
> Der böse Wolf verkörpert den Hass, den Zorn, den Neid, den Stress, die Ungeduld, der gute Wolf steht für die Liebe, die Hoffnung, die Geduld, die Freude, das Mitgefühl.
>
> Entscheide bewusst, welchen Wolf Du füttern wirst und schließlich gewinnen lässt.

Die Unsicherheiten, die vielleicht ab und zu entstehen, wenn wir uns in unserer Elternrolle befinden und mal aus unserer Komfortzone gekickt wurden, sind aber auch eine wertvolle Einladung, sich selbst noch einmal neu kennenzulernen und zu sortieren, solange wir dies wohlwollend mit uns tun. Nicht zuletzt ist es unsere Aufgabe, auch gut für uns selbst zu sorgen. Nicht ohne Grund wird im Flugzeug darum gebeten, dass man sich zuerst selbst im Notfall eine Sauerstoffmaske aufsetzen soll, bevor man die Kinder versorgt. Wir können anderen nicht helfen, wenn wir selbst keine Luft mehr bekommen. Wir sollten achtsam mit unseren eigenen Kräften haushalten, natürlich immer das Wohl des Kindes im

Sinn. Es ist aber auch niemandem geholfen, wenn Eltern völlig ausgebrannt und übermüdet mit ihren Kindern zusammen sind. Ein Kind hat vermutlich auch mehr davon, wenn wir gut gelaunt und gestärkt sind. Wichtig ist es dabei immer das ganze System bewusst und achtsam im Blick zu haben.

- Was brauche ich selbst, um Energie zu tanken? Was braucht mein Kind?
- Wie bekomme ich das in Einklang?
- Welche Menschen können mich unterstützen?
- Welche Organisationen, wie z. B. Wellcome (Wellcome 2022), für frisch gebackene Eltern, oder auch „Mindful Parenting"-Kurse können mir/uns helfen?

Mittlerweile gibt es Mindful-Parenting-Kurse auf der ganzen Welt, in denen Eltern lernen, ein bisschen weniger von A nach B zu hetzen und mehr den Moment wahrzunehmen und im Sein-Modus anzukommen. Dieser kann durch Meditationen und sowohl formelle als auch informelle Achtsamkeitsübungen in die Praxis umgesetzt werden. Damit schaffen wir uns im Alltag immer wieder kleine Energiequellen. Es braucht dafür kein wochenlanges Retreat in Stille. Manchmal reicht es auch schon, wenn wir „bewusst eine Tasse Tee trinken" und dabei mal ein paar Minuten nur das genießen. Im Rahmen der Mindful-Parenting-Kurse werden Eltern gebeten eine Routine auszuwählen, die sie gemeinsam mit ihrem Kind vollziehen, in der sie sich um das Kind kümmern oder in der sie einer Haushaltstätigkeit nachgehen. Diese Routine soll fortan achtsam durchgeführt werden. Dies sind oft Tätigkeiten, die wir in Eile tun, sie erledigen möchten, da wir eigentlich gerne etwas anderes tun wollen. Aber oft sind es genau diese normalen Alltagsmomente, an denen Kinder Freude haben und an die sie sich einmal erinnern werden, sie erinnern sich, wie wir uns ihnen gegenüber in genau solchen Momenten verhalten haben, erklärt Prof. Bögels im Buch „Mindful Parenting". Leider verpassen wir solche Momenten aber oft, da wir uns beeilen und stattdessen von A nach B hetzen (Bögels und Restifo 2015, S. 81).

Es steht und fällt vieles mit unserem Verhalten und der Beziehung, die wir zu uns selbst führen.
Nicht ohne Grund startet Autorin Philippa Perry den Spiegel-Bestseller „Das Buch von dem du dir wünschst, deine Eltern hätten es gelesen" (Perry 2021) mit einer Klarstellung, dass sich in diesem Buch sehr viel um „sie", die Eltern, dreht, da wir Eltern als Vorbilder einen großen Einfluss auf unsere Kinder haben. Nicht nur die Gegenwart, auch unsere Vergangenheit, unsere Kindheit und wiederum die Kindheit unserer Eltern, all das wirkt sich auf die Umgebung des Kindes aus (Perry 2021, S. 17 ff.). Die Hirnforschung und die Kinderpsychologie haben ergeben, dass die Umgebung und Erfahrungen des Kindes vor allem in den ersten drei Lebensjahren ausschlaggebend sind für die weitere Charakter- und Intelligenzentwicklung, so erläutert auch der spätere Mitbegründer des Weltkonzerns SONY in seinem einzigartigen Werk „Der Kindergarten kommt zu spät" (Ibuka 1969, S. 8).

> **Kinder machen nicht unbedingt das, was wir sagen, sie spiegeln das wider, was wir sind**
> Unsere Kinder sind ein wertvoller Spiegel, den wir beobachten können, als Indiz dafür, wie es auch um uns selbst gerade so steht. „Elternschaft ist ein Spiegel, in dem wir gleichzeitig das Beste und das Schlechteste von uns sehen, die schönsten Momente des Lebens genau wie die erschütterndsten." – Myla und Jon Kabat-Zinn (Moralis 2019, S. 38).
>
> Unsere Kinder erfüllen uns mit Liebe und gleichzeitig können sie uns an unsere Grenzen bringen. Das Schlafdefizit in den ersten Wochen nach der Geburt, mit frisch gebackenem Baby im Arm, erinnert zum Beispiel genau daran. Einerseits glücklicher als es Worte beschreiben können und zugleich so müde und erschöpft wie vermutlich selten zuvor.

Es heißt: Kinder brauchen Wärme, Akzeptanz, Liebe, Grenzen, Verständnis, Aufmerksamkeit, Zeit und Mitgefühl (Perry 2021, S. 17 ff.). Hierbei können uns unsere eigenen Erfahrungen in unserer eigenen Erziehung und Kindheit im Wege stehen. Mängel, die wir als Kind erlebten, prägen uns unterbewusst in der Erziehung unserer eigenen Kinder. Das ist auch im „Mindful Parenting"-Ansatz ein wichtiger Grundsatz. Es ist daher entscheidend, auch für die spätere Beziehung zu unserem Kind, sich dessen bewusst zu werden. Bewusstsein – Achtsamkeit, das ist hier das Schlüsselwort. Mindful Parenting – bewusste Elternschaft.

Was, wenn uns unsere Kinder triggern? Die Sache mit der Wut
„Ich machte den Mund auf, und heraus kamen die Worte meiner Mutter", schreibt Perry (Perry 2021, S. 18). Sie erklärt, dass das etwas Gutes sein kann, wenn es sich um eine wohlwollende Erfahrung handelt, manchmal melden sich aber auch Worte zurück, die das Gegenteil ausgelöst haben, und das geben wir als Erbe an unsere Kinder weiter (Perry 2021, S. 18). Es ist eine enorme Verantwortung, die wir als Eltern haben. Aber es ist auch eine tolle Einladung, um uns selbst besser kennenzulernen, unser Bewusstsein zu schärfen sowie auch unsere Verhaltensmuster besser verstehen zu lernen. Werden wir uns wiederum dessen nicht bewusst, und das, was wir geerbt haben, liegt „außerhalb unseres Bewusstseins", wissen wir nicht, „ob wir im Hier und Jetzt auf das Verhalten unseres Kindes reagieren oder ob unsere Antworten vielmehr in unserer Vergangenheit wurzeln" (Perry 2021, S. 19).

Bekommt Dein Kind beispielsweise einen Wutanfall und Du kannst selbst Deine Wut nicht kontrollieren, kann das Gründe haben, die vielleicht in einer eigenen Erfahrung aus Deiner Kindheit liegen. Statt auch noch selbst im Karree zu springen, ist es als Elternteil wohl eher unsere Aufgabe, Kindern in Zeiten der inneren Turbulenzen wie bei Wutausbrüchen Geborgenheit, Sicherheit und Ruhe zu schenken. Durch die Achtsamkeitspraxis machen wir uns dessen bewusst, was Trigger sind, die uns zur Weißglut bringen, und reflektieren darüber, welche Erfahrungen auch aus unserer eigenen Kindheit vielleicht dahinterstehen können, wenn unser eigenes „inneres Kind" geweckt wird. Manchmal ist es auch das rebellische Kind in uns selbst, das emotional auf bestimmte Dinge reagiert und das dann als Wut auf das eigene Kind überträgt. Mit der Achtsamkeitspraxis – insbesondere angewandt auf das Elternsein – geben wir negativen Gefühlen wie Ärger oder Wut Raum, um sie zu verstehen und daraus zu lernen. Achtsamkeitstrainer Lienhard Valentin erläutert auch in seinem Buch „Die Kunst, gelassen zu erziehen", dass wir diese Gefühle sinnbildlich begrüßen sollten und dem „Ärger zuhören" sollten. „Der Ärger wird so zu einem Verbündeten" (Valentin und Kunze 2015, S. 97). Schon Thich Nhat Hanh sagte: „Umarme Deine Wut!" Auf die Frage in einem Interview mit Erziehungsratgeber Jesper Juul mit der Süddeutschen Zeitung, ob man als Eltern auch mal weinen, schreien oder toben darf, erklärte er, dass nicht die die Gefühle der Eltern den Kindern schaden, sondern die Abwesenheit derer (Süddeutsche Zeitung 2022). Auch in einem Artikel im Tagesspiegel sprach sich Erziehungsratgeber Jesper Juul dafür aus, dass wir der Wut Raum geben sollten. Wie der Tagesspiegel in dem Beitrag „Wie gut Wut tut", geschrieben durch Erziehungsexpertin Gerlinde Unverzagt, berichtete, setzte sich Jesper Juul, Erziehungsexperte und Autor, dafür ein, dass ein gewisses Maß an Aggression und Wut gut sind, da sie „natürliche Emotionen" sind, obgleich es sich um Gefühle handelt, die in der Gesellschaft oft als negativ bewertet werden (Der Tagesspiegel 2022, S. 24).

„Aggression ist zum neuen Tabu geworden", schreibt Gerlinde Unverzagt. In dem Artikel erklärte sie zudem, dass Wut und Aggressionen nicht verpönt sein sollten, da sie für die Entwicklung wichtig sind (Der Tagesspiegel

2022, S. 24). Kinder dürfen Aggressionen zeigen, dies sei essenziell, um zu lernen mit Emotionen umzugehen. Eine gesunde Entwicklung eines Kindes ohne Wutattacken sei quasi nicht möglich und ist somit keine Lösung. „Die Aufgabe der Eltern ist es, die zerstörerischen Impulse zu begrenzen, die Übersetzung von Emotionen in Worte anzuleiten und Trost zu spenden, wenn die Nerven einfach blank liegen. Es gibt wohl keine Familie, in der die Wutausbrüche der Kinder Geduld und Nerven der Eltern nicht auf eine harte Probe stellen" (Der Tagesspiegel 2022, S. 24).

Auch in meinem Interview, das ich im Rahmen dieses Buches mit Achtsamkeitstrainer Lienhard Valentin führte, erklärte er, dass es verschiedene Persönlichkeitsanteile in uns gibt, die (mit dem Kind) kommunizieren: „Je nachdem, in welcher Stimmung wir sind, prägt das in dem Moment, durch welche Brille wir eine bestimmte Situation sehen, und wie wir die Situation interpretieren." (s. auch Kap. 5). Mal ist es der Kritiker, mal das bockige innere Kind, mal der autoritäre Elternteil, mal die wohlwollende, liebende Mutter, mal der Cheerleader, der/die kommuniziert. Abhängig von unserer eigenen Verfassung, Laune und unserer eigenen Prägung fällt auch die Reaktion auf unsere Mitmenschen aus sowie auf unsere Kinder.

> **Impuls**
>
> Wenn Du merkst, Du bist schnell gereizt und es fällt Dir schwer, Deine Emotionen zu regulieren und es gelingt Dir ganz und gar nicht, eine Stresssituation mit einer Form von Ruhe zu beantworten, dann hilft vor allem eines:
>
> ATMEN. ATMEN. ATMEN.
>
> Einatmen bringt uns mit unserer inneren Welt in Verbindung, Ausatmen mit der äußeren Welt. Weder in der inneren noch der äußeren Welt existieren Grenzen. Es ist alles verbunden, alles eine Welt.

Impulse und Übungen aus dem „Mindful Parenting"-Ansatz

Eine wertvolle Übung, die ich im Mindful Parenting Teacher Training gelernt habe und gerne mit Dir teilen möchte, ist die 3-Minuten Atempause. Eine weitere ist eine Übung zur Stärkung unseres Selbstmitgefühls. Denn oft braucht nicht nur unser Kind Liebe, sondern auch unser eigenes inneres Kind sehnt sich danach. Wenn wir uns selbst Liebe schenken, wenn wir sie brauchen, können wir sie auch besser an andere Menschen – unsere Kinder, unsere:n Partner:in – weitergeben. Am Ende profitiert also das ganze Familiensystem davon.

 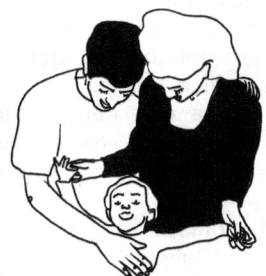

---

1. Übung: 3-Minuten Atempause

Die folgende Übung besteht aus 3 Schritten:

i. Check-in mit Dir selbst
ii. Atem-Bewusstsein erlangen
iii. Bewusstsein erweitern und in den Alltag mitnehmen

Ich habe Dir die 3-Minuten Atempause Meditation auch eingesprochen (s. Abb. 1.12). So kannst Du sie immer zwischen-

Abb. 1.12 Audio Track 2 „3-Minuten Atempause" (▶ https://doi.org/10.1007/000-bfy)

durch hören, auch wenn die Augen mal zu müde sind. Sie ist als angeleitete Audio-Version für Dich in der begleitenden Springer Nature More Media App abrufbar. Einfach den Link unter dem Icon scannen.

Solltest Du sie lieber lesen, findest Du nachstehend das Meditationsscript. Dieses steht zudem zum Download oder zum Ausdrucken für Dich bereit unter www.marienkäfer-momente.jetzt/bonus. Stelle Dir für diese Meditation am besten einen Timer, z. B. mit dem Handy, auf drei Minuten oder nutze eine der zahlreichen Meditations-Apps oder Klangschalen-Apps dafür. Oder Du hörst Dir einfach die eingesprochene, geführte Meditation an.

Meditationsskript „3-Minuten Atempause" (angelehnt an Arbor Online 2022)
Bring Dich in eine angenehme Sitzposition und schenke Dir ein paar Minuten Zeit für eine kleine Atempause. Schließe Deine Augen oder halte sie sanft geöffnet. Wie geht es Dir jetzt in diesem Moment? Wie ist heute Deine innere Wetterlage? Welche Gedanken, Gefühle und Empfindungen hast Du heute in Deinem Körper. Nichts muss verändert oder verbessert werden, nehme einfach nur das an, was kommt. All das, was jetzt da ist, ist in Ordnung. Es ist okay!
Als zweiten Schritt lade ich Dich dazu ein, Dein Bewusstsein zu öffnen auf Deinen Atem. Nimm wahr, wie der Atem durch Deinen Körper strömt. Atme tief ein und wieder aus. In Deinem Tempo. Wenn sich andere Gedanken auftun, nimm dies wahr und bringe Deine Aufmerksamkeit, ohne Dich dafür zu verurteilen, sanft, aber beharrlich wieder zurück auf Deinen Atem und den Raum, den Du mit jedem Atemzug in Deinem Körper entstehen lässt. Atem bringt Leben. Fühle Deinen Atem, wie er Deinen Körper berührt. Atme ein- und wieder aus. Es gibt nichts, das Du jetzt tun, erreichen oder kontrollieren musst. Lass Deinen Körper einfach selbst atmen.

Erweitere Dein Bewusstsein nun im dritten Schritt auf Deinen ganzen Körper, auf Deine Haltung, Deine Expressionen. Vielleicht hilft es Dir, Dir vorzustellen, wie Dein Brustraum wächst und Du mit jedem Atemzug etwas mehr Luft, Raum und Kraft gewinnst. Nimm bewusst wahr, welche Empfindungen Du in diesem Moment in Deinem Körper spürst, in Deinem Zuhause. Komm zu Hause an – in Deinem Körper. Verweile einen Moment in Stille im Einklang mit Deinem Körper und Deinem Atem.

Versuche, das erweiterte Bewusstsein in Deinen restlichen Alltag zu nehmen. In jeden neuen Moment, der Dir begegnet.

2. Übung: Situation aus den Augen des Kindes betrachten

Um ein besseres Verständnis für das eigene Kind zu entwickeln, kann es „hilfreich sein, dass man sich in bestimmten Situationen in sein Kind hineinversetzt, um diese Situation auch mal aus den Augen der Kinder zu sehen, und dann wiedergibt, wie sich das anfühlt" (Lienhard Valentin, im Rahmen des Interviews in diesem Buch, s. Kap. 5). Diese Übung wird auch im „Mindful Parenting"-Training angewandt und wird auch von Bestseller-Autorin Philippa Perry (Perry 2021) in ihrem Buch empfohlen.

Stell Dir vor, Du bist das Kind. Versetze Dich in die Situation, aus Kinderaugen betrachtet. Wie nimmst Du das Erlebte wahr? Was brauchst Du in diesem Moment?

3. Übung: Hörmeditation

Es kann eine hilfreiche Übung sein, das bewusste Hören zuerst zu praktizieren. Denn letztendlich geht es auch darum, uns selbst, unseren Gefühlen, Gedanken und auch anderen Menschen und Klängen Gehör zu schenken und sich dafür zu öffnen. Ich habe Dir daher eine Hörmeditation als Skript verfasst, inspiriert von Susan Bögels' Mindful-Parenting-Programm, und Dir diese Hörmeditation zudem als angeleitete

Abb. 1.13 Audio Track 3 „Hörmeditation". (Illustration: Fine Heininger) (▶ https://doi.org/10.1007/000-bg0)

Meditation aufgenommen. Die geleitete Hörmeditation mit einem Mantra des Mitgefühls findest Du in der begleitenden SN More Media App. Scanne hierfür bitte den Link unter Abb. 1.13. Ich wünsche Dir viel Freude damit!

Falls Du diese Meditation lieber alleine machen und Dir zum Beispiel ausdrucken möchtest, findest Du das Meditationsskript ebenfalls im Bonus-Bereich auf meiner Webseite unter www.marienkäfermomente.jetzt/bonus.

Meditationsskript: Hörmeditation mit Mantra des Mitgefühls (Meditationstext: Eigene Kreation, in Anlehnung an Bögels und Restifo 2015)

Ich lade Dich ein, Dich in eine angenehme Sitzposition zu begeben. Auf einem Kissen, einem Stuhl. Wähle, was sich in diesem Moment richtig für Dich anfühlt. Wenn Du möchtest, kannst Du Deine Augen schließen oder Du lässt sie sanft geöffnet. Atme langsam ein- und wieder aus. Komm an in der Gegenwart. Spüre die Haptik dessen, worauf Du Platz genommen hast. Erlaube Dir nun, Deinen Fokus ganz auf das Hören zu lenken. Lenke Deine Aufmerksamkeit auf Deine Ohren, auf das Hören. Vielleicht möchtest Du Deine Ohren auch kurz anfassen, ihnen danken, dass sie Dir die Fähigkeit zu hören schenken? Öffne Dein Bewusstsein und erweitere es auf die Welt der Klänge, Deine Geräuschkulisse, die auditiven Signale, die Musik – all das, was Du jetzt in diesem Moment wahrnimmst und hören kannst.

„Om tare tuttare – Ture swaha
Om tare tuttare – Ture Swaha"

Vielleicht klingt das eben gehörte Mantra des Mitgefühls noch nach, vielleicht freust Du Dich nun über die eingekehrte Stille. Vielleicht summst Du das Mantra noch gedanklich. Es gibt kein falsch oder richtig. Nimm einfach wahr, was ist. Du musst nicht nach Klängen oder Geräuschen suchen oder versuchen, bestimmte auditive Signale zu empfangen. Öffne Deinen Geist und Dein Bewusstsein und fokussiere Dich auf das Wahrnehmen von Geräuschen – egal welche oder woher sie kommen mögen. Vielleicht sind die Klänge oder Geräusche, die Du hörst, ganz nah oder eher weiter weg zu hören. Vielleicht sind sie neben Dir, vor Dir, hinter Dir, vielleicht sogar in Dir, über Dir oder unter Dir. Umarme das Orchester Deines Lebens! Erlaube Dir, auch die Stille zu hören zwischen den Geräuschen oder die Stille selbst. „Die Musik steckt nicht in den Noten. Sondern in der Stille dazwischen" – wie schon Mozart sagte (Achtsamkeit 2007).

Nimm die Klänge und Geräusche, die Du mit Deinen Ohren hörst, einfach nur wahr. Ohne diese zu betiteln oder ihnen einen Namen zu geben. Nicht die Bedeutung oder Implikation ist jetzt relevant. Konzentriere Dich viel mehr auf die Qualität der Klänge, die Du wahrnimmst – ihre Tonhöhe, ihr Timbre, die Lautstärke, Dauer, ihre Frequenz, ihre Klangfarbe. Wenn Du merkst, dass Gedanken aufkommen und Dich einnehmen, akzeptiere sanft, dass Du Dich ablenken hast lassen, jedoch OHNE dies zu bewerten. Bring Deine Aufmerksamkeit einfach behutsam und bewusst wieder zurück – auf das Hören von Geräuschen und Klängen. Auditive Signale. Musik, Geräusche, Klänge – so wie sie kommen und auch wieder gehen. Jeden Moment aufs Neue. In Deiner eigenen Zeit lade ich Dich dazu ein, wieder zurückzukommen in die Gegenwart, in Dein Zuhause, Deinen Körper, Deinen Raum. Du kommst bewusst wieder an auf Deinem Kissen oder Deinem Stuhl. In Deinem eigenen Tempo und nach eigenem Gefühl, öffnest Du sanft die Augen. Spüre noch mal tief in Dich hinein und richte den Blick noch einmal nach innen. Wie geht es Dir jetzt? Nimm dieses Gefühl, die körperlichen Wahrnehmungen und Erlebnisse in der Meditation mit in Deinen restlichen Tag oder Abend.

4. Übung: Schwere Momente erkennen und sich ihnen mit Mitgefühl zuwenden

Eine weitere Übung, auch bekannt als „Rupture & Repair"-Übung, ist es, mit Mitgefühl zu betrachten, welches Verhalten unseres Kindes die stärksten Reaktionen in uns auslöst und welche Dinge wir ggf. als Kind erlebt haben, die ein ähnliches Verhalten zeigen? (Perry 2021, S. 32). Das kann dabei helfen, sich in Konfliktsituationen dem Kind anzunähern, um den emotionalen Bruch hoffentlich wieder zu beheben. Im Mindful-Parenting-Ansatz werden Eltern zu „Rupture und Repair", zu Deutsch: Bruch und Reparatur-Arbeit, ermutigt. Konflikte sind gute Möglichkeiten, um Kindern wichtige Dinge über den Umgang mit Konflikten beizubringen (Bögels und Restifo 2015, S. 261).

Welche Verhaltensweisen Deines Kindes lösen starke Reaktionen aus in Dir, körperlich, gedanklich oder auch emotional? Gibt es da etwas Konkretes, woran Du Dich erinnern kannst, was ggf. aus Deiner Kindheit in Dir selbst wach wird?

Oder gab es eine Konfliktsituation mit Deinem Kind, in der es zu Streit und starken Emotionen kam und auf gut Deutsch die Fetzen flogen? Dein Kind ist vielleicht wütend geworden, emotional verletzt oder hat sich von Dir abgewandt (Bruch). Hier ist es dann besonders wichtig sich als Eltern dem zuzuwenden und sich darum zu bemühen diesen Bruch zu versuchen zu reparieren (Reparatur) (Bögels und Restifo 2015, S. 261).

1.6 Achtsamkeit mit Kind in den Alltag integrieren

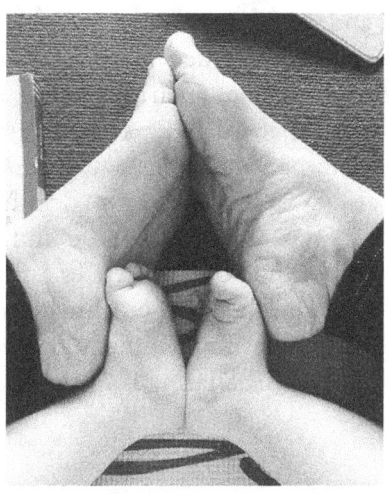

> **Impuls**
>
> **Kinder sind die besten Achtsamkeitstrainer:innen. Babys sind wie kleine Zen-Meister**
>
> Leider haben wir aber die Tendenz mit steigendem Alter, die achtsamen Grundhaltungen (s. Kap. 3) abzulegen, die wir intuitiv einmal in uns hatten. Die Zeichen des Lebens und die Erfahrungen prägen uns. Mit Achtsamkeitspraxis kann man daher eigentlich nicht früh genug anfangen. Die Achtsamkeit hilft beim Umgang mit Emotionen und Stress, was spätestens, wenn die Kinder in die Schule kommen, aber vermutlich bereits im Kindergarten, ein wertvolles Tool werden wird. Kinder werden daher beispielsweise auch vermehrt früh an Meditationspraktiken herangeführt. Natürlich erfolgt das, wenn dann, sehr spielerisch und soll nur eine Einladung sein, niemals ein Muss.

Ich werde oft von Eltern gefragt, wie ich Achtsamkeit mit meinem Kind praktiziere, daher möchte ich, obgleich ich in diesem Buch die These in den Vordergrund stellen möchte, dass wir achtsam und gelassen DANK unserer Kinder werden können, etwas zu dieser Frage aufgreifen und teilen.

Ein Hinweis bzw. kleiner Disclaimer
Jedes Kind ist anders. Ich gebe keine Garantie oder Gewähr dafür, dass die Dinge, mit denen wir als Familie gute Erfahrungen gemacht haben, auch für andere funktionieren und die Kinder dafür ebenfalls empfänglich sind. Ich empfehle dringend, eigene Erfahrungen zu sammeln und dabei immer ganz bewusst zu schauen, wie es dem Kind und auch Dir selbst dabei geht. Macht es Freude und bringt innere Ausgeglichenheit: wunderbar. Kreiert es Stress – vielleicht eher weniger davon machen. Ich möchte sagen: Es gibt hier kein Patentrezept. Dieses Kapitel dient lediglich als Impuls bzw. Inspiration. Denn: „Sharing is Caring"!

> **Impuls**
>
> Mein Top-Tipp für Achtsamkeit mit Kindern: Der beste Weg Achtsamkeit zu vermitteln ist es, selbst achtsam und bewusster im Moment zu sein, es positiv vorzuleben und somit auch andere Menschen, auch Kinder, intrinsisch dafür zu begeistern. Ich nenne das: Learning by being!

So werden auch kleine Menschlein von sich aus neugierig, möchten vermutlich mehr erfahren und integrieren kleine Praktiken einfach in den Alltag, ohne dass sie sich womöglich wirklich dessen vollkommen bewusst sind, dass es sich um Achtsamkeitsübungen handelt. Sie spiegeln uns. Und sie merken es fühlt sich einfach gut an, daher wird es quasi ganz natürlich ein Teil ihrer DNA. Ich habe früh angefangen meinen Sohn in die Achtsamkeitspraxis einzuführen. Nicht mit Druck, einfach durch meine eigene Praxis. Angefangen bereits, als er noch in meinem Bauch war. In dieser Zeit habe ich sehr viel meditiert, gesungen, Body-Scan-Übungen gemacht, in denen man jedem Körperteil bewusst Zuwendung schenkt, Achtsamkeitskurse besucht, Schwangerschafts-Yoga gemacht und gerne in dem Buch „Mindful Birthing" von Nancy Bardacke (Bardacke 2012) gestöbert. Ich war auch auf einem einwöchigen Schweige-Retreat während der Schwangerschaft (s. Kap. 3). All das schenkte mir eine innere Ruhe und Gelassenheit und bereitete mich emotional, mental und körperlich gut auf die Geburt vor.

Als mein Kind auf der Welt war, nahm ich es mit zum Postnatal-Yoga-Kurs und setzte es auch dazu, wenn ich zu Hause Yoga praktizierte oder Mantras sang. Die Yoga-Übungen macht mein Sohn gerne mit (in seiner eigenen niedlichen Ausprägung) und auch meine Klangschalen durfte er früh ausprobieren, was ihm Freude machte. Das Baden mit Baby oder Kind eignete sich ebenfalls wunderbar, um Achtsamkeit zu praktizieren. Das Wasser spüren und hören, planschen, den Moment genießen, ohne über das Morgen zu philosophieren. Sowie auch das gemeinsame Singen oder Basteln, Kneten oder Bauen, um auch die

Kreativitätsebene der Achtsamkeit zu erwecken. Seit mein Sohn ein Kleinkind war, habe ich zudem angefangen Atemübungen mit ihm zu machen. Mal habe ich das Ein- und Ausatmen angeleitet, später als er sprechen konnte, wollte er die Führung übernehmen und es wurde zu einem Spiel. Manchmal verbinden wir es auch mit kleinen Bewegungen und heben die Arme zum Einatmen und senken sie zum Ausatmen. Manchmal liegen wir dabei einfach ganz ruhig auf dem Bett zusammen.

Eine weitere Sache, die wir in den Alltag integriert haben, ist unser achtsames Abend- und Schlafritual. Mal lesen wir ein Buch, mal reflektieren wir gemeinsam über den Tag, sprechen über Momente, die besonders schön waren oder prägend, über Bedürfnisse, Ängste, Dinge, für die wir dankbar sind, und was sonst noch Platz und Raum finden möchte. Und sehr oft nehmen wir zusammen ein paar tiefe Atemzügen, meistens atmen wir dabei dreimal ganz tief ein und wieder aus. Hierbei streiche ich meinem Kind auch gerne sanft über den Körper, sofern er es möchte, um ihm zu zeigen, wie der Atem von Kopf bis Fuß durch den Körper strömt. Es ist sehr schön beim gemeinsamen Atmen zu spüren wie sich die Rhythmik unserer Atmung meist schnell synchronisiert und wir in Einklang kommen.

> **Übung: Einschlaf-Fantasiereise für Kinder**
>
> Wenn ich merke, dass mein Kind zur Ruhe kommt und die Atmung gleichmäßiger und tiefer wird, erzähle ich ihm gerne eine kleine Fantasie-Geschichte für schöne Gedanken. Hierfür schließen wir die Augen. Es ist ein bisschen wie eine Meditation. Eine Einschlaf-Fantasie-Geschichte, die sich besonders dabei heraus kristallisiert hat bei meinem Sohn und mir, ist die vom „Träumeland". Er liebt diese Geschichte! Ich habe sie mir ausgedacht und gemeinsam mit meinem Mann und Sohn weiterentwickelt. Die „Träumeland"-Geschichte ist wie eine kleine Meditation, mit schönen imaginären Bil-

dern, weckt die Kreativität, schärft das Bewusstsein und macht zugleich ruhig und ausgeglichen. Sie lenkt das Bewusstsein sanft auf wohltuende Bilder im Kopf und auf einen ruhigen Atem. Ich erzähle meinem Sohn die „Träumeland-Geschichte" sehr häufig zum Einschlafen. Es ist eine Fantasiereise, die damit beginnt, dass wir tief Ein- und Ausatmen und er über einen Regenbogen in ein Land der Träume geführt wird. Dabei wird er begleitet von seinen besten Freunden, der Familie oder den Lieblingskuscheltieren. Der Fantasie sind keine Grenzen gesetzt. Lass Dein Kind die Geschichte ruhig mitgestalten. Wichtig ist, dass das Kind seine schönsten Bilder selbst mit einbauen kann. Am Ende der Geschichte findet das Kind Ruhe und schläft mit guten Gedanken, zum Beispiel auf einer kuschligen Wolke, ein.

Vielleicht ist die „Träumeland"-Geschichte oder auch generell die Idee einer gemeinsamen kreativen Fantasiereise eine kleine Inspiration, um etwas Achtsamkeit mit Kind zu praktizieren – für die Schlafroutine oder einfach eine kleine liebevolle Ergänzung für gemeinsame Kuschelzeiten. Ich hoffe jedenfalls, dass es Dir und Deinem Kind/Deinen Kindern ebenfalls ein paar wunderbare „Marienkäfermomente" der Freude schenkt! Und jetzt: Schöne Entspannung! Wir sehen uns im „Träumeland" …

1.7 Check-in: Intention und Assessment – Momentaufnahme des Status quo

Der erste Schritt zur Veränderung lieg im Erkennen und im Erfassen des Status quo und der inneren Entscheidung, diesem Aspekt Aufmerksamkeit zu schenken. Um eine kleine Momentaufnahme zu machen, wo Du Deine persönliche Reise startest, habe ich Dir daher einen kleinen Selbsttest, als kleine Check-in-Übung, mit ein paar Fragen zusammengestellt. Nimm Dir bitte etwas Zeit dafür.

**Denke bitte immer daran: Achtsamkeit KOSTET keine Zeit.
Achtsamkeit SCHENKT Dir Zeit.**

Check-in-Übung
1. Intension setzen: Was ist Deine positive Absicht, Deine persönliche Motivation, dieses Buch zu lesen und damit zu arbeiten?

Eine „bessere" Mutter/Vatersein	
Ein glücklicheres Leben führen, das meinen Bedürfnissen entspricht	
Eine erfüllte Karriere haben, auch mit Kind	
Weniger gestresst sein im Alltag	
Gelassener, ruhiger, weniger aufbrausend werden	
Besser mit Veränderungen umgehen können	
Etwas Neues probieren, die Welt mehr aus Kinderaugen sehen	
Impulse bekommen für die Vereinbarkeit und Organisation in meiner Familie	
Ein bisschen mehr im Moment, im „Jetzt" leben	
Mehr Marienkäfermomente in meinem Leben mit Kind schaffen	

2. Deine innere Wetterlage: Wie fühlst Du Dich heute?

Sonnig	Wolkig	Regnerisch	Schneesturm

3. Assessment Status quo: Wo stehst Du heute? Welche Aussagen, treffen auf Dich zu?

Aussage	zutreffend	eher nicht zutreffend
Es fällt mir leicht, zur Ruhe zur kommen.		
Ich komme über Hindernisse relativ schnell hinweg, auch wenn ich traurig bin.		
Es fällt mir leicht, zu reflektieren und objektiv zu analysieren.		
Unter Stress kann ich gut arbeiten und mit Druck umgehen.		
Ich glaube an das Gute in Dingen, es fällt mir leicht, das Positive zu sehen.		
Ich kann die Ruhe bewahren, auch wenn es mal drunter und drüber geht.		
Ich bin lösungsorientiert. Ich finde in der Regel Lösungen für Probleme.		
Es fällt mir leicht mich zu fokussieren. Ich lasse mich nicht schnell ablenken.		
Ich habe Vertrauen in mich und mein Umfeld.		
Ich habe Menschen, auf die ich mich verlassen kann.		
Ich kenne Momente, in denen ich mit meinem Kind „Marienkäferpunkte" zähle.		

Aussage	zutreffend	eher nicht zutreffend
Ich lebe im Jetzt. Nicht im Morgen. Nicht im Gestern. Ich bin zielstrebig und habe ein klares Ziel vor Augen.		
Ich kenne meine Werte und meine Bedürfnisse.		
Ich kommuniziere klar, was ich brauche und wo meine Grenzen liegen.		
Ich kann mich leicht in andere Menschen hineinfühlen.		
Ich habe eine offene und wertschätzende Beziehung mit meinem Kind/meinen Kindern.		
Mein:e Partner:in und ich respektieren einander und hören einander zu.		
Scheitern ist für mich kein Problem. Ich stehe auf und versuche es erneut.		
Es fällt mir leicht, loszulassen.		
Wenn ich laufe, nehme ich die Sensationen in meinem Körper bewusst wahr.		
Ich bin gut darin, meine Gefühle zu beschreiben und auszusprechen.		
Ich kann meine Gefühle und Emotionen wahrnehmen, ohne direkt darauf reagieren zu müssen.		

1 Achtsamkeit für Eltern – bewusst …

Aussage	zutreffend	eher nicht zutreffend
Wenn ich dusche, nehme ich bewusst das Wasser auf meinem Körper wahr.		
Ich nehme bewusst wahr, wenn ich Wind in meinen Haaren oder Sonne in meinem Gesicht fühle.		
In schwierigen Situation kann ich abwarten, bevor ich reagiere.		
Ich tue Dinge bewusst, im Automodus befinde ich mich selten.		
Gelassenheit und Geduld sind mir nah.		
Ich spreche gerne Wertschätzung aus.		
Gerüche und Düfte nehme ich bewusst wahr.		
Meditation und das Fokussieren auf meinen Atem fallen mir leicht.		
Ich habe Mitgefühl für mein Kind/meine Kinder und seine/ihre Gefühle.		

Je mehr Aussagen Du mit zutreffend bewerten kannst, desto höher sind vermutlich Deine emotionale Stabilität und Achtsamkeit.

1.8 Kreative Achtsamkeitsimpulsseite #1 „Marienkäferpunkte zählen und ausmalen"

Es ist Zeit, sich Zeit zu nehmen für die kleinen Dinge und für die Kreativität… Zähle die Marienkäfer auf dieser Seite – alleine oder zusammen mit Deinem Kind/Deinen Kindern. Wie viele Punkte zählst Du/zählt ihr? Wenn Du magst, kannst Du oder Dein Kind/Deine Kinder die süßen Glückskäfer auch ausmalen. Viel Spaß dabei!

Literatur

7Mind Magazin (2022, 1), Ein Streifzug durch die Wissenschaft, https://www.7mind.de/magazin/wissenschaft-der-achtsamkeit. Zugegriffen: 05.11.22

7Mind Magazin (2022, 2), Jon Kabat-Zinn: Begründer der modernen Achtsamkeit, https://www.7mind.de/magazin/jon-kabat-zinn. Zugegriffen: 05.11.22

Achtsamkeit (2007) Berühmte Zitate, Urania Verlag

Arbor Online (2022), „Elternsein die ganze Katastrophe" Begleitmaterial, https://www.arbor-online-center.de/begleitmaterial/elternsein-die-ganze-katastrophe-susan-boegels. Zugegriffen: 25.09.22

Arbor Online Mindful Parenting (2022), https://www.arbor-online-center.de/webinare/mindful-parenting-kostenloses-webinar-mit-susan-boegels. Zugegriffen: 11.12.22

Ärztezeitung (2022), https://www.aerztezeitung.de/Politik/Stress-sorgt-zunehmend-fuer-Krankheitsrisiken-424981.html. Zugegriffen: 22.09.22

Allgaier R (2022) Achtsamkeit, Achtsamkeit Leben Köln, https://achtsamkeit-leben.de/achtsamkeit/. Zugegriffen: 24.09.22

Allversum (2022) Achtsamkeit, Yoga und Meditation im Klassenzimmer https://www.allversum.com/achtsamkeit-yoga-und-meditation-im-klassenzimmer/. Zugegriffen: abgerufen: 18.10.22

Bardacke N 2012, Mindful Birthing, Training the mind, body, and heart for childbirth and beyond, Harper Collins Publishers, 195 Broadway, New York, NY 10007.

Bögels S. (2018) Elternsein – die ganze Katastrophe: Achtsam mit Kindern wachsen, Arbor Verlag

Bögels S (2022) Contact Susan https://www.susanbogels.com/contact/. Zugegriffen: 22.11.22

Bögels, S & Restifo, K (2015) Mindful Parenting: A Guide for Mental Health Practitioners, WW Norton & Co.

Carnegie, D (2003) Sorge dich nicht – lebe! 91. Auflage 2003, Scherz Verlag, Bern

Denken und Handeln (2023), Denken & Handeln ist als Konzeptstudio zuständig für Visualisierungen komplexer Inhalte, https://denken-handeln.com/. Zugegriffen: 09.10.23

Der Storyteller 2022, England Achtsamkeit ab jetzt Pflichtfach in britischen Schulen, https://www.derstoryteller.de/england-achtsamkeit-ab-jetzt-pflichtfach-in-britischen-schulen/, abgerufen: 18.10.22.

Früchtenicht K, Seifert, G (2020) Von Anfang an gesund, Gesundheitskräfte natürlich stärken für Kinder von null bis drei, 1. Aufl. hanserblau, München

GEOlino (2022, 1), Erich Kästners schöne Zitate, https://www.geo.de/geolino/mensch/19188-rtkl-sprueche-erich-kaestners-schoenste-zitate?dicbo=v2-014f81643e7f10bad7e65c95d09eb90e. Zugegriffen: 07.11.22

GEOlino (2022, 2), Die schönsten Zitate von Astrid Lindgren, https://www.geo.de/geolino/17799-rtkl-zitate-die-schoensten-zitate-von-astrid-lindgren?dicbo=v2-6e62ba4b234c0b5020c4853613bc33da. Zugegriffen: 07.11.22

Güntsche, U (2015) Trilogie meines Lebens, 2.Buch „Ehefrau und Mutter"

Güntsche L (2016), Achtsamkeit in digitalen Zeiten, Springer Gabler Verlag

Hellene, M (2018) Man bekommt ja so viel zurück, Rowohlt Taschenbusch Verlag, Mai 2018, Reinbek bei Hamburg

Ibuka M (1969), Der Kindergarten kommt zu spät, Goverts

Kabat-Zinn J, Kierdorf T (2013) J Im Alltag Ruhe finden: Meditationen für ein gelassenes Leben (German Edition) Knaur MenSsana eBook. Kindle-Version

Knörnschild J (2022) Chillig mit Baby, Kiwi Verlag

Marienkäfermomente (2023), Gelassen und agil dank Kindern, https://marienkäfermomente.jetzt, Zugegriffen: 09.10.23

MBSR Training (2022), https://www.mbsrtraining.com/. Zugegriffen: 22.11.22

MIND (2022) „MIND Konferenz 2022", http://www.mind-conference.com/mind2022. Zugegriffen: 07.11.22

Moralis S (2019), Achtsamkeit für Mamas, Mentor Verlag

Nanh, Thich Nhat (2011) Versöhnung mit dem inneren Kind, von der heilenden Kraft der Achtsamkeit, Parallax Press
Perry P (2021) Das Buch von dem du dir wünschst, deine Eltern hätten es gelesen, Ullstein Taschenbuch
Resilienz Akademie (2022) https://www.resilienz-akademie.com/fight-flight-freeze/. Zugegriffen: 22.09.22
Der Tagesspiegel (2022, Nr. 25043), Wie gut Wut tut, Nr. 25043, 15.10.22, S. 24
Süddeutsche Zeitung (2022) https://www.sueddeutsche.de/wissen/erziehung-man-kann-seine-kinder-auch-einfach-nur-geniessen-1.1062666. Zugegriffen: 27.09.22
Techniker Krankenkasse (2022) „Meditieren lernen" (1/4), https://www.tk.de/techniker/magazin/life-balance/aktiv-entspannen/meditieren-lernen-2007098. Zugegriffen: 15.11.22
The Dignified Self 2016, https://thedignifiedself.com/de/von-always-on-zu-always-omm-achtsamkeit-session-fuer-mad-minds/. Zugegriffen: 25.02.23
The Dignified Self 2019, https://thedignifiedself.com/de/mindful-meetings-fuer-mehr-produktivitaet/. Zugegriffen: 16.02.23
TK Stressstudie 2021, https://www.tk.de/resource/blob/2116464/9ff316aaf08870ed54aa8a664502ac67/2021-stressstudie-data.pdf, Abruf 22.09.22
Ternyik, S (2021) Achtsamkeit. 44 wirksame Übungen für ein achtsames Leben, Kindle Ausgabe
Valentin L, Kunze, P (2015) Die Kunst gelassen zu erziehen, Arbor Verlag
Wellcome (2022), Das Sozialunternehmen für Familien, https://www.wellcome-online.de/. Zugegriffen: 04.11.22
Wikipedia (2022, Nov.), Achtsamkeitsbasierte Stressreduktion, https://de.wikipedia.org/wiki/Achtsamkeitsbasierte_Stressreduktion. Zugegriffen: 04.11.22
Wikipedia (2022, Sep.), Kampf oder Flucht, https://de.wikipedia.org/wiki/Kampf-oder-Flucht-Reaktion#Freeze,_flight,_fight,_or_fright. Zugegriffen: 22.09.22

2

Grundgedanken des agilen Change-Mindsets angewandt auf die Transformation, Eltern zu werden

Elternwerden ist eine der größten Veränderungen, die wir im Leben erfahren können. So begleiten Eltern ihre Kinder konstant in ihrer Entwicklung. Aber auch Eltern erleben selbst eine große Transformation, wenn sie Mama oder Papa werden.

2.1 Das Geheimnis des Veränderungsmanagements und wie es uns Eltern helfen kann

Die schöne neue VUCA-Welt
Wie Kinderarzt Remo Largo in seinem bekannten Buch „Babyjahre" beschreibt, hat das Kind die „mühselige Aufgabe, uns Eltern immer wieder vor Augen zu führen, dass es sich weiterentwickelt hat" (Largo 2000, S. 35). Kinder haben bedeutet ständige Veränderung, die Beziehung zwischen Eltern und Kindern verändert sich konstant. Aber auch generell ist unsere aktuelle Zeit geprägt von Veränderungen und Unsicherheit. Wir leben in einer VUCA-Welt, wie es neu-deutsch heißt. „‚VUCA' ist ein Akronym, das sich auf ‚volatility' (‚Volatilität'), ‚uncertainty' (‚Unsicherheit'), ‚complexity' (‚Komplexität') und ‚ambiguity' (‚Mehrdeutigkeit') bezieht. Damit werden vermeintliche Merkmale der modernen Welt beschrieben" (Wirtschaftslexikon (2022, April)). Im Außen erleben wir konstante Veränderung.

Hinzu kommt, dass wir in dem Moment, in dem wir Eltern werden, auch innerlich eine massive Veränderung – eine Transformation – erfahren. Auf einmal erscheint das zuvor Bekannte und Gelernte nicht mehr die gleiche Bedeutung zu haben, auf einmal dürfen wir neue Dinge lernen und erforschen. Elternschaft ist, denke ich, eine der größten Veränderungen, die wir erleben können. Es ist quasi eine komplette Transformation. Wenn wir Eltern werden, verändert sich gefühlt alles: Die Prioritäten, der Rhythmus, das Netzwerk, die Aktivitäten, Routinen, der Tagesablauf – alles wird auf einmal auf den Kopf gestellt. Wenn ihr selbst Eltern seid oder welche kennt, versteht ihr vermutlich, was ich meine. Dieser extreme Wandel, diese Transformation, auch als ich Mami wurde, hat mich damals zu Beginn im positiven Sinne ganz schön aus meiner Komfortzone gekickt und ich habe mich seither sehr viel damit beschäftigt, wie wir diese Transformation, die große Veränderung, möglichst gut bewerkstelligen können. Und damit meine ich nicht im Sinne des Perfektionsdrangs, sondern im Sinne des Veränderungsmanagements. Als ich Mutter wurde, hat mich die große Verantwortung, für ein Baby zu sorgen, anfangs ziemlich eingeschüchtert. Ich hatte Bedenken, mein kleines, zartes Baby „kaputt" machen zu können. Es war doch noch so zart und klein. Sonst war ich immer eher der Typ „Ins Kalte Wasser und durch", eine gute Freundin nennt mich auch „Die Feuerwehr" – ich renne ins Feuer und lösche den Brand in Projekten. Das sagt, denke ich, viel aus. So habt ihr einen Eindruck davon, wie mein altes Ich funktionierte.

> **Tipp**
>
> Mut und intrinsisches Vertrauen waren mir stets ein ständiger Begleiter. Als damals frischgebackene Mama spürte ich aber vor allem eins: Angst. Mut und Vertrauen waren auf einmal sehr klein und leise geworden. Ich hatte Angst, irgendetwas falsch zu machen.
> Habt ihr so etwas vielleicht auch erlebt? Sonst war ich eher eine selbstbewusste Power-Frau, und nun saß ich anfangs da, klein mit Hut, mit unsicherem Blick und bat meinen Mann unseren Baby Boy besser zu wickeln, da ich es mir noch nicht alleine zutraute. Mehrfach habe ich mit meiner Hebamme geübt, mir das Baby sanft über die Schulter zu legen, damit es Bäuerchen machen könnte. Es schien mir irgendwie nicht so recht zu gelingen. Auch das Stillen lief nicht so, wie es im Buche stand.
> **Es ist einfach alles neu, wenn wir Eltern werden. Die Aufgaben, die Verantwortung, die Rolle(n), die Erwartungen an**

> einen selbst und andere, die Prioritäten. Es scheint sich alles zu verändern. Ein großer Kick aus der Komfortzone. Wunderschön, aber gleichzeitig eine gewaltige Transformationsphase. Die ersten Wochen, nach der Geburt sind wunderschön, weil es einfach das größte Wunder überhaupt ist, aber diese Zeit kann auch beängstigend und überwältigend sein, da wir als Eltern nun für dieses Wunder verantwortlich sind. „Werde ich das wirklich schaffen?" hört man seine innere Stimme manchmal zweifeln. „Hätte ich nicht doch vorher noch ein ‚Mama/Papa-Studium' absolvieren müssen?"

Bei mir führten die überwältigenden neuen Umstände, Mama geworden zu sein, ein paar Tage in einen kleinen „Baby Blues", den im Übrigen sehr viele Frauen nach der Geburt bekommen. Ich hatte auch mit dem Bild der Perfektion zu kämpfen. So wollte ich alles doch so toll machen wie meine Mutter oder zumindest, wie ich es in Erinnerung hatte. Gerade Kinder mit scheinbar vorbildlichen Müttern haben es wohl auch nicht immer leicht, wie ich von meiner Mindful-Parenting-Mentorin lernte, da sie sich gedanklich immer vergleichen. Meine Schwiegermutter und ein paar enge Freunde halfen mir sehr in der Anfangszeit mit Baby, Vertrauen zu mir selbst aufzubauen, wofür ich immer dankbar sein werde. Es tut gut darüber zu sprechen, denn schon bald merkt man, dass man nicht allein ist. Es schien vielen zu Beginn so zu gehen oder gegangen zu haben, als sie frisch Mutter oder Vater wurden.

> **Mehr Selbstmitgefühl bitte!**
> Wir sollten mehr Mitgefühl mit uns selbst haben, wenn wir Eltern werden. Denn nicht nur unser Baby, auch wir selbst werden quasi neu geboren. In dem Moment, in dem wir Eltern werden, wird ein gewaltiger Wandel eingeleitet, eine riesige Transformation unseres bisherigen Lebens. Wir bekommen auf einmal eine neue, zusätzliche Rolle, einen neuen Hut aufgesetzt, der alles verändert.

2 Grundgedanken des agilen Change-Mindsets …

Ich habe angefangen, viel über diese Veränderung, die wir erfahren, zu reflektieren, habe darüber meditiert, beobachtet und schließlich angefangen, die Werkzeuge, die ich im Kontext des Change Managements und im Zusammenhang mit Transformationsprojekten seit mehr als einer Dekade bei meinen Kunden und in zahlreichen Projekten anwenden darf, um Wandel zu meistern, teilweise auch auf den Familienalltag zu übertragen. Als Dozentin für Change Management (zu Deutsch: Veränderungsmanagement) und Coach für agile Entwicklung musste ich während meiner Transformationsphase des Mami-werdens oft an die verschiedenen Modelle denken, die wir in der Lehre und in der Praxis weitergeben, um „Wandel zu meistern". Wie kann ich als Mutter vielleicht daraus lernen, fragte ich mich? In dem Moment, in dem ich Mutter wurde, wurde es jedenfalls in meinem Leben Zeit für ein kleines Update meiner bisherigen Routinen und Muster. Es begann eine Transformation. Ein Change-Projekt, wie es im Buche steht, könnte man wohl sagen.

Wie können wir also sinnbildlich gesprochen von der Raupe zum Schmetterling werden (… und dabei auch noch achtsam die Farben des Schmetterlings bewundern)?

Veränderungsmanagement (im Englischen: Change Management) ist ein Prozess
Tag für Tag, Schritt für Schritt, Iteration für Iteration – wie ich es als Agile Coach nenne. Übertragen auf den Baby-Alltag könnte man auch sagen: Bäuerchen für Bäuerchen, mit jedem Stillen, mit jedem Fläschchen, mit jedem Schläfchen, mit jeder neuen Windel, mit jedem Happs Brei, mit jedem Pups, der quer lag, mit jedem Krabbelversuch, mit jedem ersten Schritt, mit jeder Eingewöhnung – lernen wir langsam dazu und wachsen in unsere Elternrolle hinein. Autorin Hellene beschreibt in ihrem humorvollen Werk „Man bekommt ja so viel zurück" die Veränderung Eltern zu werden zum Beispiel unter anderem damit, dass sie als Mama nun mehr in Turnschuhen als in High Heels unter-

wegs sei. Diese dürfen aber durchaus dennoch hübsch sein. Das Leben beschreibt sie darüber hinaus als „fremdbestimmter" (Hellene 2018, S. 55–56). Jeder mag es anders für sich bewerten und beschreiben, aber dass wir grundsätzlich sehr viel Veränderungen erfahren, wenn wir Eltern werden, werden vermutlich wenige abstreiten.

Es ist klar, dass ein Kind kein „Change-Projekt" ist, aber die inneren Haltungen, die Werte und Routinen, die beim Meistern von Veränderungen und entsprechend auch im agilen Arbeiten helfen, können auch im privaten Umfeld, so auch im Familienalltag, hilfreich sein. Es kann auf jeden Fall nicht schaden, sie zu kennen und zu lernen etwas gelassener mit Veränderungen umzugehen. Auch wenn es sonst eher auf Organisationen übertragen wird, finde ich es daher hilfreich, sich einige der Modelle aus dem Veränderungsmanagement für den persönlichen Gebrauch anzusehen. Beispielsweise die typischen **sieben emotionalen Phasen** nach Richard K. Streich (2016) (s. Abb. 2.1), die wir als Reaktion auf abrupte Veränderungen durchlaufen (Initio Organisationsberatung 2022; Wissensmanagement 2016). Sie könnten wie folgt angewandt auf die Elternschaft aussehen in dem Moment, wo wir Mutter oder Vater werden:

1. **Schock** – Oh mein Gott, ich kann es nicht fassen, es kann nicht wahr sein! Ich bin Mutter und habe nun die Verantwortung für ein anderes Lebewesen.
2. **Ablehnung** – Ich kann das nicht. Ich schaff das alles nicht. Das stimmt alles nicht, was ich hier mache.
3. **Rationale Einsicht** – Vielleicht stimmt es doch hier oder da? Es ist nun meine neue Rolle und ich werde das meistern. Vielleicht vertraue ich doch einfach auf meinen Mutterinstinkt. Vielleicht habe ich ihn doch?!

4. **Emotionale Akzeptanz** – Es stimmt eigentlich, ich vertraue auf mich und meine Intuition. Ich akzeptiere die neuen Lebensumstände und Veränderungen.
5. **Lernen** – Ich will es versuchen. Learning by doing. Learning by being. Being a Mom heißt jeden Tag dazulernen, und das ist okay! „Wir werden das Kind schon schaukeln."
6. **Erkenntnis** – Ah! Es geht tatsächlich! Langsam haben wir den Dreh raus. Es funktioniert (meistens)!
7. **Integration** – Es ist selbstverständlich geworden. Ich integriere meine „Mama-Rolle" in mein Leben im Sinne der Work-Life-Kid-Integration. Es fühlt sich nun natürlich an.

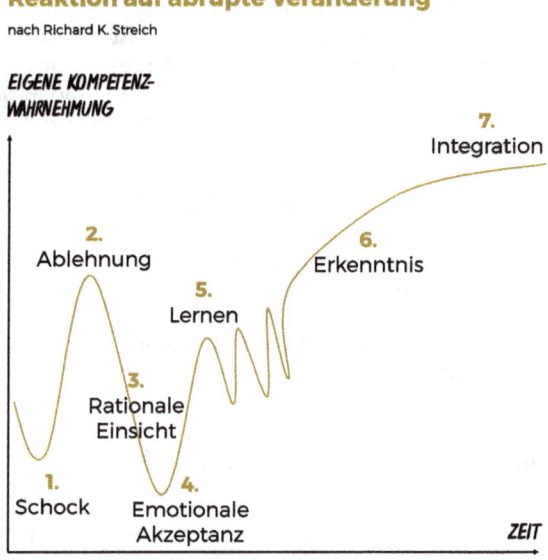

Abb. 2.1 Change Management – Die 7 emotionalen Phasen nach Richard K. Streich. (Illustration: Fine Heininger)

> **Impuls**
>
> Fähigkeiten, die stark helfen können, Vertrauen aufzubauen und der Intuition zu folgen und sich somit peu à peu entlang der emotionalen Change-Management-Phasen zu bewegen:
>
> - die der Achtsamkeit und der resultierenden inneren Stabilität, auch bekannt als Resilienz
> - die der Anpassungsfähigkeit, auch als Agilität bekannt.
>
> **Die Qualitäten des Kontaktaufnehmens mit sich selbst, die innere Ruhe auch in Stressmomenten nicht zu verlieren (Achtsamkeit und Resilienz) und gleichzeitig gut mit Wandel umgehen zu können (Anpassungsfähigkeit aka Agilität), können sowohl im Beruf als auch im Eltern-Alltag sehr dienlich sein.**
>
> Sie helfen auch mir täglich, die Herausforderungen der aktuellen Zeit zu meistern. Ich betitele die Fähigkeiten der Anpassungsfähigkeit (Agilität) und Achtsamkeit daher als Superkräfte der modernen Zeit. Natürlich ist ein Kind kein Change-Projekt, um das noch einmal klarzustellen. Warum ich aber trotzdem denke, dass Agilität und Veränderungsmanagement uns auch im Familienleben helfen können, ist folgende These:
>
> Kinder haben bedeutet Veränderung non-stop! Ständige Veränderung, stetiges Wachstum. Eltern sein impliziert konstanten Wandel.
>
> Immer wieder laufen wir entlang der Change-Management-Phasen und dürfen die Reise von Schock, Ablehnung, über rationale Einsicht, emotionale Akzeptanz, über Lernen, Erkenntnis bis zur Integration in unser Leben mitgehen. Das erfordert innere Stabilität.

Wir können viel über den Wandel und das Meistern von Veränderungen von Kindern lernen, denn Kinder leben im Jetzt und da ist Wandel so gut wie vorprogrammiert. **Auf dem Weg zum Spielplatz bleibt das Kind auf einmal stehen und möchte doch lieber einen Stein oder Stöcke sammeln oder einen Marienkäfer beobachten.**

Das, was gestern vielleicht noch funktionierte, funktioniert heute auf einmal nicht mehr. Kinder entwickeln sich schließlich konstant weiter. Mom-Influencerin Julia Knörnschild beschreibt das Mami-sein in ihrem Buch auch als eine Art „Achterbahnfahrt" (Knörnschild 2022, S. 73). Doch ständig auf der Achterbahn fahren kann auch ermüdend sein und sicherlich zehrt es alle Eltern ab und zu stark am Nervenkostüm. Spätestens, wenn sich die Trotz-und-Autonomiephase der Kids meldet. Hier dürfen wir ständig dazulernen. Neue Wege gehen. Ausprobieren. Lernen. Jede Situation und auch jedes Kind sind anders. Jeder Tag ist anders. Und meist ist es stark abhängig davon, in welcher Verfassung wir uns selbst gerade befinden. Manchmal, wenn es vielleicht gerade nicht die besten Momente sind, können wir ganz schön an unsere Grenzen kommen, oder? Wie Achtsamkeitstrainer und Autor Lienhard Valentin so treffend in unserem Interview im Rahmen dieses Buches sagte: „Mit Kindern wachsen – oder untergehen" (siehe Kap. 5). Lasst uns nicht verzweifeln, wenn wir mal einen schlechten Tag haben, sondern gemeinsames Wachstum wählen und uns bewusst werden, dass nicht nur unsere Kinder sich weiterentwickeln, auch wir als Eltern wachsen kontinuierlich in dieser Rolle (Moralis 2019, S. 190).

2.2 Anpassungsfähigkeit, Achtsamkeit und Resilienz – die Superkräfte der modernen Zeit

> **Impuls**
>
> Konstanter Wandel kann Stress verursachen, wenn wir nicht anpassungsfähig sind. Ein guter Umgang mit veränderten Umständen kann helfen, geduldig zu bleiben und sich mit Freude der neuen Situation zuzuwenden. Wandel und Veränderung können erfolgreicher durch Agilität bewerkstelligt werden.
> **Agilität ist hierbei als die höchste Form der Anpassungsfähigkeit zu verstehen.**

Der Begriff der Anpassungsfähigkeit, auch bekannt als „Agilität"

Im Wirtschaftslexikon wird Agilität wie folgt beschrieben: „Agilität ist die Gewandtheit, Wendigkeit oder Beweglichkeit von Organisationen und Personen bzw. in Strukturen und Prozessen. Man reagiert flexibel auf unvorhergesehene Ereignisse und neue Anforderungen. Man ist, etwa in Bezug auf Veränderungen, nicht nur reaktiv, sondern auch proaktiv" (Wirtschaftslexikon 2022, Aug). Agilität visualisiere ich gerne mit dem Bild eines Chamäleons. Stelle es Dir vor Deinem inneren Auge vor. Welche Eigenschaft hat ein Chamäleon? Es kann seine Farbe verändern und sich an seine Umgebung anpassen. Es passt sich an neue Gegebenheiten an, aber es bleibt immer ein Chamäleon. Es verändert nicht, wer es ist. Während es sich vorübergehend anpassen kann, bleibt es sich und seinen Prinzipien jedoch treu.

Gerade in unserer VUCA-Welt, in der nichts 100 %ig planbar zu sein scheint, brauchen wir dennoch eine Form von Struktur und Beständigkeit. Wie geht das, fragst Du Dich vielleicht?

Durch Routinen in Form wiederkehrender Events und Meetings, Rollen mit klaren Verantwortlichkeiten, Artefakten zur Organisation von Anforderungen und klaren Nutzerbedürfnissen, dem geteilten Wunsch, einen Mehrwert zu leisten, aber vor allem mit dem Grundsatz der Selbstorganisation der Menschen. Alles umgeben von klaren Prinzipien, dem agilen Manifest, Werten und Grundsätzen, an denen alle festhalten und sich gegenseitig darauf verlassen können.

> **Die Bedeutung der Achtsamkeit in Zeiten von Veränderungen**
>
> In Momenten, in denen sich alles dreht und Turbulenzen überhandnehmen, hilft es, neben der Anpassungsfähigkeit, der Agiliät, Ruhe bewahren zu können, mit beiden Beinen fest auf dem Boden zu stehen, Struktur zu haben und seine Wurzeln und Werte in Erinnerung zu behalten. Hier kommt neben der Agilität die Achtsamkeit ins Spiel!
>
> Achtsamkeit unterstützt dabei, eine geduldige, einfühlsamere, reflektierte Haltung zu entwickeln. Achtsamkeitspraxis fördert zudem die Fähigkeit. mit Stress umzugehen, und steigert die innere emotionale Stabilität.
>
> Change Management – das Erleben einer Veränderung, das Durchlaufen einer Transformation in den sieben emotionalen Phasen, die es nach Richard K. Streich auf dem Weg zum Erfolg zu meistern gilt, braucht vor allem Folgendes: Empathie für die jeweilige emotionale Reaktion jeder Phase, Geduld und Zeit für den gesamten Prozess. Denn: „Die Natur des Menschen ändert sich nun mal nicht so schnell" (MICE Unternehmenslösung 2019).

Innere emotionale Stabilität, auch als Resilienz zu beschreiben, welche durch regelmäßige Achtsamkeitspraxis gestärkt wird, unterstützt dabei, Veränderungen zu bewältigen.

Der Begriff der Resilienz
Resilienz kann als eine Form der Stressresistenz beschrieben werden. Sie ist nicht nur auf dem Arbeitsmarkt eine mittlerweile stark nachgefragte Eigenschaft, auch im Familienalltag und in

sonstigen Lebenssituationen, wie denen der Veränderung, hilft eine gewisse Widerstandsfähigkeit. Gemäß der Definition des renommierten Kinderarztes und Autors Dr. Klaus-Dieter Früchtenicht, den ich auch im Rahmen dieses Buches interviewen durfte, ist die Resilienz wie folgt zu beschreiben:

> „Ein Grundbedürfnis des Menschen ist Sicherheit. Resilienz bedeutet die Fähigkeit, sich emotional, sozial, aber auch kognitiv neuen Veränderungen gegenüber offen und verständnisvoll zu zeigen und nicht mit Stress und mit Angst zu reagieren, sondern mit Neugier und mit Interesse. Und mit einer gewissen Selbstwirksamkeit. Ich weiß, ich kann diese Dinge beeinflussen und bin nicht Opfer von Veränderungen." (Dr. Früchtenicht, im Rahmen des begleitenden Podcast-Interviews für dieses Buch, siehe Kap. 5).

Im Kontext der Kindererziehung erklärt Dr. Früchtenicht, dass Resilienz dann vor allen Dingen meint, dass die Eltern die große Aufgabe haben, „nicht zu ‚katastrophalisieren' und möglichst negative Denkschemata zu unterlassen. Wenn ich einem Kind ständig sage: Das ist Mist und das ist Mist und das ärgert mich, dann denkt dieses Kind: ‚Was ist dies für eine schreckliche Welt?'" (Dr. Früchtenicht, im Rahmen des Buch-Interviews). Das Magazin *GEO Wissen* beschreibt die Resilienz als eine …

> „besondere Kraft der Psyche, Belastungen auszuhalten – eine ausgeprägt lebensmutige Haltung. Ein resilienter Mensch lässt sich von Schicksalsschlägen nicht aus der Bahn werfen, sondern kommt rasch wieder auf die Beine und bewältigt sein Leben wie zuvor" (GEO Wissen 2018).

Auch an deutschen Schulen wird Resilienz-Training zum Wahlpflichtfach. Durch verschiedene Methodiken, wie zum Beispiel Malen, Singen, Team-Arbeit, Yoga, Theater und Meditation, werden Resilienz-Fähigkeiten in ersten

Schulen bei Schülern gestärkt, da ihre Bedeutung so relevant geworden ist in unserer heutigen Zeit (Allversum 2016). Große Stresspotenziale können bei Menschen dazu führen, dass sie weniger resilient sind. Stressreduktion durch Achtsamkeitspraxis wiederum kann folglich die Resilienz steigern, sodass wir besser lernen, Emotionen zu regulieren. Abb. 2.2 zeigt die 7 Säulen der Resilienz, nach Dr. Reivich und Dr. Shatté (Reivich und Shatté 2003), die Menschen helfen, schwierige Situationen zu bewältigen und positiver zu bleiben (Indeed Editorial Team 2021).

ANGELEHNT AN „THE RESILIENCE FACTOR"
Die 7 Säulen der Resilienz
angelehnt an „The Resilience Factor" (Reivich K, Shatté A 2003)

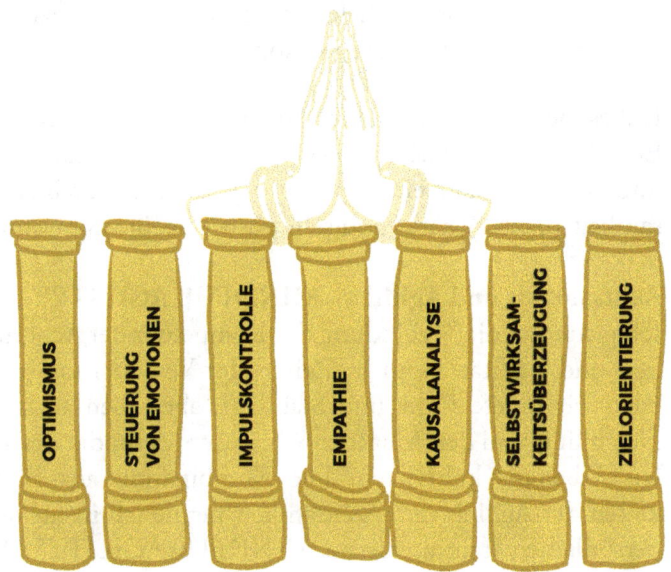

Abb. 2.2 Die 7 Säulen der Resilienz – angelehnt an „The Resilience Factor". (Reivich und Shatté 2003; Illustration: Fine Heininger)

Bereiche der 7 Säulen der Resilienz
1. Optimismus – positive innere Haltung, auf das Gute fokussiert
2. Steuerung von Emotionen – selbst bei emotionalem Stress, schnell wieder zur Ruhe kommen können
3. Impulskontrolle – impulsives Verhalten kontrollieren und auf konkrete Aufgaben konzentrieren können. Oft bessere Fähigkeit, nicht auf Ablenkungen zu reagieren.
4. Empathie – sich in andere hineinversetzen können und die Gefühle nachempfinden
5. Kausalanalyse – objektive Analyse und Fehlersuche, auch eigener Gefühle, um daraus zu lernen und daran zu wachsen, ohne sich zu verurteilen
6. Selbstwirksamkeitsüberzeugung – Vertrauen in sich selbst und in das, was wir bewirken
7. Zielorientierung – Ziele immer im Auge behaltend, auch wenn es zu Umwegen kommt

Insbesondere die Resilienz-Säulen der „Steuerung von Emotionen, Impulskontrolle, Empathie, Kausalanalyse und Selbstwirksamkeitsüberzeugung" können durch Achtsamkeitspraxis gestärkt und sehr positiv begünstigt werden.

Achtsamkeit und Agilität – MINDFUL AGILITY®
Ich glaube an die Verbindung der Kompetenz der Achtsamkeit und Agilität, denn in Zeiten der Veränderung brauchen wir innere Ruhe und Stabilität, aber eben auch die Flexibilität und den Mut, den wir in der Methodik des agilen Arbeitens kultivieren. Die Kombination aus Fähigkeiten der Agilität und Achtsamkeit nenne ich in meinem persönlichen Trainingsansatz: MINDFUL AGILITY® (The Dignified Self® 2022, siehe Abb. 2.3). Es ist mir daher wichtig, Dir in diesem Buch nicht nur die Achtsamkeitspraxis nahe zu bringen, sondern auch die des agilen Mindsets. Wir können aus beiden Fähigkeiten wertvolle Erkenntnisse ziehen – auch für unser Familienleben.

2 Grundgedanken des agilen Change-Mindsets ...

MINDFUL AGILITY® - IN HERAUSFORDERNDEN ZEITEN, DIE DURCH **VERÄNDERUNGEN** GEPRÄGT SIND, BRAUCHEN MENSCHEN VOR ALLEM **ZWEI KERNKOMPETENZEN**:

Nach THE DIGNIFIED SELF® (thedignifiedself.com/de/training)

Abb. 2.3 MINDFUL AGILITY® Kernkompetenzen für Zeiten von Veränderungen, angelehnt an THE DIGNIFIED SELF ® 2022. (Illustration: Fine Heininger)

Kinder sind fantastische Change-Agents

Unsere Kinder sind nicht nur wunderbare Achtsamkeitstrainer, sie sind auch kleine Change-Agents, Veränderer, die die Zukunft von morgen gestalten möchten – wenn wir sie nur lassen und sie darin bestärken, ihren Weg zu gehen.

Mein Mann und ich lernen jeden Tag mit und durch unser Kind dazu und entwickeln uns gemeinsam als Familie weiter, entlang der „Lernen"-Phase auf der emotionalen Change-Management-Kurve. Das, was für uns heute funktioniert, integrieren wir in unseren Familienalltag. Funktioniert es nicht mehr, passen wir den Ansatz an. „**Continuous Improvement**" nennen wir das im Agile Coaching, wenn ich nochmal meine „Agile-Coach-Brille" aufsetzen darf.

Test and Learn – Verproben und daraus lernen: Das ist ein Grundsatz vieler erfolgreicher Start-ups, die auch mal angefangen haben und Baby Steps gemacht haben. Dies aktiviert unseren Forschergeist und unser Innovationspotenzial. Nur durch lebenslanges Lernen können wir wachsen. Durch regelmäßiges Reflektieren, eine gesunde Fehlerkultur und gegenseitiger Offenheit können wir auch in Zeiten des konstanten Wandels erfolgreich werden – ob im Beruf oder auch im privaten Kontext. Lasst uns selbst die Offenheit und

das Mitgefühl einräumen, uns wertfrei entwickeln, anpassen oder verändern zu dürfen.
Veränderung hält jung! Wir bleiben in Bewegung, sind agil – körperlich und mental. Agil wie unsere Kids!
Dem Perfektionsdrang sollten wir dringend „Adieu" sagen. Probieren, lernen, kleine Fehler machen dürfen, weiter lernen und schauen, was funktioniert, und das integrieren. Das ist ein Konzept, das vermutlich eher zur Zufriedenheit führt. Vielleicht nimmst Du einfach einmal die Perspektive ein, dass Du eh als Elternteil bereits alles vermasselt hast. Dann wird es Dir leichter fallen, daran zu glauben, dass sich jeder stetig weiterentwickeln darf – alleine sowie zusammen als Familie. Ich finde diesen Gedanken persönlich sehr hilfreich. Ein schönes Zitat zum Thema Veränderung oder auch „Erneuerung", wie man es auch nennen kann, stammt von Thoreau in Walden, der eine chinesische Inschrift zitiert:

> „Erneuere Dich selbst jeden Tag. Tue es wieder und wieder. Und in Ewigkeit wieder."
> (Kabat-Zinn und Kierdorf 2013, S. 81)

Stichwort Vereinbarkeit: Die Fähigkeiten Achtsamkeit und Agilität helfen Dir auch im Beruf weiter

Abschließend zum Thema **„Superkräfte: Achtsamkeit, Resilienz und Agilität"** möchte ich einen Auszug aus der aktuellen „Future of Jobs"-Studie mit Dir teilen, welcher ebenfalls zeigt, dass die Fähigkeiten der Achtsamkeit und der Agilität auch im Beruf gewünscht sind. Nachfolgend habe ich betrachtet, welche Faktoren bzw. Eigenschaften positiv durch die Fähigkeiten beeinflusst werden. Es sind tatsächlich aus meiner Sicht alle der **Top 15 Skills, die bis 2025 im Berufsleben besonders von Bedeutung sein** werden, davon betroffen, denn es sind die menschlichen Faktoren, die zählen und relevanter werden (s. Abb. 2.4). Eben genau jene, die durch künstliche Intelligenz und Roboter nicht oder nur schwer übernommen werden können. Achtsamkeit und Anpassungsfähigkeit sind menschliche Skills. Wenn Du Dich

Top 15 Skills für 2025

gemäß des Future of Jobs Surveys 2020 (World Economic Forum 2020, von der Autorin frei übersetzt)

- Analytisches Denken und Innovationsgeist
- Aktives Lernen und Lernstrategien entwickeln
- Komplexe Problemlösungskompetenz
- Kritisches Denken und Analysefähigkeit
- Kreativität und Initiative
- Führungsqualitäten und sozialer Einfluss
- Digitales Technologieverständnis
- Design und Programmierung
- Resilienz, Stresstoleranz und Flexibilität
- Ideenfindung, Problemlösung
- Emotionale Intelligenz
- User Experience und Nutzerverständnis
- Service-Orientierung
- Systemanalyse und -bewertung
- Verhandlungsgeschick

Abb. 2.4 „Top 15 Skills für 2025" – gemäß des Future of Jobs Surveys. (World Economic Forum 2020; Illustration: Fine Heininger)

mit Deiner Achtsamkeitspraxis beschäftigst oder damit mit Veränderungen umgehen lernst, zum Beispiel, indem Du Deinen Anfängergeist gemeinsam mit Deinem Kind reaktivierst (s. Kap. 3), tust Du das folglich nicht nur für Dein Kind, Dein Umfeld oder Deine Familie. Du investierst somit auch in Deine eigene Karriere! Win-Win würde ich sagen. Abb. 2.4 zeigt die Top-Fähigkeiten gemäß dem World Economic Forum (World Economic Forum 2020).

2.3 Agile Werte nach Scrum – eine solide Stütze bei Veränderungen auch im Familienkontext

Eines der bekanntesten Frameworks, zu Deutsch: Rahmenwerke, des agilen Arbeitens nennt sich Scrum. Der Begriff kommt aus dem Rugby Sport und meint das „Gedränge" rund um den Ball. Alle Spiele haben eine „Ich möchte den Ball fangen" – Haltung. Das ist sinnbildlich für die agile Arbeitsweise. Das Team arbeitet zusammen, organisiert sich selbst und wartet nicht darauf, dass die Teammitglieder Aufgaben zugeteilt bekommen, stattdessen schnappen sie sich den Ball, die Aufgabe, sobald sie Kapazitäten frei haben. Wäre das nicht auch im Familienalltag eine hilfreiche Haltung? Gerne möchte ich Dir etwas mehr über Scrum erzählen sowie über die Werte, die dahinterstehen.

Scrum ist nicht neu, es wurde bereits vor über 20 Jahren (!) von Jeff Sutherland und Ken Schwaber entwickelt, um verlässlicher und effektiver Software zu erschaffen (Sutherland 2015, S. vii). Es ist „ein leichtgewichtiges Rahmenwerk, welches Menschen, Teams und Organisationen hilft, Wert durch adaptive Lösungen für komplexe Probleme zu generieren" (Scrum Guides 2020, S. 3). In dem Titel des

Buches des Scrum-Mitbegründers Jeff Sutherland beschreibt er Scrum als „die Kunst doppelt so viel in der Hälfte der Zeit zu schaffen" (Sutherland 2015, Titel). Wenn man bedenkt, dass man durch agile Arbeitsformen wie Scrum sehr viel effizienter und produktiver arbeiten kann, ist es verständlich, dass Sutherland den Titel seines Buches so gewählt hat.

Bis heute erfreut sich die Methodik des agilen Arbeitens großer Beliebtheit. Sie beruht auf dem Grundsatz, dass wir den Wandel umarmen sollten und dass das „Reagieren auf Veränderung relevanter ist als das Befolgen eines Plans", wie es im agilen Manifest heißt, welches bereits vor über 20 Jahren in 2001 verfasst wurde (auf Engl. „Responding to change over following a plan", Teil des Agile Manifests 2001; Wirtschaftslexikon 2020). Agile Frameworks wie „Scrum" oder auch „Kanban" werden heute von zahlreichen der erfolgreichsten Unternehmen der Welt eingesetzt. Man kann also sagen: Der Ansatz hat sich bewiesen.

Agiles Projektmanagement wird hauptsächlich in der Softwareentwicklung angewendet, auch ich durfte als Agile Coach viele solcher Projekte begleiten und habe immer wieder feststellen dürfen, wie es zu erhöhter Zufriedenheit und Produktivität führt. Produktivitätskurven konnten um bis zu 80 % gesteigert werden. Da Agilität gute Schlagzeilen geschrieben hat, wurden natürlich auch andere Bereiche in Unternehmen darauf aufmerksam. Mittlerweile hat es daher auch Einzug in Marketing- und Personalabteilungen gefunden und auch im privaten Kontext gibt es viele Menschen, die sich bereits das eine oder andere für den persönlichen Gebrauch abgeguckt haben. Es ist schon lange nicht mehr „nur für Entwickler", wie es ursprünglich angewendet wurde.

> **Struktur ins Chaos bringen**
>
> Manchmal höre ich Menschen sagen: „Agilität ist Chaos."
> Ich denke: „Agilität ist das Gegenteil von Chaos."
> Agiles Arbeiten ist ein effektiver Weg, um „Struktur ins Chaos zu bringen" und dabei beweglich und produktiv zu bleiben. Agilität, also die Anpassungsfähigkeit, kann uns in allen Lebenslagen eine große Hilfe sein, insbesondere in Zeiten des Wandels.

„Äußerst erfolgreiche Menschen haben nicht nur Ziele, sie haben Werte – und ein Lebensziel, das auf diesen Werten beruht" (Long und Schweppe 2010, S. 194). **Werte** sind auch im agilen Arbeiten um im Meistern von Veränderungen sehr entscheidend. Nach dem Rahmenwerk Scrum gibt es fünf agile Werte, welche ich nachfolgend beleuchten werde (Scrum.Org 2016). Ich vertrete die These, dass uns diese Werte in Zeiten von Veränderungen sehr helfen können. Mit Kind ist Veränderung vorprogrammiert, da es sich konstant weiterentwickelt. Da sind diese Werte ebenfalls hilfreich. Die in Abb. 2.5 dargestellten 5 agilen Werte nach Scrum (Scrum.Org 2016) könnten auch im Kontext des Familiensystems dienlich sein. Diese Werte sind keine Zielvorgabe, sie sind als eine Haltung zu verstehen, die sich bewährt gemacht hat. Wichtig ist, dass man seine Werte kennt und diese bestenfalls „lebt", denn dann fühlt man sich im Einklang. Hierbei sei angemerkt, dass sich Werte auch verändern dürfen, was immer mal wieder passieren kann. Im agilen Framework Scrum, haben sich jedoch fünf klare Werte herauskristallisiert, welche oft entscheidend für den Erfolg von Teams und gemeinsamen Vorhaben sind, selbst wenn alles ungewiss ist.

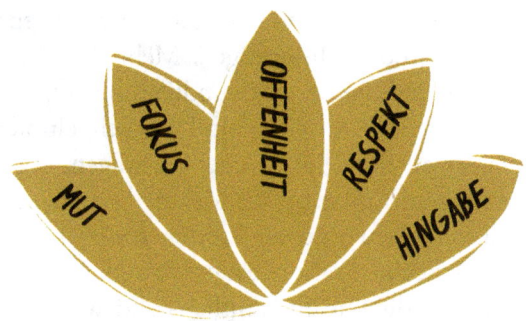

Abb. 2.5 Agile Werte nach Scrum. (Scrum.Org 2016; Illustration: Fine Heininger)

2.3.1 Mut – lasst mal an uns selber glauben

Mut ist ein großes Wort. Wir können aber auch kleine Akzente setzen, die Mut beweisen. Mut kann und darf auch leise sein. „Mut brüllt nicht immer", wie Schriftstellerin Radmacher sagt (GEOlino 2022). Dranbleiben, es noch einmal versuchen. Schritt für Schritt. Eltern sein erfordert ebenfalls viel Mut. Die Verantwortung für ein Lebewesen zu übernehmen wie ein Baby, ein Kind, erfordert Mut. Eine große Portion Mut sogar, könnte man wohl sagen. Offenheit in der Kommunikation in der Familie, der Ehe, im Team, bei der Arbeit, erfordert Mut. Die Wahrheit zu sagen, ist nicht immer einfach, gerade wenn es auch mal unangenehmere Information gibt. Auch das erfordert Mut. Ehrlich zu sein – sowohl anderen gegenüber als auch sich selbst gegenüber, braucht Mut. Eine Definition von „MUT", die mich persönlich angesprochen hat, stammt von Forscherin und Speakerin Brené Brown. Sie sagt sinngemäß, frei ins Deutsche übersetzt: „Sag, wer Du bist, mit Deinem ganzen Herzen!" (TED 2012).

Mit dem ganzen Herzen mutig sein, einfach so zu sein, wie wir eben sind, das ist etwas, das insbesondere Kinder oft sehr gut können. Wir können viel von Kindern über eine mutige Haltung lernen. Oft haben Kinder einen Löwenmut und ein Urvertrauen. Sie sind noch nicht so stark geprägt von Enttäuschungen oder Misserfolgen. Mehr dazu im Kap. 3, wenn wir über die achtsamen Grundhaltungen sprechen.

Gerade im agilen Arbeiten sind Ehrlichkeit sich selbst gegenüber sowie der Mut, Neues zu wagen, signifikante Voraussetzungen, um dem Wandel zu begegnen. Mut zu finden, zu verstehen und zu kultivieren ist nicht immer leicht, aber sicher eine sehr relevante Fähigkeit in Zeiten der Veränderungen, die uns im Familien- und auch im Arbeitsleben helfen kann. In turbulenten Zeiten müssen wir uns manchmal großen Herausforderungen stellen, hierbei hilft es eine Haltung zu entwickeln, in der wir an uns selbst glauben. Statt der Stimme des inneren Kritikers Gehör zu verleihen, ist es nun Zeit für den inneren Cheerleader. So wie Du vermutlich auch Dein Kind dabei unterstützen würdest, wenn es etwas Neues probieren möchte. „Du schaffst das", „ich schaffe das", oder auch „wir schaffen das"!

Zum Thema Mut und was wir von Kindern darüber lernen können, habe ich mich kürzlich auch mit einer Person ausgetauscht, die sich wie keine andere in meinem Netzwerk für mehr Mut stark macht. Unternehmerin und Kommunikationsexpertin Chérine De Bruijn spricht mit Menschen im Rahmen ihres Podcasts „MUT ZUR PERSÖNLICHKEIT" (*mutzurpersoenlichkeit.de*) über Mut und Authentizität. Im Interview-Kapitel (Kap. 5) dieses Buches sowie in der anknüpfenden Podcast-Gesprächsreihe „Achtsamkeit für Eltern" findest Du spannende Impulse aus unserem Gespräch und kannst Dir Inspirationen dazu holen, was ein „mutiges Mindset" bedeuten kann. Warum es Mut selten ohne Angst gibt, erklärte Chérine De Bruijn, Inhaberin von CORPORATE KITCHEN®, in unserem Gespräch wie folgt: „Es ist nicht die Kunst, keinen Mut zu haben, sondern seine Angst zu überwinden. Mut kann nicht ohne Angst entstehen. Für mich macht Mut aus, sich auch aus seiner Komfortzone zu bewegen, nicht zu bequem zu werden und nie aufhören zu lernen" (s. Kap. 5).

2.3.2 Fokus – von Multi-Tasking zu Single-Tasking

Agilität bringt Struktur ins Chaos der Veränderung. Fokus ist hierbei ein wichtiger Grundwert. Jedem in einem agilen Team ist 100 %ig klar, welches Ziel innerhalb der nächsten 2–4 Wochen verfolgt werden soll. Im Framework Scrum nennt sich das Sprint-Ziel. Ein Sprint ist zwischen 2–4 Wochen und für diese Zeit wird im Team etwas vereinbart, was bis dahin als Mehrwert generiert werden soll. Diese Fokussierung verleiht dem Team eine enorme Durchschlagskraft und es fallen im Team tendenziell wenige Rückschläge an. Das kann auch in einem Familiensystem sinnvoll sein: klarer Fokus, was zum Beispiel in der aktuellen Woche wichtig ist und das dann am Familientisch besprechen und als oberstes Wochenziel festhalten.

Fokus ist eine Kunst geworden, denn wir leben im Zeitalter der Ablenkung
Menschen, die es schaffen, den Lärm des Alltags auszublenden sind selten geworden. Es fällt ihnen leichter, effizient zu sein. Hier kann Dir die Achtsamkeitspraxis sehr zugute kommen (s. Kap. 1).

Multi-Tasking ist eine Falle!

Studien zufolge sinkt die Produktivität immens, wenn wir nur ein paar Sekunden etwas anderes tun als die Aufgabe, der wir uns eigentlich zugewandt hatten. Ich empfehle daher „Single-Tasking", statt „Multi-Tasking" auszuprobieren und fokussiert eines nach dem anderen zu tun. Tun wir Dinge gleichzeitig, werden wir viel fehleranfälliger und bis zu 50 % langsamer, das haben diverse Studien belegt!

> Nicht gleichzeitig telefonieren, E-Mails schrieben, Sport machen und parallel mit dem Kind spielen. Da machst Du am Ende nichts wirklich richtig und wirst niemandem gerecht. Das ist das Gegenteil von Achtsamkeit.

„Doing half of something is, essentially, doing nothing", zu Deutsch: „Tust Du nur die Hälfte von etwas, tust Du am Ende nichts wirklich", so erklärt Scrum-Mitgründer Jeff Sutherland (Sutherland 2015, S. 96). In seinem Buch „Scrum: The art of doing twice the work in half the time" empfiehlt er ganz klar: „Do one thing at a time." – also immer nur eine Sache zu tun. Das ist eines der Geheimnisse des agilen Frameworks Scrum, und warum die Produktivitätsquote vieler Projekte erheblich ansteigt, wenn Scrum angewendet wird. Die Methodik folgt dem Wert: „Fokus". Hier ist es nicht „cool", zehn Dinge auf einmal zu tun, Multi-Tasking wird nicht gefeiert. Es ist nicht erstrebenswert, damit zu prahlen, wie „busy" man doch sei.

Vielmehr geht es darum, fokussiert zu sein und sein zugesagtes Ziel nicht aus den Augen zu verlieren, eben dieser einen Sache die volle Aufmerksamkeit und Hingabe zu schenken.

Sutherland hat viele Untersuchungen vorgenommen, was den Multitasking-Mythos betrifft (Sutherland 2015, S. 88). So beschreibt er zum Beispiel eine Fallstudie, bei der man darum gebeten wird, die Zahlen 1–10, dann die römischen Zahlen I–X und die Buchstaben A–L aufzuschreiben und dabei die Zeit zu stoppen, also wie in Tab. 2.1 dargestellt.

> **Übung nach Sutherland**
>
> Beim ersten Mal messe Deine Zeit, wenn Du eine Reihe nach der anderen aufschreibst: 1, I, A, 2, II, B usw. Beim zweiten Mal messe Deine Zeit, wenn Du die Felder statt in Reihen in Spalten befüllst (s. Tab. 2.1). Also 1, 2, 3, dann I, II, III, dann A, B, C usw. (Sutherland 2015, S. 90–91). Du wirst feststellen, dass Du wesentlich schneller bist, wenn Du nicht zwischen den Kontexten wechselst. Wir verlieren beim Wechseln zwischen unterschiedlichen Aufgaben und Projekten gemäß Untersuchungen bis zu 75 % Zeit (bei fünf Projekten gleichzeitig). Wenn wir hingegen nur ein Projekt haben, liegt der Verlust aufgrund des Kontextwechsels bei 0 %, wir sind also deutlich schneller und produktiver (Sutherland 2015, S. 90–91).

Tab. 2.1 Fokus: Single-Kontext-Übung nach Sutherland 2015

1	I	A
2	II	B
3	III	C

Wenn Du Dich zum Beispiel im Rahmen Deiner Familienorganisation für ein Teilzeitmodell entschieden hast, kennst Du es vermutlich sehr gut, wie schnell die Zeit verfliegt. Und Du musst pünktlich gehen, um das Kind anschließend abzuholen. Da gibt es keine spontane Möglichkeit für „ach ich hänge noch eine Stunde ran". Es ist daher, gerade wenn die Zeit knapp ist, wichtig, fokussiert zu sein, um das Geplante auch wirklich zu schaffen.

> **Impuls: Weniger kontextuelle Sprünge erhöhen die Produktivität**
>
> Ich teile meine Tage daher immer in die verschiedenen Tätigkeiten, die ich habe, sodass ich möglichst selten zwischen unterschiedlichen Kontexten springen muss, denn das schmälert die Produktivität. So rate ich dringend dazu, nicht der Multitasking Farce zu verfallen, sondern **eine Sache nach der anderen zu tun. Fokussiertes Arbeiten und Single-Tasking sind der Schlüssel,** wenn Du wirklich schneller und dennoch mit geringer Fehlerquote fertigstellen möchtest. **Hierzu kann es helfen, den beruflichen Alltag gedanklich in Kuchenstücke zu schneiden.** Ein Stück Kuchen ist das Telefonieren, ein weiteres das Verfassen von E-Mails, ein weiteres das Gestalten von Konzepten oder Präsentationen, ein weiteres das Führen von Podcast-Interviews etc. Was auch immer gerade ansteht. Es hilft, sich darüber Gedanken zu machen, welche Art von Aufgaben auf der Aufgabenliste stehen, und sie gedanklich zu strukturieren, um geringe Kontextwechsel zu haben und somit wenig Zeit zu verlieren. So kannst Du am Ende mehr schaffen UND hast mehr Zeit für Dein Kind.

2.3.3 Offenheit/Transparenz – Bedürfnisse ehrlich mit Empathie kommunizieren und die Sache mit dem „pinken Elefanten"

Wer meist sehr offen und ehrlich kommuniziert, sind Kinder. Eine meiner Gesangs-Coaches sagte einmal zu mir: „Wenn Du wirklich wissen möchtest, ob Du gut bist, singe für Kinder. Sie zeigen Dir sofort, was sie denken, und sind gnadenlos ehrlich. Niemand sonst wird Dir so ehrliches Feedback geben."

In Zeiten, die geprägt sind von Veränderungen, ist eine offene, ehrliche Kommunikation essenziell. Auch Empathie ist sehr wichtig. Empathie wurde von meiner Interview-Gesprächspartnerin Diplom-Psychologin Ines Imdahl, untersucht und sie ist der Auffassung, dass die Empathie ein „Superwoman Skill der Zukunft" ist (s. Kap. 5). Kommunikationsexpertin Kathrin Koehler erklärte bewusste, empathische Kommunikation in unserem Interview als etwas, das immer mit dem Hinhören startet: „Hin- und Zuhören, was sagt der andere, wie sagt er es, was sind die Worte, wie ist die Wortwahl, was sind die Bedürfnisse? Empathisch heißt dann tatsächlich das ‚sich Einstellen auf den anderen'" (s. Kap. 5). Empathie steigt, wenn Du regelmäßig Achtsamkeit praktizierst, auch das bewusste Zuhören ist eine typische Achtsamkeitspraxis, in der es um das urteilsfreie Wahrnehmen geht, das wir in Kap. 3, im Rahmen der achtsamen Grundhaltungen weiter betrachten werden (s. Kap. 3).

Gerade wenn Themen auf der Agenda stehen, die vielleicht nicht so leicht sind, oder Veränderungen abzuwägen sind, ist eine offene, bewusste und empathische Kommunikation essenziell. Auch Transparenz spielt eine Rolle. Transparenz ist die Basis für eine offene Kommunikation. Hierbei ist es erlaubt, dass jeder das äußert, was er denkt, und den anderen mitteilt, was ihm/ihr wichtig ist, woran er/sie arbeitet bzw. wo der derzeitige Fokus liegt.

Schauen wir uns das durch die Agile-Coaching-Brille an, wird diese Transparenz in agil geprägten Projekten durch regelmäßige Routinen gesichert: täglich, in sogenannten „Dailies" oder am Anfang oder Ende eines definierten Entwicklungszyklus, auch „Sprint" genannt, durch sogenannte Plannings, Reviews oder Retrospektiven. Dadurch wird das große gemeinsame Ziel nicht aus den Augen verloren und die Nähe zwischen den Menschen wird gestärkt. Diese Grundsätze lassen sich auch sehr schön auf das Familienleben anwenden. Offenes Kommunizieren von Bedürfnissen, gemeinsames Planen der Woche, sich gegenseitig mitteilen, wenn etwas anders läuft, als gedacht, gemeinsame Ziele verfolgen. Das Ganze in einem „geschützten Raum", in dem sich jeder traut und sicher fühlt. In Sprint Retrospektiven im agilen Arbeiten gibt es eine oberste Direktive. Sie lautet: „What happens in Vegas, stays in Vegas!" Das ist eine Vereinbarung, die besagt, dass das, was besprochen wird, als Feedback sowie Maßnahmen für gegenseitiges Wachstum, im Vertrauenskreis der Personen bleibt, die dies ausgetauscht haben. Das gibt Sicherheit und fördert die Offenheit jedes Einzelnen.

Urteilsfreie, offene Kommunikation
Eine weitere Komponente im Regelwerk von Retrospektiven (kurz: Retros) ist die urteilsfreie Kommunikation. Es ist keine „Er war's!", „Sie war's!"-Fingerpointing-Veranstaltung, sondern die Einsicht, dass es die gemeinsame Kollaboration ist, die in Summe zu bestimmten Dingen führt. Jede Beziehung ist schließlich eine Coproduktion. Im Rahmen der urteilsfreien Kommunikation ist die achtsame Grundhaltung „nicht urteilen" sehr hilfreich (mehr dazu in Kap. 3).

The elephant in the room – der (unsichtbare) Elefant im Raum

Ein weiteres Leitbild, das in puncto Offenheit hilft und gerne im „Agilen Change-Mindset" verwendet wird, ist die Sache mit dem Elefanten: „The Elephant in the room", wie man so schön im Englischen sagt. Manchmal ergänzt als „pink elephant in the room".

Es handelt sich um die Vorstellung eines riesigen (pinken) Elefanten. Er stellt sinnbildlich das dar, was jeder weiß, aber über das niemand spricht. Zum Beispiel im beruflichen Kontext die Entlassung eines Kollegen. Alle wissen es und sind besorgt und keiner spricht es an. Gleichzeitig ist es aber ein so großes Thema, dass es die gesamte Stimmung prägt von jedem Einzelnen. Mit jeder Minute, in der nicht darüber gesprochen wird, wird der Elefant größer und größer. Irgendwann ist es fast unmöglich, die Unterhaltung noch „auszuhalten", ohne über das Thema zu sprechen, das eigentlich jeden beschäftigt. Angst oder Unsicherheit führte aber vielleicht dazu, das Thema dennoch nicht anzusprechen. Im agilen Mindset, wo Offenheit einer der entscheidenden Werte des Scrum-Frameworks darstellt, darf so etwas nicht passieren. Es gilt die Regel, den (pinken) Elefanten anzusprechen, auch wenn es unangenehm ist. Daher wird auch täglich in der Routine des „Daily Stand-ups" danach gefragt, ob es aktuell irgendwelche Hindernisse gibt. Das ist die tägliche Einladung dazu, auch über Dinge zu sprechen, die vielleicht außer Plan laufen oder uns sonst beschäftigen und von dem eigentlichen vereinbarten gemeinsamen Ziel abhalten könnten. Angewandt auf das Elternsein, kann ich nur empfehlen, den Wert der Offenheit, soweit es möglich ist, auch zu integrieren und sich an der Offenheit der Kinder zu erfreuen. Werden frühzeitig und ehrlich Themen angesprochen, werden

Probleme vielleicht früh genug im Keim erstickt, bevor sie ein riesiger Elefant werden und die ganze Beziehung oder auch Familie betreffen.

Also am besten einmal Deinen Song einem Kind vorsingen, bevor Du Deinen Auftritt planst, und dankbar für die Offenheit sein. Das kann man auch aufs Leben übertragen, denn Kinder können uns in vielen Dingen kleine Leher:innen sein.

2.3.4 Respekt – Grenzen setzen, respektieren, bewusst werden

Eine der wohl wichtigsten Zutaten in gesunden Beziehungen ist Respekt. „Emotional waste", wie es Scrum-Mitbegründer Sutherland nennt, ist eine Form der nicht notwendigen und nicht angemessenen Aufwände, die Menschen nur dazu führen, mehr zu arbeiten und ggf. auszubrennen. Er plädiert daher für eine „No-Asshole-Policy" (Sutherland 2015, S. 107 ff.). Auch das Setzen unrealistischer Ziele durch einen Vorgesetzten oder Teammitglied bringt niemanden etwas. Es ist gut ambitioniert zu planen, aber dabei nicht unrealistisch zu werden, sonst führt das lediglich zu Depressionen (Sutherland 2015, S. 107 ff.). Respekt kann unterschiedliche Dinge für Personen bedeuten: Zuhören, Ausreden lassen, Pünktlichkeit, Akzeptieren unterschiedlicher Meinungen und Sichtweisen, Wertschätzung, Grenzen respektieren, ein fairer Umgang mit der Zeit, der Kapazität und Bedürfnissen anderer.

Respekt ist nicht selbstverständlich. Respekt muss verdient und verteidigt werden
„Nur wer einander respektiert, kann auch erfolgreich miteinander arbeiten" (Agile Heroes 2020). Gerade bei Meinungsverschiedenheiten oder gar Streitigkeiten ist ein respektvoller Umgang miteinander eine wichtige Säule glücklicher und erfolgreicher Teams, Partnerschaften, als

auch Familien. Behandelt euch immer mit Respekt, auch wenn es mal herausfordernde Zeiten gibt. Und die wird es geben, wenn sich die Welt mal wieder weiterdreht und wir, wie aktuell der Fall, Dinge wie eine Pandemie, eine Inflation oder sogar einen Krieg verarbeiten müssen.

Respekt hat auch etwas mit dem Setzen von Grenzen zu tun.
Das ist eine der Aufgaben, die wir als Eltern unseren Kindern beibringen dürfen, aber auch wir selbst müssen unsere Grenzen kennen und kommunizieren lernen. So gibt es Grenzen, die überlebensnotwendig sind, wie zum Beispiel an einer roten Ampel mit dem Fahrrad zu halten. Es gibt auch Grenzen, die wir persönlich als wichtig erachten, zum Beispiel die der Höflichkeit, „Danke" und „Bitte" sagen. Respekt ist aber auch im Hinblick auf die achtsame bewusste Kommunikation ein Thema. Senken wir unseren Blick und starren auf unser Smartphone, statt mit unserem Kind zu sprechen, fühlt es sich ziemlich sicher vernachlässigt. Viele Kinder sind eifersüchtig auf das Handy der Eltern. Sie haben das Gefühl, dass dem Smartphone mehr Aufmerksamkeit geschenkt wird. Beim Abendessen in der Familie könnte es daher zum Beispiel eine Grenze sein, dass der Fernseher in diesen Momenten ausgeschaltet bleibt und auch das Smartphone nicht auf dem Tisch liegt. Die Menge an Süßigkeiten und wann unsere Kinder schlafen sollen, sind weitere Themen, mit denen wir uns als Eltern auseinandersetzen und eine Haltung dazu entwickeln. Hier gibt es keine Patentlösung, die für alle passt. Familien haben unterschiedliche Regeln und Definitionen von Grenzen. Wenn unsere Kinder uns gegenüber aber keinen Respekt zeigen, kann das auch daran liegen, dass wir es ihnen nicht entsprechend vorleben. Es zahlt sich aus, auch im Familiensystem, Respekt vorzuleben und sich auch gegenseitig Respekt zu zollen und sich wertzuschätzen. „Kinder können am besten von Vätern lernen, die ihre Mütter gut

behandeln", habe ich mal gelesen. Das fand ich sehr schön auf den Punkt gebracht. **Wir brauchen gute Vorbilder.**

2.3.5 Hingabe/Commitment – das All-in-Mindset, mit Herz und Seele eine Vision verfolgen

Agilität reagiert zwar auf Wandel, aber agiles Arbeiten ist auch sehr strukturiert. Dem Rahmenwerk Scrum liegt zum Beispiel immer eine Rhythmik zugrunde (Sutherland 2015, S. 96). Jeder Zyklus von z. B. 2–4 Wochen, auch Iteration oder Sprint genannt, ist der Fertigstellung einer bestimmten Anzahl an Themen, oder auch „Aufgaben", gewidmet. Hierbei ist vor allem die Hingabe zu dem übergeordneten Ziel der Partitur entscheidend. Die Vision ist klar, das gemeinsame Ziel greifbar nah. All-in, volle Power. Wenn es etwas gibt, das Berge versetzen kann, dann ist es Commitment (Hingabe). Alle Beteiligten übernehmen volle Verantwortung und tun alles in ihrer Macht Stehende, um das Ziel zu erreichen. Erfolg ist nur mit Hingabe möglich (Agile Heroes 2020).

Wenn ich etwas mit Hingabe tue, stellt sich die Frage nach dem Warum nicht
Für viele Agile Coaches ist dies einer der wichtigsten Werte, um in Zeiten von Veränderungen Fortschritt zu erzeugen. Ähnlich ist es auch mit Dingen, die wir uns für unsere Familie wünschen. Die größte Chance etwas zu erreichen ist, indem wir gemeinsam mit voller Hingabe darauf hinarbeiten und in eine Richtung schauen. Das gemeinsame Ziel niemals aus den Augen verlierend. Um wirkliche Hingabe zu manifestieren, braucht es eine klare Vision, auf die alle hinarbeiten und mit der sich jeder identifizieren kann. Ein klar definiertes „WAS".

Agile Frameworks zeichnen sich dadurch aus, dass jeder im Team Selbstverantwortung zeigt. Die Teams sind selbstorganisiert und selbstbestimmt. Ähnlich einer Familie. Die Vision – das „WAS" – ist klar definiert, aber das „WIE" nicht. Es ist jedem selbst überlassen, wie er seinen Beitrag dazu leistet, wie er es umsetzt und realisiert bekommt, solange man sich auf ihn und seine Zusage verlassen kann. Das ist Hingabe bzw. Commitment. Es gibt ein tolles Zitat über die Führung von Teams, welche ich gerne in diesem Zusammenhang benenne, stammt von dem Autor des Buches „Der kleine Prinz", Antoine de Saint-Exupéry.

> „Wenn Du ein Schiff bauen willst, dann trommle nicht Männer zusammen um Holz zu beschaffen, Aufgaben zu vergeben und die Arbeit einzuteilen, sondern lehre die Männer die Sehnsucht nach dem weiten, endlosen Meer."
> – Antoine de Saint-Exupéry (GEOlino 2023).

Im Kontext der Liebe und der Hingabe möchte ich ebenfalls Antoine de Saint-Exupéry aufgreifen. So sagte er:

> „Liebe besteht nicht darin, dass man einander ansieht, sondern dass man gemeinsam in die gleiche Richtung blickt." – Antoine de Saint-Exupéry (Zitate berühmter Personen 2022).

Die gemeinsame Vision ist das, was das Feuer und die intrinsische Motivation in uns auslösen. Dies sollten wir immer mal wieder checken mit unserem/unserer Partner:in, ob das noch zueinander passt. Wenn die geteilte Vision nicht mehr da ist, entstehen meist auch andere Probleme, die sich dann auf die ganze Familie ausbreiten können.

2.4 Agile Routinen & Impulse – Struktur ins Chaos des Alltags bringen

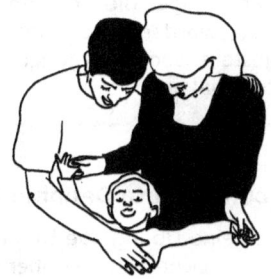

Nachfolgend ein paar Impulse für eine agile Haltung zum Meistern von Veränderungen.

1. Übung: Routine „Daily Stand-Up"

Vereinte Kräfte können helfen, um Ziele im Fokus zu behalten. Täglich den gemeinsamen Fokus in Erinnerung rufen sowie das Erfassen neuer Umstände, die den Fokus beeinflussen könnten, z. B. in kurzen Terminen in Teams oder auch im privaten Kontext in Morgengesprächen in der Familie, so wie es Agile Teams im Rahmen ihrer sog. „Daily Stand-Up Routinen" tun, sind zum Beispiel zielführend. Im Rahmen solcher **Daily Stand-Up** Routinen werden üblicherweise die nachfolgenden drei Fragen kurz beantwortet. Ein **Daily Stand-Up** geht hierbei niemals länger als 15 min. Es ist kein großer Zeitaufwand, aber hilft, Fokus zu steigern.

Fragen in einem Daily Stand-Up nach Scrum

1. Was hast Du gestern gemacht, um das Ziel zu erreichen?
2. Was tust Du heute dafür, um das Ziel zu erreichen?
3. Was hat Dich davon abgehalten, das Ziel zu erreichen? (Im Englischen: Impediments)

Du kannst diese Routine bei der Arbeit in Deinem Team einführen oder auch in Deiner Familie, wenn ihr wichtige Ziele für die nächsten Wochen gesetzt habt. So stellst Du den Fokus sicher und dass die Ziele nicht aus den Augen verloren werden. Dinge, die uns von unseren gesetzten Zielen abbringen, werden durch diese kleine Routine auch schneller festgestellt, sodass dagegengewirkt werden kann. Probiere es doch mal aus!

2. Übung: Werte Definition

Dies ist eine Übung, die Du auch sehr schön mit anderen zusammen machen und darüber in den Austausch treten kannst. So lernt man sich noch mal ganz neu kennen und auch besser zu verstehen. Die agilen Werte nach Scrum – Mut, Hingabe, Fokus, Offenheit und Respekt – kennst Du aus diesem Kapitel. Vielleicht entsprechen sie auch Deinen oder Du hast persönlich noch mal andere Dinge, die Dir besonders wichtig sind und Dich motivieren. Finde es heraus! Es ist sehr beruhigend, seinen inneren Werte-Kompass zu kennen – als Team sowie als Familie oder auch als Einzelperson. Setze Dich hin und überlege, welche Treiber Dich in Deinen Entscheidungen leiten.

Was sind Deine Werte? Was treibt Dich? Motiviert Dich? Lässt Dich strahlen? Was ist das „Benzin in Deinem Motor"?

Werte können zum Beispiel sein: Sicherheit, Freiheit, Mitgefühl, Verbindlichkeit, Offenheit, Respekt, Empathie, Dankbarkeit, Freude, Liebe, Kreativität, Wertschätzung, Leidenschaft, Hingabe, Familie, Freunde, Mut, Geduld, Ehrlichkeit, Gelassenheit, Kollaboration, Frieden, Achtsamkeit, und viele mehr.

Fange mit einer Liste von 10 Werten an und priorisiere sie. Dann priorisiere die Top 8 erneut. Dann arbeite Dich anhand der Prios immer weiter vor, bis Du Deine Top 5 oder sogar Top 3 Werte kennst.

Überlege Dir auch, was der Wert für Dich persönlich genau bedeutet. Werte können zum Beispiel auch Unterwerte haben bzw. Aspekte, die Du damit in Verbindung bringst. So assoziieren viele Pünktlichkeit und das Ausreden lassen mit Respekt, oder Kreativität mit Innovationscharakter, oder Stabilität mit Sicherheit. Hingabe mit Leidenschaft, usw. Du kannst diese Übung regelmäßig wiederholen, denn Werte ändern sich in unterschiedlichen Lebensphasen.

Was sind Dinge, die Dich erden oder zum Fliegen bringen?

Male sie gedanklich in das Bild der Berge und Wolken in der nachfolgenden Abbildung. Was sind Deine Werte?

3. Übung: In Iterationen (aka „Sprints") denken und den großen Elefanten „klein" schneiden

Im Agile Coaching, also schließlich einer der erfolgreichsten Methodiken um ständige Veränderungen produktiv zu meistern, arbeiten wir gerne mit dem **Bild eines „großen Elefanten"**, der einfach viel zu groß wäre, um ihn auf einmal zu verdauen. Daher schneidet man den Elefanten gedanklich in Stücke. Auch wenn das etwas makaber klingt, das Bild ist hilfreich. Das Herunterbrechen von Dingen, die wir erreichen wollen, so auch das Herunterbrechen von Entscheidungen in Teil-Ziele macht das Große gefühlt etwas kleiner.

Der „Riesen-Elefant" wird somit ein Stück für Stück zugänglicher und greifbarer. Im agilen Arbeiten nennt man diese Iterationen auch Sprints. Diese können 2–4 Wochen lang sein. Wenn Du also das nächste Mal ein großes Projekt vor Dir hast, sei es nun innerhalb der Familie, in Deinem eigenen Wünschen oder innerhalb Deines Berufes, überlege Dir Schritt für Schritt, was Du jeweils in 2–3 Wochen schaffen könntest. Nach jedem Sprint, von sagen wir zwei Wochen, machst Du ein Review und schaust Dir an, was Du schon geschafft hast, und leitest für Dich Erfahrungen und Erkenntnisse daraus ab, die für den nächsten Sprint dienlich sein könnten. So habe ich auch dieses Buch geschrieben – trotz Arbeit und Leben mit Kind. Schritt für Schritt – Sprint für Sprint. Und irgendwann ist das Ziel erreicht. Probiere es doch mal aus. Wichtig ist, dass Du für jeden Sprint ein klares Ziel formulierst, ein sogenanntes „SPRINT GOAL", und dieses fokussiert im Auge behältst und verfolgst, egal, was sonst passiert. Es sollte also ein realistisches und gut kalkuliertes Ziel sein. Wenn Du bereits weißt, dass Du nur begrenzt Zeit haben wirst in den nächsten zwei Wochen, schneide das Ziel entsprechend kleiner. Wenn Du weißt, Du kannst einen Power-Sprint hinlegen, da in anderen Bereichen zu bestimmten Zeiten mehr Ruhe herrscht, dann nutze das effizient mit voller Hingabe und vollem Fokus.

4. Übung: Offene Haltung durch urteilsfreie Kommunikation und bewusste Gedanken

Lenke Dein Bewusstsein immer wieder zum aktiven Zuhören und nicht darauf, bereits selbst Gedanken und Antworten auf das Gesagte im Kopf zu formen. Stell Dir dafür vor, Dein(e) Gesprächspartner:in(nen) könnte(n) Deine Gedanken sehen.

5. Übung: Kanban Family Board für „agile" Moms & Dads

Neben Scrum gibt es auch noch das agile Framework Kanban, das sich großer Beliebtheit erfreut. Kanban kommt aus dem Japanischen und bedeutet visualisiertes Signal. Wir erfassen Dinge, die zu tun sind auf Karten und packen sie auf ein sogenanntes Kanban Board. Eines der wichtigsten fundamentalen Grundsätze von Kanban ist: „Start with what you are doing now" (Digité 2022). Es erfordert keine lange Vorbereitung oder Planung. Wir starten einfach mit dem Jetzt – ganz im Sinne der Achtsamkeit – und „arbeiten" mit dem, was da ist bzw. zu tun ist und dem, der helfen kann. Immer, wenn freie Kapazitäten bei jemandem da sind, in Kanban auch „Bandbreite" genannt, schnappt er/sie sich eine Kanban Karte und erledigt diese, indem sie von „To-do", zu „in Progress" und schließlich in „Done" geschoben wird. So bekommt das Chaos Struktur, oder auch „Bringing Method into Madness", wie es Agile Coaches gerne beschreiben (s. zum Beispiel in den Videos des agile Software-Anbieters Atlassian (Atlassian 2019)).

Ein Kanban Board kann man übrigens auch wunderbar als Familie einführen, um To-dos zu visualisieren z. B. mit Post-Its und um somit die sogenannte „Mental Load" transparenter zu machen und vielleicht künftig besser aufzuteilen zwischen den Eltern. Das könnte zum Beispiel wie in Abb. 2.6 aussehen und ab sofort in eurer Küche hängen.

Erstelle Dir Dein eigenes Kanban Board für Dich und Deine Familie!

Nimm Dir ein großes Blatt mit Post-Its. Schreibe drei Spalten darauf: To-do, In Progress, Done. Schreibe alles auf einzelne Post-Its, was Dir in diesem Moment einfällt, was es zu erledigen gibt. Klebe die Post-Its in die „To-do"-Spalte. Weihe Deine:n Partner:in mit ein und startet einfach mal. Wer gerade Kapazitäten frei hat, schnappt sich ein Post-It und „arbeitet" daran. Den Fortschritt könnt ihr live auf dem Board mitverfolgen.

KANBAN FAMILY BOARD

Abb. 2.6 Kanban-Family-Board-Beispiel. (Illustration: Fine Heininger)

> **6. Übung: Stärken bewusst machen**
>
> Beobachte die nächsten sieben Tage ganz aktiv, was Dir leichtfällt? Wo liegen Deine Stärken?
>
> Dinge, die uns leichtfallen, sind oft Talente, die wir nicht ohne Grund erhalten haben. Es hilft, seine Stärken zu kennen und benennen zu können, gerade wenn wir Neues ausprobieren und in Zeiten des Wandels. Das gibt Vertrauen und stärkt den inneren Mut. Insofern finde sie heraus oder frage auch Deine Freunde und Familie, welche besonderen Fähigkeiten und auch welche Charaktereigenschaften sie an Dir schätzen. Dieses Bewusstsein kannst Du in neuen Lebenslagen gut nutzen.

2.5 Kreative Achtsamkeitsimpulsseite #2 „Marienkäferpunkte berechnen"

Das war recht viel Input, oder? Lass uns den Kopf mal etwas „auflockern" durch eine kleine Rechenaufgabe. Addieren wir doch diesmal die Marienkäferpunkte je Zeile! Welche Summe ergibt sich?

Und wenn Du alle Marienkäferpunkte je Zeile zusammengerechnet hast, summiere sie doch auch noch einmal gesamt auf. Auf welche Zahl kommst Du? Alleine oder zusammen mit Deinem Kind oder Deinem Partner – ich wünsche Dir viel Spaß dabei! #justforfun

L. Güntsche-Hilgendag

Literatur

Agile Heroes (2020), Scrum Werte: Die 5 Werte von Scrum im Überblick, https://tinyurl.com/3d6fwrdz, von Annika Zweimüller. Zugegriffen: 15.08.22

Allversum – Dein Magazin mit Sinn! (2016), „Achtsamkeit, Yoga und Meditation im Klassenzimmer" https://www.allversum.com/achtsamkeit-yoga-und-meditation-im-klassenzimmer/. Zugegriffen: 18.10.22

Atlassian (2019), What is Kanban? – Agile Coach (2019) https://www.atlassian.com/agile/kanban

https://www.youtube.com/watch?v=iVaFVa7HYj4. Zugegriffen: 12.10.22

Digité (2022), How work really gets done, "Overview of the Kanban Method", https://www.digite.com/kanban/what-is-kanban/#kanban-principles. Zugegriffen: 12.10.22

GEOlino 2022, Zitate starker Frauen, die inspirieren, https://www.geo.de/geolino/mensch/21148-rtkl-frauensprueche-zitate-starker-frauen-die-inspirieren?dicbo=v2-4922bb35106 36f913dab4a4f72d37dfc. Zugegriffen: 06.11.22

GEOlino (2023), Die schönsten Zitate von Saint-Exupéry, *GEOlino 2023*, https://www.geo.de/geolino/mensch/21776-rtkl-weisheiten-die-schoensten-zitate-von-saint-exupery#:~:text=%22Wenn%20Du%20ein%20Schiff%20bauen, dem%20weiten%2C%20endlosen%20Meer.%22; Abruf 17.10.23 (2023).

GEOWissen (2018), Nr. 62 – Lebenskrisen überwinden, Resilienz: Das Geheimnis der inneren Stärke https://www.geo.de/magazine/geo-wissen/19986-rtkl-widerstandskraft-resilienz-das-geheimnis-der-inneren-staerke. Zugegriffen: 14.08.22

Hellene, M (2018) Man bekommt ja so viel zurück, Rowohlt Taschenbusch Verlag, Mai 2018, Reinbek bei Hamburg

Indeed Editorial Team (2021) Was sind die 7 Säulen der Resilienz?, https://de.indeed.com/karriere-guide/karriereplanung/was-sind-die-7-saeulen-der-resilienz?aceid=&gclid=Cj0KCQj wuuKXBhCRARIsAC-gM0hvMnA8JtAVFg934Lt7wu3hG

M9x4TK8iqJpoRX4Ny3TBjMG2nCAVVYaAk2MEALw_wcB. Zugegriffen: 14.08.22

Initio Organisationsberatung (2022), Change Management Modelle im Vergleich, https://organisationsberatung.net/change-management-modelle-im-vergleich/. Zugegriffen: 17.10.22

Kabat-Zinn J, Kierdorf T (2013) J Im Alltag Ruhe finden: Meditationen für ein gelassenes Leben (German Edition) Knaur MensSana eBook. Kindle-Version

Knörnschild J (2022) Chillig mit Baby, Kiwi Verlag

Largo R (2000) Babyjahre, Piper Verlag GmbH, München 2000

Long A, Schweppe R (2010) Die 7 Geheimnisse der Schildkröte, 12. Auflage Taschenbuchausgabe 5/2010, Wilhelm Heyne Verlag München, Verlagsgruppe Random House

MICE Unternehmenslösung (2019) Change Management: Diese 7 Phasen musst du auf dem Weg zum Erfolg meistern, https://blog.miceportal.com/change-management-phasen#:~:text=Change%20Management%20Braucht%20Geduld%20und,aktuellen%20Gef%C3%BChlslage%20der%20Mitarbeiter%20entspricht. Zugegriffen: 14.08.22 und 17.10.22

Moralis S (2019), Achtsamkeit für Mamas, Mentor Verlag, Berlin

Reivich K, Shatté A (2003), The Resilience Factor: 7 Keys to Finding Your Inner Strength and Overcoming Life's Hurdles, Broadway Books

Scrum Guides (2020) Der Scrum Guide – Der gültige Leitfaden für Scrum: Die Spielregeln, https://scrumguides.org/docs/scrumguide/v2020/2020-Scrum-Guide-German.pdf. Zugegriffen: 12.10.22

Scrum.Org (2016) The Home of Scrum. Updates to the Scrum Guide: The 5 Scrum values take center stage, https://www.scrum.org/resources/blog/5-scrum-values-take-center-stage. Zugegriffen: 21.03.23

Sutherland J (2015) Scrum: The Art of Doing Twice the Work in Half the Time, 1. Auflage, Random House Business

Streich R K (2016) Fit for Leadership. Springer Gabler Verlag, Wiesbaden, S. 24 ff.

2 Grundgedanken des agilen Change-Mindsets ...

TED (2012), Ideas worth spreading, Listening to shame, https://www.ted.com/talks/brene_brown_listening_to_shame. Zugegriffen: 25.09.22

The Dignified Self® (2022), Mindful Agility Training – achtsam und agil das Jetzt meistern, https://thedignifiedself.com/de/training/. Zugegriffen: 5.11.22

Wirtschaftslexikon (2020), Agile Softwareentwicklung, https://wirtschaftslexikon.gabler.de/definition/agile-softwareentwicklung-53460). Zugegriffen: 05.11.22

Wirtschaftslexikon (2022, April), Definition: Was ist „VUCA"?, https://wirtschaftslexikon.gabler.de/definition/vuca-119684#:~:text=%22VUCA%22%20ist%20ein%20Akronym%2C,Merkmale%20der%20modernen%20Welt%20beschrieben.&text=%C3%9Cber%20200%20Experten%20aus%20Wissenschaft%20und%20Praxis. Zugegriffen: 23.04.22

Wirtschaftslexikon (2022, Aug), Definition Was ist „Agilität", https://wirtschaftslexikon.gabler.de/definition/agilitaet-99882. Zugegriffen: 14.08.22

Wissensmanagement (2016), Change Management, https://wissensmanagement.open-academy.com/category/wm-einfuehren/change-management/. Zugegriffen: 17.10.22

World Economic Forum (2020), Future of Jobs Report https://www.weforum.org/reports/the-future-of-jobs-report-2020/?DAG=3&gclid=CjwKCAjw8JKbBhBYEiwAs3sxN_fEvaJwp7ViS4x940Yb6bK7g5mCa7MWdJ4tl2etmSiep8eWghY-UdxoCgpMQAvD_BwE. Zugegriffen: 05.11.22

Zitate berühmter Personen (2022), https://beruhmte-zitate.de/zitate/1956523-antoine-de-saint-exupery-liebe-besteht-nicht-darin-dass-man-einander-ansieh/. Zugegriffen: 29.11.22

3

Die 7 Grundhaltungen der Achtsamkeit angewandt auf die Elternschaft

Unsere innere Haltung ist das Fundament der Achtsamkeitspraxis. Die 7 Grundhaltungen der Achtsamkeit nach Jon Kabat-Zinn liefern eine wunderbare Basis, um uns täglich daran zu erinnern und Achtsamkeit zu kultivieren.

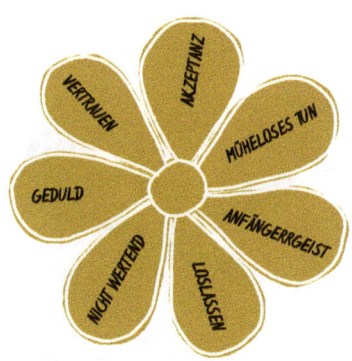

Ergänzende Information Die elektronische Version dieses Kapitels enthält Zusatzmaterial, auf das über folgenden Link zugegriffen werden kann [https://doi.org/10.1007/978-3-658-41110-7_3]. Die Videos lassen sich durch Anklicken des DOI-Links in der Legende einer entsprechenden Abbildung abspielen, oder indem Sie diesen Link mit der SN More Media App scannen.

3.1 Der Diamant der Achtsamkeit – die achtsamen Grundhaltungen nach Jon Kabat-Zinn

Ich habe in diesem Kapitel die „7 Grundhaltungen der Achtsamkeit" von Jon Kabat-Zinn (siehe Abb. 3.1), die den Geist der Achtsamkeit beschreiben, auf die Elternschaft angewendet. Ich denke, wir können dadurch Impulse gewinnen, um Achtsamkeit in den Alltag mit Kind zu integrieren. Auch wenn Du vielleicht nicht der Typ bist für 45 min Meditation. Du kannst dennoch eine achtsame Grundhaltung entwickeln, die Dir einen Zugang zu mehr Ge-

Abb. 3.1 Die 7 Grundhaltungen der Achtsamkeit nach Jon Kabat-Zinn. (Angelehnt an Bögels und Restifo 2015, S. 158; YouTube Minds Unlimited Mindfulness 2022; Illustration: Fine Heininger)

lassenheit geben kann. Die achtsamen Grundhaltungen zeigen, wie ich finde, eine wertvolle Sichtweise auf die Welt und bieten Möglichkeiten der Selbsterforschung.

Die 7 Grundhaltungen der Achtsamkeit, nach Jon Kabat-Zinn (angelehnt an Bögels und Restifo 2015, S. 158; YouTube Minds Unlimited Mindfulness 2022):

1. Der Anfängergeist (beginner's mind)
2. nicht werten/urteilsfrei (non-judging)
3. Vertrauen (trust)
4. Loslassen (letting go)
5. Akzeptanz (acceptance)
6. Geduld (patience)
7. Müheloses Tun (non-striving)

Kabat-Zinn ergänzt die 7 Grundhaltungen in seinen Erklärvideos auf dem YouTube Kanal von Minds Unlimited (YouTube Minds Unlimited Mindfulness 2022) noch durch zwei weitere:

8. Dankbarkeit (gratitude)
9. und Großzügigkeit (generosity)

Sie stehen in enger Verbindung mit den 7 Basis-Grundhaltungen der Achtsamkeit. Kabat-Zinn nennt die oben genannten Grundhaltungen auch die „Facetten des Diamanten der Achtsamkeit" (Kabat-Zinn und Kierdorf 2013, S. 15). Sie ähneln einander und sind dennoch einzigartig. Als Voraussetzung für die Anwendbarkeit der achtsamen Grundhaltungen, erklärt Kabat-Zinn, müsse man „bereit sein, tief in die Gegenwart hineinzuschauen, was auch immer sie beinhalten mag, in einem Geiste der Großzügigkeit und Güte sich selbst gegenüber und der Offenheit gegenüber dem, was möglich sein könnte" (Kabat-Zinn und Kierdorf 2013, S. 15).

Manchmal habe ich nicht die innere Ruhe, mich hinzusetzen und zu meditieren, dennoch praktiziere ich täglich Achtsamkeit. Wie? Im Rahmen meiner Achtsamkeitspraxis arbeite ich schon viele Jahre mit den Grundhaltungen der Achtsamkeit und verbinde dabei einen Mix aus informeller und formeller Praxis in meinem Alltag. Die Grundhaltungen unterstützen mich täglich dabei, mir selbst sowie anderen wohlwollend zu begegnen und den inneren Anspruch, „eine gute Mutter" zu sein und gleichzeitig meine Karriere zu verfolgen, zusammenzuführen. Sie helfen mir, in Kontakt mit mir selbst zu bleiben, empathischer zu sein und Klarheit zu behalten, was wirklich zählt und fokussiert werden sollte. Da ich jeden Tag sehe, wie sich Eltern oftmals zerrissen und gestresst fühlen, habe ich analysiert, wie die Grundhaltungen auf die Elternschaft angewendet werden können und welche Erkenntnisse sich daraus generieren lassen. Die Essenz jeder einzelnen Grundhaltung, angewandt auf das Leben mit Kindern, habe ich ergänzt um Geschichten und Übungen für den Alltag. Manche lassen sich allein umsetzen, selbst mit wenig Zeit, anderen können zusammen mit anderen Menschen praktiziert werden. Wir betrachten nachfolgend jede „Facette des Diamanten Achtsamkeit" (Kabat-Zinn und Kierdorf 2013, S. 15) aus der Eltern-Kind-Beziehung.

3.2 Der Anfängergeist – den Forschergeist in Dir erwecken

Impuls

Hast Du schon einmal bewusst einem Kind zugeschaut, wenn es das erste Mal etwas Neues ausprobiert? Zum Beispiel beim Essen: Ein Kleinkind bekommt zum ersten Mal einige Obststücke angeboten. Es analysiert ein Stück Ba-

> nane, schaut es ganz genau an und fühlt es, dann zermantscht es die Banane mit den Händen und lacht. Anschließend nimmt es eine Blaubeere, hält sie neben das Ohr, um zu hören, ob sie vielleicht knistert, nimmt sie dann in den Mund und inspiziert genau den Geschmack, bevor es die Blaubeere herunterschluckt. Dann nimmt das kleine Kind etwas von der Orange, riecht daran, nimmt sie in den Mund und spuckt sie mit einem lauten „Bäh" wieder aus. Es folgt etwas Apfel, wieder wird der Apfel genau betrachtet bevor daran gerochen wird, es wird gefühlt wie seine Konsistenz ist und anschließend wird im Mund langsam der Geschmack erkundet.
>
> Wenn ein Kleinkind oder Baby das erste Mal Dinge isst, dann können wir den **„Anfängergeist"**, eine der 7 Grundhaltungen der Achtsamkeit, wahrlich live miterleben. Das „Children's Mindset", also Neues bewusst erleben und zu entdecken, ist eine wichtige Komponente in der Achtsamkeitslehre.

In Momenten wie den oben geschilderten, wenn Kinder zum ersten Mal etwas probieren, können wir wunderbar miterleben, was mit „achtsam essen" gemeint ist – eine der vielen Übungen zur Stressreduktion durch Achtsamkeit, die gerne mit Rosinen im Rahmen der Achtsamkeitspraxis vermittelt wird, die ganz bewusst mit allen Sinnen wahrgenommen werden. Die Übung dazu findest Du weiter unten in diesem Kapitel. „Die Geisteshaltung des Anfängers meint eine besondere Art der Vorurteilsfreiheit, vergleichbar mit der Neugier eines Kindes, das viele Dinge zum ersten Mal erlebt" (Praxis Psychologie 2022).

Wie erhalten wir das innere Kind in uns und aktivieren unsere kreative Ader?
Wie bereits in Kap. 1 dieses Buches erwähnt, vertrete ich folgende These:

> Kinder sind die besten Achtsamkeitstrainer:innen, die wir uns wünschen können. Wenn wir sie nur lassen und wenn wir uns darauf einlassen! Wir bekommen durch Kinder die einzigartige Chance, die Welt neu zu erforschen, noch einmal zu erleben, als ob wir sie das allererste Mal sehen, hören, fühlen, riechen, schmecken – aus der Sicht eines Anfängers. Eine Welt aus Kinderaugen.

Kinder haben eine Schaffungskraft und Kreativität, einen Forschergeist, der uns leider im Laufe des Lebens mehr und mehr verloren geht oder gehen kann. Wenn wir ihn erhalten möchten, müssen wir dafür etwas tun. Als Erstes müssen wir uns dessen bewusst werden. Kinder leben im Sein-Modus, im Entdecker-Modus, sie nehmen alles ganz bewusst wahr, erforschen die Welt mit allen fünf Sinnen und sehen Details, die uns als Erwachsene oft nicht mehr auffallen. Das sind Qualitäten, an die wir in Achtsamkeitstrainings erinnern. Hier können wir viel von Kindern lernen. Vorausgesetzt, wir schauen bewusst zu und schenken ihnen unsere Aufmerksamkeit, statt alles vorzugeben oder den Blick aufs Smartphone zu senden, parallel etwas anderes zu machen. „Unserer Kultur ist dieser Zustand eher fremd, wir sind wohl eher geprägt durch permanente Vernetzung und ‚24-h Multitasking'", wie auch Kabat-Zinn erläutert (Kabat-Zinn 1990).

In Kap. 2 haben wir bereits im Rahmen der agilen Werte über Fokus gesprochen. Höchste Aufmerksamkeit für den jetzigen Moment könnte man es auch nennen. Das bewusste Wahrnehmen der kleinen Dinge, für die sich Kinder so sehr begeistern können, ist ein wunderbare Einladung, dies mit Kindern gemeinsam zu tun.

Eine Seifenblase, eine Blume, ein Marienkäfer, eine Matschpfütze, eine Baustelle. All das kann die Welt für ein kleines Kind bedeuten, während wir als Erwachsene

schnell einfach an so etwas vorbeilaufen. **Das bewusste Erfassen von „Marienkäfermomenten", wie ich es nenne.**

„Wer nicht neugierig ist, erfährt nichts", so sagte bereits Goethe (GEOlino 2022). Diese Neugierde, auch für die kleinen Dinge, oder auch dafür etwas Neues zu lernen oder auszuprobieren, das hält uns frisch. Nicht ohne Grund wird in Innovationsworkshops wieder mit Lego gespielt und in Design-Thinking-Methoden erste Prototypen mit Lego gebaut. Es weckt unseren Entdeckergeist. Gerade als „Working Mom", wie auch ich es bin, kenne ich es gut, dass der Mix aus Beruf und Familie nicht immer ein „Kinderspiel" ist. Die Balance zu finden, erfordert des Öfteren Organisationsgeschick, aber auch Kreativität. Auch die Haltung, der Welt etwas mehr aus den Augen eines Kindes zu begegnen, ist hilfreich, denn dann kommt man oft auf neue Ideen. Wir wecken unseren **Forschergeist**, unser **„Children's Mindset"**, den **Anfängergeist (im Englischen: „beginner's mind")**.

> **Vom Tun ins Sein**
>
> **Forschergeist aktivieren bedeutet weniger fokussiert auf das Erreichen und einen stärken Fokus auf das Entdecken und Erleben setzen.**
>
> Im Anfängergeist, wie ihn kleine Kinder intuitiv in sich tragen, gibt es keinen Gedanken wie „Ich habe dies oder jenes erreicht". Wir genießen einfach das Erkunden und Erforschen, entwickeln Freude daran. Kinder haben diese Gabe, denn sie haben noch keine konkreten Konzepte, wie etwas ablaufen sollte, sie erkunden die Welt mit einem offenen Geist. Und wenn der Geist leer ist, ist er auch bereit, ist offen für alles, wie es auch sein mag, erläutert Zen-Master Shunryu (Suzuki 2016, S. 22). Im Zen-Buddhismus heißt es: „Wenn wir nicht daran denken, etwas zu erreichen, nicht an uns selbst denken, sind wir wahre Anfänger. Dann können wir wirklich etwas lernen". (Suzuki 2016, S. 24).

> Wirklich hinzuschauen, die Farben eines Schmetterlings, den Duft einer Blume in ihrer Schönheit wahrnehmen oder Punkte eines Marienkäfers zählen – wie häufig tun wir das im Erwachsenen-Alltag noch?
>
> „Kinder sind eine ständige Einladung, sich von der Freude am Forschen anstecken zu lassen. Für mich ist die Freude der Königsweg zum Anfängergeist der Achtsamkeit", so erklärte auch Lienhard Valentin im Rahmen unseres Interviews (s. Kap. 5).
>
> Ein guter Weg den Fokus auf das JETZT zu üben, auf das bewusste Wahrnehmen, ohne parallel etwas anderes zu tun oder zu denken, ist es, die Welt ein bisschen mehr aus Kinderaugen zu sehen und sich darauf einzulassen. Dies bedeutet auch den Anfängergeist wieder zu aktivieren, den Autopilot auszuschalten, in dem wir Dinge gewohnt unterbewusst abspulen und ganz bewusst Dinge so erleben, als würden wir sie das erste Mal in unserem Leben tun und wahrnehmen. Wie ein Mensch vom Mars, der das erste Mal auf der Erde gelandet ist und die Welt erforscht. Das fördert nicht nur unser Wohlbefinden, sondern steigert auch unseren Innovationsgeist.

Beim Anfängergeist geht es nicht darum zwingend etwas erreichen zu müssen, sondern die Freude am Erkunden zu zelebrieren.

„In einem Anfängergeist existieren unzählige Möglichkeiten, im Geist eines Experten nur wenige", sagte Zen Master Shunryu Suzuki (Suzuki 2016, S. 22). Es gibt Untersuchungen, die erforschen, dass Kinder auf viel mehr Ideen kommen können als Erwachsene, wenn wir ihnen nicht alles vordiktieren, sondern sie sich frei entfalten lassen. Der Gedanke, dass wir im Anfängergeist also mehr Möglichkeiten sehen, ist naheliegend. In meinen Workshops mit Kunden wende ich oft agile Kreativitätstechniken und Design Thinking Methoden an. Einige der Spiele und Übungen habe ich auch schon mit meinem Sohn durchgeführt, der im Kindergartenalter ist. Er hat große Freude daran. Es ist stets faszinierend zu erleben auf was für kreative Ideen er teilweise kommt, wie etwas gelöst werden kann. Er denkt dabei nicht so viel nach, sondern macht einfach. Er baut einfach drauf los und probiert verschiedene Wege aus. In der agilen Software Entwicklung nennen wir das auch „Prototyping".

Als mein kluger Vater Opi wurde, sagte er zu mir: „Ich werde meinem Enkelkind niemals erklären, wie ein Spielzeug funktioniert, stattdessen lasse ich mich davon überraschen welche Möglichkeiten mein Enkel finden wird, die vielleicht nicht einmal der Erfinder des Spielzeugs gesehen hätte." Als mein Sohn zu einem Geburtstag ein Geschenk auspackte und ihm jemand erklären wollte, wie es aufzubauen ist, fragte mein Vater in die Runde:

„Warum haben wir nie eine Fortentwicklung der Schaufel erlebt? Weil es immer einen Erwachsenen gab, der dem Kind gezeigt hat, wie sie zu halten und zu benutzen war. Wer weiß, wie sich die Schaufel entwickelt hätte, wenn wir es dem Forschergeist der Kinder überlassen hätten?" – Bernd R. Güntsche.

Dieses Gedankengut ist inspiriert von einem Werk eines Sony-Mitbegründers, welches mein Vater vor Jahren gelesen und tiefen Eindruck bei ihm hinterlassen hatte. In stundenlanger Recherche suchte mein Vater die letzte Ausgabe des Buches in Berlin. Es war überall vergriffen. Schließlich fand er die letzte Ausgabe mit Hilfe seiner lieben Mitarbeiterin in einer einzigen Berliner Bibliothek. Es handelt sich um das Werk „Der Kindergarten kommt zu spät" von Masaru Ibuka. Ibuka war ein japanischer Unternehmer und später ein Mitbegründer des Unternehmens, aus dem kein kleineres als der Weltkonzern SONY hervorging. Das Buch beschäftigt sich mit dem Vorurteil: „Als Genie wird man geboren" (Ibuka 1969, S. 5), welches von Ibuka genau betrachtet, und als *nicht* korrekt betrachtet wird. Kinder wie Mozart wurden seines Erachtens nach nicht als Genie geboren, sie erfuhren viel mehr die richtige Umgebung, um auf ihre Bedürfnisse einzugehen und ihr Talent zu entwickeln und schließlich entfalten zu können. In einer umfangreichen Recherche beschäftigte sich der spätere Mitgründer des Weltkonzerns 1969 mit seiner Initiative „Early Development Association in Japan" (Gesellschaft für Frühentwicklung) mit der Umgebung und Erziehung, die Kinder brauchen, um Talente höchsten Grades zu entwickeln (Ibuka 1969, S. 5).

„Wie die Eltern sich im täglichen Leben verhalten, wie sie reagieren und empfinden: Das ist das Lehrmaterial, auf dem die Persönlichkeit des Kindes aufbaut" (Ibuka 1969, S. 50).

Maria Montessori spricht hier auch von dem „Bauplan der Seele", der sich entfalten möchte, ihre pädagogischen Ansätze geben dem Kind die Freiheit zu entdecken. „Sie bezeichnet das ‚Kind als Baumeister des Menschen', womit sie dem Kind kreative Selbstgestaltungskräfte zuschreibt." (Montessori Bayern 2022). Es geht um unser „wahres Selbst". Dieses wahre Selbst „verkörpert tatsächlich unsere tiefsten Werte und Motivationen und die Buddha-Natur, wenn wir das so nennen wollen. Maria Montessori sagte „mit jedem Kind kommt Christus neu auf die Welt", es hat also nichts mit dem Buddhismus zu tun (siehe Buch-Interview mit Lienhard Valentin, Kap. 5). Statt alles vorzugeben und unsere Erwachsenen-Sicht mit bereits entstandenen Schranken und Vorstellungen auf das Kind zu legen, folgt Montessori in ihrer Pädagogik dem Ansatz: „Hilf mir, es selbst zu tun" und unterstreicht damit die Bedeutung der Wechselseitigkeit von Menschen und Umwelt für die Entwicklung des Kindes" (Montessori Bayern 2022). Ob man nun Montessori als gut oder schlecht bewertet und für das eigene Kind passend, ist hierbei unerheblich. Auch ob man dem Mitbegründer von SONY vertrauen möchte. Was ich aber sagen möchte:

Wir können viel lernen von unseren Kindern, wenn wir sie in ihrer Kreativität nicht einschränken, sondern ihnen mehr zuschauen und uns von ihnen inspirieren lassen; uns von dem Anfängergeist anstecken lassen.

Die kreativen Ebenen und Tätigkeiten können uns viel lehren. Hier hat der Geist Freude, ist frei und wir nehmen auch Pausen in der Musik wieder wahr. „So hat die Malerei ihre Weißabstände zwischen den Farben und in der Lyrik hören wir die Worte auch zwischen den Zeilen erklingen" – dies schrieb ich in meinem ersten Buch im Rahmen der Erläuterung der Kreativitätsebene der Achtsamkeit (Güntsche 2016, S. 93–94).

> **Kreativität durch Achtsamkeit**
> Regelmäßige Achtsamkeitspraxis steigert übrigens auch die Kreativität. Damit können wir das innere Kind wieder ein bisschen in uns wecken. Aber wir können auch einfach die Chance nutzen, unseren Kindern bewusster zuzusehen. Denn vielleicht ist unser Kind kreativer, als wir es jemals waren, vielleicht ist es musikalisch, auch wenn wir keine Note lesen können. Ibuka schreibt in seinem Buch dazu recht plakativ, dass eine Mutter, die nicht singen kann, ihrem Kind auch nicht vorsingen sollte. Ansonsten wird es das eigene Talent des Kindes ggf. schmälern, da es die falschen Töne der Mutter im Ohr hat. Wenn es aber stattdessen schöne Symphonien vorgespielt bekommt und sich selbst an Instrumenten versuchen kann, wir Eltern dabei mitfühlend und offen sind, kann sich dennoch eine große Musikalität entwickeln, die vielleicht auch einen kleinen Mozart herausbringen könnte …wer weiß!? (Ibuka 1969, S. 50). Und wenn nicht, hat das Kind Spaß dabei sich zu entfalten, erlebt etwas Schönes, und das ist schließlich das Wichtigste.

> **Die Vorteile des Anfängergeists** (angelehnt an Spiegel Dich 2022):
>
> - Anfänger müssen nicht immer etwas beweisen, es geht darum, zu erforschen.
> - Anfänger haben Verständnis für andere Anfänger, sie bringen mehr Empathie mit.
> - Anfänger lernen schnell dazu, denn „ein volles Glas kann man nicht füllen".
> - Anfänger geben sich die Freiheit, Neues zu entdecken, weg von Perfektion hin zum Experimentieren, kontinuierliches „Test and Learn", so wie es erfolgreiche Start-ups oft tun.
> - Anfänger scheitern und sind dadurch oft erfolgreicher. Scheitern ist immer ein Teil des Erfolgs, dadurch wachsen und lernen wir. Kinder fallen immer wieder hin, aber irgendwann laufen sie!
> - Die Erwartungen an Anfänger sind geringer, wir sind geduldiger, verstehen mehr.
> - Der Anfängergeist hilft, um besser mit Veränderungen umgehen zu können.
> - Anfänger können achtsamer kommunizieren, sie bewerten weniger und sind wertschätzend.
> - Durch einen Anfängergeist können wir unsere Bestimmung finden, wir geben uns die Chance, Neues zu probieren, es ist okay, auch mal etwas nicht zu wissen, wir gehen kreativer damit um und entdecken neue Wege des Möglichen.

Es ist nicht immer leicht, den Anfängergeist zu aktivieren, es erfordert Mut. Einer der Werte, die wir im Change-Mindset brauchen (s. Kap. 2). Routinen können Sicherheit geben und uns ebenfalls in der Achtsamkeitspraxis gute Helferlein sein. Das habe ich im Rahmen der *„7 Ebenen der Achtsamkeit"* in meinem Buch „Achtsamkeit in digitalen Zeiten" auch erläutert. Eine der sieben Ebenen, wie wir Achtsamkeit praktizieren können, ist schließlich die „Ritualsebene der Achtsamkeit". „Regelmäßig durchgeführte Rituale werden Gewohnheiten und sie können eine erfüllende Wirkung haben. Sie sind vergleichbar mit Routinen oder gar Traditionen (…) Es ist beruhigend, wenn Dinge Wiederholungen finden. Auch in der Musik gibt es nicht ohne Grund stets einen Refrain, der von allen mitgesungen werden kann" (Güntsche 2016, S. 94).

Es ist vollkommen in Ordnung und auch sehr gut, Rituale und Routinen zu etablieren. Für Kinder sind sie bestimmt auch sehr wichtig. Wenn wir aber doch mal etwas Neues probieren wollen, lassen sich bereits erschaffene Routinen auch verändern. Dafür braucht es in der Regel zwei bis vier Wochen. Also vielleicht einfach die Offenheit wagen, auch einmal etwas Neues zu probieren und Dinge wie ein Kind aus Kinderaugen „das erste Mal erleben", ohne sie direkt zu bewerten. Die Umstände, ab und zu auch einmal aus einem anderen, neuen Blickwinkel – dem Anfängergeist – zu sehen – kann Inspiration und neue Kraft schenken. Als Motivation zum Thema Anfängergeist, ein weiteres Zitat von Goethe:

„Lerne alt zu werden mit einem jungen Herzen." – Goethe (GEOlino 2022)

Das Kinder-Mindset üben – Impulse & Übungen für „mindful" Moms & Dads

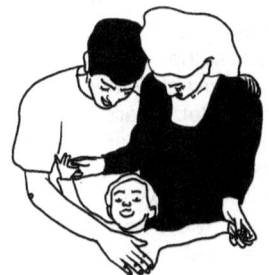

Nachfolgend ein paar Impulse, um die achtsame Haltung des Anfängergeists wieder zu aktivieren.

1. Übung: Achtsames Essen – „Die 5 Sinne und den Anfängergeist erwecken"

Unter „achtsam essen" verstehe ich, bewusst den Moment der Nahrungsaufnahme zu genießen und dabei ausschließlich dieser einen Sache, Deine Aufmerksamkeit zuzuwenden und zwar mit allen fünf Sinnen. Es gibt eine schöne kleine Achtsamkeitsübung, mit der wir unsere Sinne schärfen und zudem unseren Anfängergeist erwecken können. Als Vorbereitung dafür hole Dir bitte zwei gleiche Objekte zum Erkunden und schließlich essen, z. B. zwei Rosinen oder zwei mundgerechte Stücke Obst (Beeren, Stück Apfel etc.).

Stelle Dir vor, Du bist vom Mars und Du bist soeben das allererste Mal auf der Erde gelandet!

Du siehst vor Dir die zwei gewählten Objekte liegen und beobachtest sie neugierig. Nimm Dir das erste Deiner gewählten Objekte. Stell Dir vor, Du siehst dieses Objekt (diese Rosine oder dieses Obst) das allererste Mal in Deinem Leben. Nie zuvor hast Du so etwas zu Gesicht bekommen. Schaue es Dir ganz genau an. Welche Farbe hat es? Welche Form? Wie groß ist es? Wie sieht es aus?

Als Nächstes lade ich Dich dazu ein, das gewählte Objekt, die Rosine oder ein Stück Obst, neben Dein Ohr zu halten und hinzuhören. Kannst Du ein Geräusch vernehmen, vielleicht wenn Du es zwischen Deinen Fingern hin- und her bewegst? Hörst Du ein Knistern oder eher Stille? Spitze Deine Ohren, hör genau hin. Kannst Du etwas hören?

Als Drittes konzentrieren wir uns auf das Fühlen. Wie fühlt sich das Objekt an, das Du in Deiner Hand hältst, wenn Du es zwischen zwei Fingern hin- und herbewegst oder darüber streichelst? Wie ist die Haptik zu beschreiben? Ist es klebrig? Glatt? Hart oder weich? Was fühlst Du?

Nun bringen wir unsere Aufmerksamkeit auf den Geruchssinn. Halte das Objekt unter Deine Nase und rieche ganz bewusst. Welchen Duft kannst Du wahrnehmen? Wonach riecht die Rosine oder das Obst, das Du gewählt hast? Wie würdest Du den Geruch in Worte fassen? Oder riecht es nach gar nichts?

Zu guter Letzt werden wir unser gewähltes Objekt probieren. Aber iss es nicht direkt! Lege es zuerst auf Deine Zunge, lasse es einen Moment in Deinem Mund und berühre es mit

3 Die 7 Grundhaltungen der Achtsamkeit ...

der Zunge, bevor Du es herunterschluckst. Wie schmeckt es? Ist es süß, sauer, salzig, neutral? Ist es erfrischend?

Nun bitte ich Dich, das zweite Objekt in die Hand zu nehmen. Iss es bitte so, wie Du es sonst normalerweise essen würdest. In Stille: Reflektiere, wie diese Erfahrung für Dich war. Das bewusste Wahrnehmen der 5 Sinne und die Erkenntnisse mit dem ersten Objekt. Und dann im Vergleich: Wie war die Erfahrung mit dem zweiten Objekt, als Du es so wie immer gegessen hast? Erkennst Du einen Unterschied? War die Erfahrung mit dem ersten Objekt intensiver als die zweite? Fühlte es sich neu an? Beobachte Deine Empfindungen und Erkenntnisse aus dieser Übung.

Du kannst diese Übung auch wunderbar mit Kindern oder Deinem Partner durchführen. Und sie lässt sich auch gut in den Alltag integrieren. Einfach mal „achtsam essen", ohne parallel was anderes zu tun. Das bringt Entspannung und neue Energie. Probiere es doch mal aus, z. B. in der nächsten Mittagspause einfach ein paar Minuten in Stille verweilen und gedanklich die Übung durchspielen und erst mal mit allen 5 Sinnen das Mahl erkunden, bevor geschlemmt wird. Na, wie wäre es!?

2. Übung: Rosinenübung auf das eigene Kind übertragen

Eine Übung, die im Mindful-Parenting-Programm auch angewandt wird, ist folgende (angelehnt an Bögels und Restifo 2015): Beobachte Dein Kind so, als würdest Du es das erste Mal wahrnehmen, mit allen fünf Sinnen. Was fällt Dir auf? Wie fühlt sich das an? Stell Dir vor, Du darfst Dein Kind das erste Mal sehen, die Haut spüren (sofern es für Dein Kind in Ordnung ist), die Stimme bewusst hören mit ihrem Timbre, ihrer Klangfarbe, wonach riecht Dein Kind? Babys haben zum Beispiel einen ganz besonderen Duft. Erinnerst Du Dich noch? Was passiert in Deinem Körper, wenn Du Dir Dein Kind so ganz achtsam anschaust und es einfach wahrnimmst in seinem wahren Selbst?

3. Übung: Autopilot aus!

Aktiv und bewusst jeden Moment wahrnehmen. Nimm Dir das nächste Mal, wenn Du Dich an etwas wagst, dass Du in der Regel aus Routine fast unterbewusst tust, erst einmal eine Minute Zeit, um in der Situation anzukommen und schärfe Dein Bewusstsein. Setz Dich zum Beispiel ins Auto und fahr nicht direkt los, sondern komm erst einmal mit allen Sinnen im Auto an. Spür die Haptik des Sitzes. Atme einmal tief ein und aus. Schaue Dir den Innenraum Deinen Autos an. Beobachte Dich dabei, wie Du verinnerlicht hast zu fahren. Genauso kannst Du diese Übung auch beim täglichen Zähneputzen machen. Auch hier einen Moment innehalten, bevor Du mit Deiner Zahnputz-Routine startest und bewusst mit allen Sinnen beobachtest, wie es sich anfühlt, die Zähne zu putzen.

4. Übung: Kreativität freien Lauf lassen

Malen, Basteln, Musizieren, Singen, Fingerfarbe, Backen, Tanzen, Bauen – all das sind mögliche Aktivitäten, die die kreative Ader wieder erwecken können. Nicht nur in uns Eltern, sondern auch beim Kind wird die Kreativität geweckt, von der wir uns anstecken lassen können. Wichtig ist es hierbei, dem Kind nicht alles vorzugeben, sondern viel mehr von dem Kind zu lernen, wie es Dinge angeht. Also weniger tun, mehr beobachten. Weniger vorgeben und mehr überraschen lassen.

5. Übung: Neue Wege gehen

Wie wäre es, wenn Du das nächste Mal, wenn Du Dein Kind vom Kindergarten oder der Schule oder von einem Freund/einer Freundin abholst, einen anderen Weg einschlägst, um nach Hause zu gehen? Vielleicht macht ihr noch einen ungeplanten Stopp bei der neuen Eisdiele an der Ecke, vielleicht lässt Du mal das Auto stehen und fährst mit Deinem Kind U-Bahn. Versuche hierbei den Moment zu genießen, ohne Zeit und Ziel.

6. Übung: Anker – frei sein, Neues wagen

Schließe die Augen und gönn Dir einen Moment der Stille. Konzentriere Dich auf Deinen Atem, mindestens drei Atemzüge ganz bewusst verfolgen, ein – aus, ein-ausatmen, ein und aus. Dann lenke Dein inneres Auge auf einen Moment, bei dem Du etwas zum ersten Mal getan oder erlebt hast. Zum Beispiel, als Du Fahrrad oder Autofahren gelernt hast. Als Du einen Tanzkurs besucht hast, eine neue Sprache gelernt hast, das erste Mal leckere Muffins gebacken hast, ein neues Land bereist hast, eine spannende Reise unternommen hast. Wie hat es sich angefühlt, das zu erleben? Mache Dir diesen Moment ganz bewusst und bringe ihn in Deine bewusste Erinnerung. Versuche die Freiheit zu spüren, die Du Dir in diesem Moment eingeräumt hast, als du Dir erlaubt hast „ein Anfänger zu sein". Spüre die Weite in Deinem Herzen.

Speichere Dir dieses Gefühl, indem Du Deine Arme in den Himmel streckst, frei von Vorurteilen, frei von Mustern, einfach frei! Komm von Zeit zu Zeit zu diesem Gefühl zurück, indem Du Deine Arme hoch in den Himmel streckst. Das ist nun Dein Anker.

3.3 Nicht wertend – befreit von Vorurteilen – no filter needed!

> **Anekdote**
>
> Das Kleinkind zeigt auf den Bauch der Mama und sagt: „Dicker Bauch". „Oh, das sagt man nicht, mein Kleiner". Mama ist geknickt. Ja, sie hat wohl in letzter Zeit etwas zugelegt. Die Schwangerschaftspfunde sind auch noch nicht abtrainiert. Es beginnt ein Gedanken-Karussell der inneren Vorwürfe. „Ich müsste wirklich mehr Sport machen…ich bin echt dick geworden". Zudem ist die Mama verärgert über ihr Kind, dass es sie so beleidigt hat. Aber hat es das wirklich? Oder hat es nur die Fakten aufgezeigt, ohne diese zu bewerten. Einen Tag später zeigt das Kind auf die Brüste der Mama und sagt: „Große Boop" (zu Deutsch: Busen). Mama freut sich. Ja, es ist schön, dass sie mit vollen Brüsten gesegnet wurde. Die Mama antwortet: „Danke Dir, das ist aber nett!" und das Kind schaut fragend, als wüsste es nicht, dass es etwas Freundliches gesagt oder getan hat.

Diese Geschichte zeigt auf, wie Kinder komplett wertfrei die Welt wahrnehmen. Ein dicker Bauch ist nichts Schlechtes, große Brüste sind nicht unbedingt etwas Tolles. Kleine Kinder nehmen einfach wahr, was ist – ohne Bewertung, ohne Prägung oder das Anwenden eines Filters. Wir Erwachsenen jedoch sind geprägt durch unsere Erfahrungen, Reaktionen, unser Umfeld, die Umwelt und Gesellschaft, und bringen direkt eine eigene Farbe und Bewertung mit rein. „Wir neigen dazu, die Dinge durch getönte Gläser zu sehen: durch den Filter, der danach unterscheidet, ob etwas gut oder schlecht für uns ist …" (Kabat-Zinn und Kierdorf 2013, S. 60–61). So ist die Mama in der Geschichte verletzt, als sie auf den dicken Bauch hingewiesen wird. In ihrer Welt ist das etwas Schlechtes, sie versteht es als Vorwurf und fühlt sich angegriffen. Der Hinweis, dass sie große Brüste habe hingegen, erfreut sie, sie empfindet es als ein Lob. Das

Kind hingegen versteht das gar nicht. Es war sich dessen nicht bewusst, dass es ein Kompliment gemacht hatte, denn das Kind hat noch keine Beurteilung darüber, ob große oder kleine Brüste etwas Gutes sind oder ob ein dicker oder dünner Bauch wünschenswert ist. Es nimmt einfach wahr was ist und zeigt die Fakten auf, ohne sie zu verurteilen. Bei Erwachsenen ist das anders, unsere bewertenden Gedanken sind omnipräsent. „Unser Geist ist wie ein Jo-Jo, das sich beständig an der Schnur unserer urteilenden Gedanken auf und ab bewegt" (Kabat-Zinn 2014, Kap. 14).

Weißt Du, was Steve Jobs, Oprah Winfrey, George Lukas, David Lynch und Clint Eastwood gemeinsam haben/hatten? – Regelmäßige Meditation (Güntsche 2016, S. 27).

Kinder haben von Natur aus die Fähigkeit, wertfrei durch die Welt zu gehen. Hier können wir viel von ihnen lernen, indem wir es genau als das verstehen, was es ist, ohne ein „schlecht" oder „gut" Siegel zu vergeben. Wir tun auch unseren Kindern einen Gefallen, wenn wir ihnen unsere Weltanschauung nicht direkt auferlegen, sondern sie möglichst lange in diesem wunderbaren, urteilsfreien Zustand verweilen lassen. Dies ist ein Zustand, den wir im Rahmen der achtsamen Geisteshaltung kultivieren und zum Beispiel durch Meditation üben können.

Als ich vor vielen Jahren anfing zu meditieren, habe ich es als sehr unangenehm empfunden. Ich war konstant damit konfrontiert negative und wertende Gedanken in meinem Kopf „auszuhalten". Viele erfolgreiche Menschen meditieren regelmäßig. Ich blieb also dran und wollte die Magie dahinter ebenfalls erfahren. Es hörte auf, zu bewerten und ging mehr ins Erfahren. Es braucht Übung, so wie es auch Übung braucht einen Marathon zu laufen, eine Geistesruhe zu erlangen, in der wir uns eher in der Rolle eines Beobachters und weniger in der Rolle eines Kritikers befinden. Aber ich kann euch versichern, es ist ein sehr befreiendes Gefühl, dies zu erfahren. Das habe ich nach vielen Stunden und Jahren der Praxis festgestellt. **„Meditation ist die Praxis, die den Geist trainiert"** (Güntsche 2016, S. 27). Es bedeutet keinesfalls, dass Gedanken verschwinden, sondern vielmehr, dass man ihnen weniger Zuwendung schenkt, sich weniger von ihnen einnehmen lässt und sie mit einem offenen Geist begrüßt. „In der Meditation begnügen wir uns damit, einfach zu beobachten (…) ohne es zu verurteilen." (Kabat-Zinn und Kierdorf 2013, S. 61–62).

> **Gedanken ziehen lassen wie Wolken**
>
> Ob wir uns dessen bewusst sind oder nicht, der Geist ist konstant damit beschäftigt, Gedanken zu entwickeln. Wir können uns dessen bewusst werden, wenn bewertende Gedanken auftauchen, sie erkennen und entscheiden, ob wir sie annehmen oder vorbei ziehen lassen wie Wolken.
> Wie schlau, problemlösend, kreativ und analytisch unser Gehirn und der denkende Geist auch sein kann, er kann besonders inakkurat darin sein, die Realität so wahrzunehmen, wie sie wirklich ist. So erklärt es Autorin Nancy Bardacke in ihrem Buch „Mindful Birthing", welches ich nur jedem ans Herz legen kann, dem eine Geburt bevorsteht oder der/die ein Kind versorgt (Bardacke 2012, S. 21). Unsere Gedanken, erklärt Bardacke, sind oft Reaktionen auf eigene Erlebnisse. Wir bilden uns schnell Urteile über etwas. Durch Achtsamkeitstraining wirst Du Dir mehr und mehr bewusst, zu welchen typischen Gedankensträngen und Gedankenmustern Du eine Tendenz hast. Zum Beispiel das Muster des sich selbst Verurteilens, welches wohl fast jeder kennen sollte. Durch die Achtsamkeit können wir es schaffen etwas Abstand dazu zu gewinnen, einen Schritt zurückzutreten und eher in die Rolle eines Beobachtenden zu gehen. Somit werden wir weniger schnell hineingezogen in unser Gedanken-Karussel. Nancy Bardacke erläutert, dass wir durch achtsames Bewusstsein erkennen, wie Gedanken so wie Wolken, vorbeiziehen, und uns darüber klar werden können, dass wir nicht selbst diese Gedanken sind.

> **Wir sind nicht unsere Gedanken** (aus dem Englischen übersetzt, angelehnt an Bardacke 2012, S. 21). Wir können sie wahrnehmen und bewusst entscheiden, welche Haltung und Reaktion wir wählen. Auch Beurteilungen, die uns in den Sinn kommen, können wir wahrnehmen, müssen diese aber nicht annehmen. Unsere Kinder sind in puncto der wertfreien Geisteshaltung ebenfalls tolle Achtsamkeitstrainer:innen für uns. Sie können uns gut dabei unterstützen, diesen Zustand zu üben, da sie es uns jeden Tag vormachen.

Wenn Dein Kind Dich also mal mit Sätzen wie „Du hast einen dicken Bauch" überrascht, denke daran, dass dies aus Kindersicht keinesfalls etwas Schlechtes sein muss und nehme es Dir nicht so zu Herzen. Wenn Du der Meinung bist, die Hosen kneifen und Du willst abnehmen, dann ist das Deine Entscheidung. Aber befreie Dich von den Gedanken und Bewertungen anderer Menschen, das macht nur unglücklich!

„**Das ist zu schwer für Dich**"! Achtsam sollten wir auch mit Beurteilungen wie diesen umgehen die einstufen, ob etwas leicht oder schwer ist für ein Kind. Denn viele Schranken in den Dingen, die möglich sein könnten, die wir als Erwachsene sehen, übertragen wir leider auf unsere Kinder. Das hat einen Einfluss auf die kreative Entfaltung. „Elterliche Überängstlichkeit ist ansteckend" (Ibuka 1969, S. 49), erklärt Ibuka, der spätere Mitbegründer von SONY. Bewerten wir Dinge mit „zu schwer", wird auch das Kind diese Annahme wohl bald als Konzept übernehmen und ängstlicher werden. Ibuka beschreibt die Angst, die Eltern teilweise auf ihre Kinder übertragen, sogar als „Virus". „Ein Virus namens Überängstlichkeit", schreibt Ibuka, „kann für ein Kind weit ansteckender und folgenschwerer sein als ein Schnupfen" (Ibuka 1969, S. 5). In Unterhaltungen kann es übrigens auch mal schwerer fallen, einfach bewusst zuzuhören, ohne selbst schon wieder Gedanken und Meinungen zu formen oder eben zu bewerten. Wir neigen dazu, Dingen schnell einen Namen zu geben. Wir verleihen ihnen den eigenen Filter, eine Prägung. Fakt ist, dass wir geprägt sind, von unseren Erfahrungen, unserem Umfeld, unseren Routinen.

> **Weniger werten, mehr beobachten**
>
> Lassen wir uns inspirieren von noch **wertfreien kleinen** Kindern, frei von Vorurteilen. Was für ein Geschenk!
>
> Es kann sehr befreiend sein, den Filter der Beurteilung abzulegen. Weniger zu urteilen und mehr zu beobachten. Hier ist es unsere Aufgabe zu lernen, diese Gedanken ziehen zu lassen, alleine indem wir wahrnehmen, dass wir urteilen und dass diese Gedanken nur Gedanken sind, werden wir uns dessen bewusst und lenken den Fokus wieder auf die Gegenwart (Güntsche 2016, S. 97). Besonders gut kann man das wertfreie Mindset der Achtsamkeit durch Meditation oder Yoga üben. Hierbei geht es darum einfach wahrzunehmen was ist. Den Körper zu spüren, den Atem wahrzunehmen. Es geht in der Achtsamkeitspraxis nicht darum, eine Top Performance hinzulegen, Yoga ist kein Leistungssport und Meditation ist kein Gehirnjogging. Es geht darum wahrzunehmen, das zu sehen, was ist, ohne sich damit zu identifizieren oder eine Note zu vergeben.

Gerade in der Stille der Meditation merken wir recht schnell, dass unser Geist ständig damit beschäftigt ist, Dinge zu bewerten. Ich kann das nicht, ich sitze ungemütlich, Meditieren ist nichts für mich, ich habe kein spirituelles Erwachen, bin ich jetzt schlecht? Diese bewertenden Gedanken können aus Angst entstehen, nicht gut genug zu sein oder das schlimme Dinge passieren könnten. Diese Ängste oder negativen Gedanken kommen oft aus Glaubenssätzen, die wir uns selbst über die Jahre auferlegt haben: „Das kann ich. Das kann ich nicht. Das läuft immer schlecht, etc." Doch diese Art zu denken, beschneidet uns in unseren Möglichkeiten. Hierzu liefert Kabat-Zinn ein treffendes Bild. Er schreibt, es sei, als würde man „einen Koffer voller Steine auf dem Kopf herumtragen" (Kabat-Zinn und Kierdorf 2013, S. 61). Kennst Du dieses Gefühl? Wie wäre es, diese Last abzulegen und uns mehr auf das Zuhören zu konzentrieren als auf das Reden und Bewerten. Der Grund, warum wir im Alter leider oft an Vertrauen verlieren, ist wohlmöglich schlechte Erfahrungen, die wir im Leben machen mussten. „Letztes Mal hat es auch nicht geklappt" – „Es geht immer schief, wenn ich dieses oder jenes tue". Es sind erlebte Enttäuschungen, aus denen sich vermutlich Glaubenssätze geformt haben, die sich immer wieder in unserem Kopf abspielen. Sie zu erkennen und sich dessen bewusst zu werden, ist Achtsamkeit. Wir können sie quasi fast schon freundlich gedanklich begrüßen, wenn diese wertenden Gedanken auftauchen. Vielleicht fühlen sie sich dann nicht mehr so schwer und einnehmend an.

Wertfrei-sein – Impulse & Übungen für „mindful" Moms & Dads

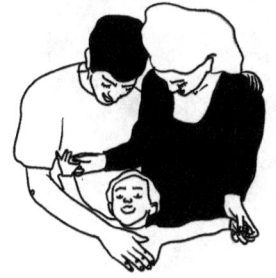

1. Übung: Gedanken wie Wolken ziehen lassen

Eine schöne, entspannte Position einnehmen und die Augen schließen. Bewusst den Körper und die Atmung spüren und in Stille verweilen für fünf Minuten. Am besten Du stellst Dir einen Timer, z. B. mithilfe einer Meditations-App auf dem Smartphone oder durch eine Eieruhr. Sollten Gedanken aufkommen, beurteile diese nicht. Stell Dir vor, die Wolken sind Deine Gedanken und sie ziehen vorbei, wenn wir sie, anstatt uns mit ihnen zu identifizieren, loslassen, einfach nur beobachten, weiterziehen lassen. Nur wenige Minuten zeigen, wie schnell sich der Himmel und die Wolkenlage verändert. Wir müssen es nur zulassen und loslassen.

In der Stille und in der Meditation aufkommende Gedanken wie auf eine Wolke setzen und beobachten, wie sie weiterziehen. Gedanke für Gedanke, Wolke für Wolke. Atme tief in den Bauch hinein und beobachte die Wolken Deiner Gedanken. Es gibt kein richtig oder falsch, kein gut oder schlecht. Es ist, was es ist.

2. Übung: Das Meer der Gedanken

Nimm eine liegende oder sitzende Position ein und schließe Deine Augen. Verbinde Dich mit Deinem Atem und beobachte ein paar Minuten lang Deine Ein- und Ausatmung ganz bewusst. Stell Dir vor, wie Du mit jedem Atemzug tiefer in die Tiefen des Ozeans geführt wirst. Unser Geist ist quasi die Meeresoberfläche, unsere Gedanken sind die Wellen und in der Tiefe des Ozeans liegt die Stille.

An der Wasseroberfläche sind Wellen, Winde, Turbulenzen des Alltags. Umso tiefer wir uns in das Herz des Ozeans nach unten bewegen, desto mehr Stille und Ruhe treten ein. Die Winde und Wellen an der Oberfläche bleiben bestehen, doch wir schwimmen wie ein Fisch in der Tiefe des Meeres und beobachten diese lediglich von unten wie kleine Wasserbläschen an der Oberfläche. Wir schwimmen in der Tiefe des Ozeans, genießen die Ruhe und die Vielfalt unter dem Meer. An ruhigen Tagen, wenn kein Wind weht, ist der See oder das Meer ganz still und wenig in Bewegung. An stürmischen Tagen hingegen herrscht ein starker Wellengang. So ist es auch mit unseren Gedanken. Unser Geist befindet sich in Bewegung in Reaktion darauf, was in unserem Leben passiert. Die Kunst besteht darin, sich auch an stürmischen Tagen nicht aus der Ruhe bringen zu lassen.

3.4 Vertrauen – die drei Vertrauensebenen

Anekdote

Ostermontag. Die Familie macht einen Ausflug zu einem Spargel- und Erlebnispark. Wir kommen vorbei an einem Bungee-Trampolin, wo freudig Kinder – meist im Schulalter – angeschnallt in das professionelle Tragesitzsystem hoch in die Lüfte springen, auf einem Trampolin und quiekend lachend, das Gefühl des Fliegens genießen. Unser dreijähriger Sohn sieht das und ruft sofort: „Ich auch!" Und tatsächlich, ab drei Jahren dürfen Kinder das bereits machen. Also los geht's! Ohne einen Moment des Zögerns marschiert unser kleiner Sohn in den geschützten Bereich auf den Mann zu, der verantwortlich ist. Zieht alleine seine Schuhe aus und lässt sich anschnallen. Ohne einen Funken der Angst springt er drauflos mit einem Löwenmut. Die Passanten staunen und sagen Dinge wie „Guck mal der Kleine! Wahnsinn" und auch wir, mein Mann und ich, stehen nur da, mit pochenden Herzen vor Aufregung, und staunen. „Wann bist Du nur so groß und eigenständig geworden?", frage ich mich kurz. Einige Zeit später in selbigem Freizeitpark, sieht unser Sohn eine riesige Wellen-Rutsche und eine weitere, wo man in einem Reifen herunterrutschen kann, so hoch wie der Funkturm in Berlin. Unser Dreijähriger ruft begeistert: „Ich auch! Ich will das machen, Mama & Papa. Bitte!" Okay, los geht's! Mein Mann begleitet unseren Sohn das erste Mal und es scheint ein Riesenspaß zu sein. Dann soll Mama mitkommen. Ich merke richtig, wie ich aufgeregt werde, da die Rutsche wirklich verdammt hoch ist und man in der Mitte ein wenig in die Lüfte springt. Daraufhin mein kleiner Sohn zu mir: „Bist Du aufgeregt, Mama!?" Ich: „Ja, ein bisschen. Du nicht?" Er: „Komm, ich zeig's Dir. Wir machen das zusammen." Und so nimmt mein dreijähriger Sohn meine Hand und führt mich zu der Riesenrutsche. Ich kann nur staunen. Wie ich mir als Erwachsene Gedanken mache und mein Kind, mit seinem Urvertrauen und seinem Löwenmut, sich einfach ins Leben stürzt und ganz präsent den Moment genießt. Wir hatten einen Riesenspaß auf der Rutsche. Ich fühlte mich selber wieder ein bisschen wie ein Kind.

> **Das ist Vertrauen. Urvertrauen – wie es wohl nur Kinder haben. Sorgenbefreit. Mitten im Leben.**
>
> Wir können so viel in diesem Punkt von unseren Kindern lernen. Es fühlt sich befreiend an!

Vertrauen ist eine weitere Grundhaltung der Achtsamkeit. Kabat-Zinn beschreibt sie wie folgt:

„Vertrauen ist ein Gefühl der Zuversicht oder der Überzeugung, dass die Dinge sich in einem verlässlichen Rahmen entfalten, der Ordnung und Integrität beinhaltet." (Kabat-Zinn und Kierdorf 2013, S. 64–65)

Lasst uns gemeinsam drei Vertrauensebenen beleuchten: (s. Abb. 3.2)

1. Das Vertrauen in uns selbst und unseren Körper
2. Das Vertrauen, das wir unseren Kindern schenken und das wir von ihnen lernen können
3. Das Vertrauen, das wir anderen (erwachsenen) Menschen schenken

VERTRAUENSEBENEN

Abb. 3.2 Die Vertrauensebenen

Gedanken zur 1. Vertrauensebene: Vertrauen zu Dir selbst.

> Mein Impuls an Dich: „Lass mal an uns selber glauben!"

Das innere Vertrauen behalten, dem Körper vertrauen und sich von Sorgen und Ängsten lösen – das fällt oft besonders kleinen Kindern leichter. Es ist daher für Kleinkinder so leicht, früh Sportarten, Instrumente oder Sprachen zu erlernen. Ihre volle Energie ist in diesem Moment bei dieser Sache, sie sind 100 % verbunden mit ihrer inneren Intuition und haben Vertrauen. Sie vertrauen ihrem Körper und weniger den sorgenerfüllten Gedanken. Sie sind in ihrer vollen Kreativität der Möglichkeiten. Und natürlich sind ihre Selbstheilungskräfte viel stärker als im Alter, was ebenfalls das frühe Lernen – und auch mal Fallen – begünstigt. Aus diesen Momenten in unserer Kindheit, in denen wir spielerisch leicht Dinge erlernten und umsetzen, können wir sehr viel für unser ganzes Leben lernen. „Das ist für mich wie eine Tür aufzumachen und zu schließen." – wie man so schön sagt. Es ist kinderleicht. Wir denken einfach nicht darüber nach. Wir tun es einfach, da wir in uns selbst wissen, dass wir es können. Wir gehen im Alter oft eher verkopft an eine Situation heran, machen uns Sorgen, was passieren könnte. In diesen Momenten verlassen wir die Gegenwart, unsere Gedanken kreisen um Eventualitäten, wie „Was wäre wenn?" oder „Es könnte doch". Hilfreich ist, es genau solche Momente zu erkennen, sie sich bewusst zu machen, achtsam zu sein, wann wir einen Mangel an Vertrauen spüren.

Auch unser Körper kann uns Vertrauen lehren. Je mehr Vertrauen wir in uns selbst haben, desto mehr können wir es auch auf andere Menschen und Situationen übertragen. So vertrauen wir darauf, dass unsere Ohren hören, unsere Augen sehen, unsere Organe uns am Leben halten. Wir vertrauen darauf, dass wir ein- und ausatmen (Zentrum für Psychosynthese 2022). Wir denken nicht darüber nach, da wir einfach tief ins uns wissen, dass es schon funktionieren wird. Genauso ist es auch ein wertvoller Tipp, wenn wir ein Kind gebären, auf unseren Körper zu vertrauen. Wie wir das tun, wird zum Beispiel in dem „Mindful Birthing"-Ansatz von Nancy Bardacke wunderbar erklärt (Bardacke 2012). Der weibliche Körper wurde biologisch dafür geschaffen, Kinder in die Welt setzen zu können. Je mehr wir dem Körper, oder neu-deutsch, unserer „Körper:in", vertrauen, desto entspannter werden wir. Das hat mir in den Geburtsstunden meines Kindes sehr geholfen. Ich habe mir immer wieder in mein Bewusstsein gerufen: Dein Körper kann das. Das starke Körperbewusstsein hat mir geholfen, aufkommende, sorgenerfüllte Gedanken leiser werden zu lassen, und schließlich hat die Magie ihren Weg gefunden und irgendwann hatte ich mein Baby im Arm. Durch die Geburt meines Sohnes habe ich noch einmal eine ganz neue Wertschätzung für meinen Körper entwickelt. Ich weiß nun, dass er imstande ist, Großes zu leisten. An dieses Gefühl erinnere ich mich oft und gerne zurück, wenn mal Zweifel aufkommen. Dieses Vertrauen zu unserem Körper, vertrauen, dass wir ein- und ausatmen werden, zumindest solange wir Gast auf dieser Erde sind, ist sehr mächtig und jeder kennt es. Doch wieso fällt es uns dennoch schwer, das gleiche Vertrauen in unseren Geist und die Natur und Herausforderungen des Lebens zu transferieren?

Gedanken zur 2. Vertrauensebene: Vertrauen zu Deinem Kind

Mein Impuls an Dich: „Jedes Kind ist anders und das ist auch gut so!"

Kinder können uns viel über Vertrauen lehren. So kommen wir doch alle beinahe angstfrei auf diese Welt, denn „in den ersten zehn Lebenswochen sind Säuglinge vor Angst weitgehend geschützt. Reize dringen nur sehr gedämpft zu ihnen durch" (Eltern Bildung 2022). Leider bauen wir im Laufe des Lebens mehr und mehr Angst auf.

Kinder entwickeln sich in ihrer eigenen Zeit. Manche Kinder melden sich erst, wenn sie bereits in Not sind, andere möchten immer Hilfe haben – beim Anziehen, beim Essen, usw. Manche laufen einfach drauf los, fahren Fahrrad mit drei Jahren, andere brauchen vielleicht etwas länger oder spielen lieber mit ihrem Puppenwagen. Hier gibt es kein richtig und falsch. In dem Buch *„Einatmen, Ausatmen, Mutter sein"*, schreibt Scharnowski: „Selbstständig werden möchte jedes Kind von sich aus, und es wird entsprechende Signale senden, wenn es bereit ist" (Scharnowski 2021, S. 65). Beruhigend, oder? Wichtig ist dafür genau hinzuschauen, präsent zu sein, zu beobachten, die Signale auch zu erkennen, nicht zu verpassen und das Selbstbewusstsein des Kindes zu stärken. Das Gefühl nicht zu vergessen, dass wir symbolisch gesprochen „wieder aufs Pferd steigen" und es erneut versuchen können, wenn wir bereit dafür sind. Sich selbst Vertrauen schenken.

> **Kinder leben im Jetzt**
>
> Kinder sind Meister:innen der Gegenwart. Sie denken nicht viel an die Vergangenheit, an Momente, in denen es nicht geklappt hat. Für sie steht im Vordergrund, den jetzigen Moment zu leben. Wenn ein Kind vom Fahrrad fällt, steht es intuitiv wieder auf und möchte weiterfahren, es sei denn, es hat sich schwer verletzt. Das ist die innere Intuition, die dem Kind sagt: „Du kannst das!", der Forschergeist (s. Kap. 3). Es sei denn, jemand anderes überzeugt das Kind, besser aufzugeben, es sein zu lassen, und gießt somit die Pflanze des Selbstzweifels.

Kinderarzt Remo Largo beschreibt die Kunst des Erziehens in seinem Meisterwerk „Babyjahre" mit nachfolgenden Worten. „Dem Kind Geborgenheit zu geben, ohne es dabei in seiner Entwicklung zur Selbstständigkeit zu behindern, ist die hohe Kunst des Erziehens" (Largo 2000, S. 48). Diese Worte haben aus meiner Sicht viel mit Vertrauen gegenüber unseren Kindern zu tun. Natürlich müssen wir ständig abwägen, ob das Kind Hilfe braucht, verletzt ist, oder vielleicht deshalb besser ruhen oder pausieren sollte. Manchmal brauchen Kinder Hilfe, Heilung, Erholung, eine Umarmung oder einfach ein Pflaster. Versteh mich nicht falsch: Unsere Fürsorgepflicht gilt es selbstverständlich niemals außer Acht zu lassen! Aber eine liebevolle Balance aus Fürsorge und Vertrauen kann zielführend sein. Natürlich ist es unsere Fürsorgepflicht, unser Kind zu schützen und in der Nähe zu bleiben, wenn sie das erste Mal auf ein Klettergerüst klettern. Aber ab und zu können wir sie vielleicht ein bisschen mehr „machen lassen" und mehr vertrauen. Das muss man als Eltern auch „aushalten" können, auch wenn das manchmal verdammt schwer ist. Letztlich muss jeder seine eigenen Erfahrungen machen (Scharnowski 2021, S. 64). Da zu sein, wenn sie ausrutschen, sie auffangen, wenn sie fallen, sie trösten, wenn sie „Aua" haben. Genauso ist es auch essenziell für die Entwicklung der Kinder, sie ihren Weg gehen zu lassen, sich selbst entwickeln zu können und ihnen Vertrauen zu schenken.

Gedanken zur 3. Vertrauensebene: Vertrauen zu anderen haben.

> Mein Impuls an Dich: „Bau Dir ein ‚Dorf', das Dich und Deine Familie unterstützt."

Ein weiterer Aspekt des Vertrauens ist das Vertrauen, das wir anderen Menschen entgegenbringen, die uns eventuell in unserem Familiensystem unterstützen könnten. Sei es nun eine Tagesmutter, eine Erzieher:in, eine Kita, eine Lehrer:in, eine Freund:in, die Großeltern, die Eltern eines befreundeten Kindes, der Onkel, die Tante, die Paten. Alle diese Menschen können Teil unseres Bindungssystems sein und werden, das wir für unsere Kinder erschaffen. Es tut gut, solche Menschen mit „rein" zu holen und zu integrieren. In Kap. 1 habe ich bereits von dem Sprichwort „Es braucht ein Dorf, um ein Kind zu erziehen" erzählt. Eine Konsequenz des westlich geprägten Family Lifestyles ist, dass Eltern in Bezug auf die Kinderversorgung eine höhere direkte Last zu tragen haben (Bögels und Restifo 2015, S. 27). Man muss dies aber nicht so handhaben, selbst wenn die Großeltern vielleicht nicht um die Ecke wohnen. Social Support für die Elternschaft ist in Mindful-Parenting-Gruppen gemäß Susan Bögels, Autorin von „Mindful Parenting" ein sehr wichtiges Thema (Bögels und Restifo 2015, S. 27). Auch ich fühlte mich im Rahmen meiner Mindful-Parenting-Trainingserfahrung verstanden und unter Gleichgesinnten. Es war schön, auch einmal offen darüber sprechen zu können, wo wir an unsere Grenzen zu kommen, ohne sich dafür schlecht fühlen und verurteilen zu müssen. Hierbei kann uns Achtsamkeit sehr helfen und natürlich ein gutes Netzwerk, auf das wir bauen können. Denn es muss nicht heißen „allein zu sein mit allem, sondern Verantwortung abgeben und teilen zu können. Mit Menschen, denen wir vertrauen und denen unsere Kinder vertrauen" (Imlau 2022, S. 14). Ich weiß, es ist sicher in unserer modernen Zeit nicht immer ganz so einfach, ein ganzes „Dorf" an Menschen zu finden, denen man sein Kind anvertrauen würde. Oft wohnen die Großeltern nicht in derselben Stadt und manchmal kennt man noch nicht einmal seine Nachbarn. Kinderarzt Remo Largo erklärt, dass die moderne Elterngeneration ihr Kinder wieder stärker in Aufgaben des täglichen Alltags integriert und dass das für die soziale Entwicklung der Kinder sehr gut sei (Largo 2000, S. 23).

Es kommt nicht unbedingt auf die Quantität an Menschen, sondern auf die Qualität an!

Wie Nora Imlau, Autorin von „In guten Händen" (Imlau 2022), auf die ich kürzlich in einem Tagesspiegel-Artikel aufmerksam wurde, erklärt, dürfen wir „Familie neu denken". Sie definiert Familie wie folgt: „Familie ist, wo Eltern für Kinder und später Kinder für Eltern da sind. Wo Menschen einander eine Heimat finden und sich Kinder geborgen fühlen. Das lässt dann auch offen, ob ein Elternteil oder mehrere da sind" (Tagesspiegel 2022, S. 51). Unser „Dorf", das wir unseren Kindern zur Entwicklung zur Verfügung stellen, kann und darf also aus weitaus mehr Menschen als nur Mama oder Papa bestehen. Das ist Autorin Imlau zufolge sogar gut, um die Fähigkeit stabile und gesunde Beziehungen aufzubauen zu entwickeln. „Andere Menschen, andere Blickwinkel", dies hilft Kindern spätestens ab dem 5. Lebensjahr sehr, wenn sie die „Theory of Mind"-Fähigkeit entwickeln: „Die Fähigkeit, nicht nur die eigenen Gefühle und Motive wahrzunehmen, sondern auch die, anderer Menschen". Es fördert das empathische Wahrnehmen und darauf Rücksicht zu nehmen (Imlau 2022, S. 68). Wir dürfen also guten Gewissens auch andere Menschen, denen wir vertrauen (!), mit einbinden in unsere Familienorganisation.

> **Impuls**
>
> **Andere Menschen – andere Sitten.**
> Jeder Mensch ist anders. Jeder hat seine ganz individuellen Spielregeln. Dennoch ist es sehr empfehlenswert und hilfreich, andere Menschen einzubeziehen: Dazu gehört es manchmal einfach auch dem Partner bzw. der Partnerin mehr zu vertrauen. Ist es wirklich so wichtig, ob das Kind perfekt gekleidet ist oder extra viele Spielplatz Snacks gepackt sind? Hauptsache es hat Spaß mit Papa oder einem anderen lieben Menschen. Und dieser Mensch hat vielleicht

> einen ganz eigenen Weg, eine eigene Art und macht Dinge eben auf eine andere Weise. Das muss aber nicht falsch sein! Eben nur anders. Auch hier können wir Vertrauen üben. Und uns an der Andersartigkeit erfreuen, anstatt sie zu verurteilen. Hilfe muss man auch annehmen lernen.

Vertrauen ist ein Prozess
Mein Herz hat geblutet, als ich meinen Sohn das erste Mal nach der Eingewöhnung bei der Tagesmutter „zurückließ". Aber ich habe gesehen, er lächelt, es geht ihm gut. Mit jedem Tag, an dem er nach der Betreuung wohlauf und zufrieden nach Hause kam, stieg mein Vertrauen. Und nicht nur das, ich stellte schnell fest, dass der Kontakt mit anderen Menschen, anderen Kindern, auch für seine Entwicklung gut war, denn er machte auf einmal große Entwicklungssprünge. Er guckte sich Dinge von den größeren Kindern ab. So gerne hätte ich auch in seinem Kindergarten regelmäßig Mäuschen gespielt und ich erkundigte mich immer, wenn ich ihn abholte, was sie erlebt hatten. Aber im Großen und Ganzen sah ich: Es geht ihm gut. Er entwickelt sich auch durch den Umgang mit anderen. Und ich spürte: Es war eine Erleichterung, zu vertrauen. Auch wenn es nach wie vor nicht immer einfach ist und ich natürlich immer mein Mobiltelefon in der Nähe habe, falls doch mal ein Anruf kommen sollte, dass irgendwas nicht gut läuft. Aber meistens bleibt das Smartphone still und ich hole einen glücklichen Jungen aus der Kinderbetreuung ab. In dieser Zeit können wir arbeiten und Dinge erledigen, die für unser Kind eh nicht von besonderem Interesse wären. **Ab dem Moment, indem wir unseren kleinen Wirbelwind wieder haben, können wir uns dann wieder voll und ganz auf ihn/sie fokussieren und gemeinsam in Ruhe „Marienkäferpunkte" zählen.**

Vertrauen lernen – Impulse & Übungen für „mindful" Moms & Dads

 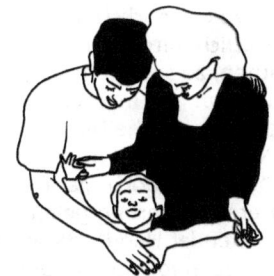

Nachfolgend ein paar Impulse, um die Haltung des Vertrauens wieder zu aktivieren.

> **1. Übung: Sprichwort – Es braucht ein Dorf, um ein Kind großzuziehen**
>
> Überlege Dir aktiv, welches „Dorf" bzw. Bindungssystem Du und Deine Familie für Dein Kind bereits hast oder entwickeln könntest. Welche Eltern der Freunde Deiner Kinder haben ähnliche Wertevorstellungen? Mit wem könntest Du ein „Geben und Nehmen"-Modell entwickeln, basierend auf Vertrauen und somit Momente, in denen ihr euch gegenseitig unter die Arme greift und euch helft in eurem gegenseitigen Familiensystem? Welche Familienmitglieder könntest Du integrieren? Welche sonstigen Personen könnten in stressigen Alltagssituationen helfen? Wer könnte das Kind mal aus der Kita oder Schule abholen, wenn Du verhindert bist? Entwickele Dir eine gedankliche Liste an Personen. Spreche mit diesen Menschen und teste gemeinsam mit den Menschen, die Du auserwählt hast, ob es klappt und schaut, wie ihr euch gegenseitig helfen könnt. Es schafft innere Ruhe ein „Dorf" zu haben, ein Netzwerk, wie man modern sagen könnte, das sich gegenseitig unterstützt.

2. Übung: „Mitreißen lassen von dem Urvertrauen der Kinder"

Wenn Du das nächste Mal mit Deinem Kind unterwegs bist und es Dich mitreißen möchte, etwas zu tun – zu krabbeln, zu laufen, zu springen, eine neue Sportart zu lernen, einen Purzelbaum zu machen, eine Riesenrutsche herunterzurutschen – versuche Dich von Deinem Kind anstecken zu lassen. Nimm das Urvertrauen wahr und anstatt es zu bremsen, lass Dein Kind doch mal Deine Hand nehmen und Dich zu der Herausforderung geleiten. Natürlich mit wachem Auge und helfender Hand – das ist die Fürsorgepflicht, die wir als Eltern gegenüber der Kinderentwicklung haben. Aber unser Kind kann uns auch etwas beibringen, sodass auch wir uns als Mensch entwickeln können. Sie können uns hinführen und uns selbst wieder ein bisschen mehr an uns glauben lassen. Beobachte bewusst im Alltag mit Deinem Kind, wo und in welchen Situationen es einfach blind vertraut, und lass Dich inspirieren, vielleicht einfach auch mal mitzumachen. So werden wir auch ein Stück selbst wieder zum Kind, springen ins kalte Wasser und entwickeln neuen Mut. Mut, der uns auch in anderen Lebenslagen sehr dienlich sein kann – sowohl privat als auch beruflich. Glaube an Dich! Vertraue Deinem Körper.

3. Übung „Dem Jetzt hingeben – dem Körper vertrauen"

Das nächste Mal, wenn Du Dich in einer Situation befindest, in der Du Schwierigkeiten empfindest, zu vertrauen, mache Dir dies ganz bewusst. Gehe in die Stille. Nimm die Rolle des Beobachters ein und schau Dir objektiv an, was in Dir vorgeht und was dieses Gefühl des Mangels an Vertrauen in Dir verursacht. Mache Dir in diesem Moment bewusst, dass Du großes Vertrauen in Dich selbst haben kannst, so wie es Dir Dein Körper jeden Tag präsentiert – indem er eigenständig ein- und ausatmet, indem Deine Augen sehen, Deine Ohren hören. Schärfe Deine Sinne und mache Dir bewusst, was Dein Körper alles alleine schafft – was Du schaffst.

Erinnere Dich an eine Situation in Deinem Leben, in der Dein Körper Dich positiv überrascht hat, in dem er Großes geleistet hat. Bringe dieses Gefühl in den gegenwärtigen Moment und führe ihn vor Dein inneres Auge. Bemerke, wie leicht es ist, einfach ein- und auszuatmen. Vertraue auf Dich und Deinen Körper. Gib Dich dem Jetzt hin und versuche, diesem Augenblick Vertrauen zu schenken. Wiederhole diese Übung regelmäßig, wenn Du Mangel an Vertrauen empfindest. Mache Dir gegenwärtig und präsent, wie sehr Du Dir selbst Vertrauen kannst.

4. Übung: „Balance zwischen Fürsorge und Eigenverantwortung finden"

Prüfe doch einmal für Dich, welche Vorstellung Du davon hast, für Dein Kind/Deine Kinder „zu sorgen". Wie könnte die Balance zwischen Fürsorgepflicht und Eigenverantwortung übertragen für Dich und Dein Kind aussehen? Welche Dinge könnte Dein Kind ggf. schon alleine schaffen? Wo könntest Du ihm mehr Vertrauen schenken? In welchen Momenten braucht es Deine Hilfe und Fürsorge? In welchen Momenten würde sich Dein Kind freuen, die Aufgabe alleine zu bewältigen, und Du dadurch ggf. auch etwas Zeit für Dich gewinnen?

Beobachte in den nächsten Tagen den Familienalltag und richte Deine Aufmerksamkeit darauf.

3.5 Loslassen – vom To-do- zum To-be-Modus

> **Anekdote**
>
> Just in dem Moment, in dem Mama und Baby eigentlich los müssten zur Pekip-Krabbelgruppe, macht das Baby „Kaka" in die Windel. Dabei wird die Hose dreckig und das Baby muss umgezogen werden. Anschließend hat es Hunger und möchte noch gestillt werden bzw. das Fläschchen bekommen. Mama wird unentspannt und schaut immer wieder auf die Uhr. Der Herzschlag ist schnell, der Atem kurz, die Bewegungen hektisch. Schließlich wird die Mama sauer und entscheidet, dass das Baby vor Ort essen/trinken soll. Hauptsache sie kommen erst einmal los. Sie wollte doch so gerne mal diesen Kurs mit dem Baby ausprobieren. Sie legt das Baby also in den Kinderwagen und es schreit ununterbrochen, den gesamten Fußweg durch den Kiez bis zum Kursort. Total fertig von der Beschallung, gestresst und durchgeschwitzt, nimmt die Mama das Baby schließlich aus dem Kinderwagen und gibt ihm die Brust bzw. die Flasche. Der Pekip-Kurs hat bereits begonnen. Sie werden wohl heute nicht mehr pünktlich kommen. Mama ist enttäuscht. Sie fühlt sich, als hätte sie versagt. Das Baby jedoch nuckelt genüsslich und ist zufrieden, nun seine Milch bekommen zu haben. Es schläft anschließend auf Mamas Arm ein.

Kennt ihr solche Momente? Was macht es in euch, wenn ihr das lest? Welche Gefühle kommen auf? Es sind Momente wie diese, die Stress kreieren können. So hatten wir doch einen Plan geschmiedet für den Tag, und auf einmal kommt alles anders als gedacht. Als ich mit Säugling in der Elternzeit zu Hause war, habe ich oft genau solche Momente erlebt. Irgendwann habe ich aufgehört, mich dafür zu verurteilen, wenn etwas mal nicht geklappt hat, und fing an, mir die Dinge bewusst zu machen, die positiv sind.

Ich habe diverse Babykurse verpasst, genau aus Gründen wie den oben beschriebenen, aber ich habe auch viele be-

3 Die 7 Grundhaltungen der Achtsamkeit …

sucht und ich habe immer versucht, primär den Blick darauf zu richten, was dieses kleine Lebewesen gerade am meisten braucht. Natürlich ist es wertvoll für Babys, früh in den Kontakt mit anderen in Pekip-Gruppen oder Ähnlichem zu kommen, natürlich ist es auch hilfreich, als Mama einen Austausch mit anderen Eltern durch solche Gruppen zu erhalten, aber manchmal kommt es eben anders, als man denkt, und das ist auch okay so. Hier ist „Loslassen" gefragt.

Foto: JAMMIN Photostudio & Gallery, www.jammin.photos

LOSLASSEN! Allein das Wort zu sagen, macht etwas mit uns. Findest Du nicht?!

Das Baby in der obigen Geschichte braucht Nahrung und Zuneigung der Mama. Das ist das größte Bedürfnis, das es in diesem Moment zu befriedigen gilt. Wir müssen also abwägen. Wieso müssen wir unbedingt zu dem Kurs? Was treibt uns? Warum gibt es uns ein negatives Gefühl, wenn wir es nicht schaffen, dort pünktlich zu erscheinen? Wieso verurteilen wir uns dafür?

> Ich wünsche allen Eltern, dass sie häufiger sehen, was sie alles bereits großartig machen, und das auch wertschätzen und weniger die Dinge aufzählen, die sie nicht geschafft haben.

Dem Kind die volle Aufmerksamkeit zu schenken, ist essenziell für die Entwicklung. Das Abhaken einer To-do-Liste, auf der der Punkt Pekip-Kurs besuchen steht, vielleicht weniger – wenn wir es direkt vergleichen. Das bedeutet nicht, dass wir generell eine Haltung einnehmen sollten, in der wir aufgeben und solche Unternehmungen gar nicht starten, ich meine viel mehr, es zu akzeptieren, wenn es mal anders kommt, und vor allem dies nicht als Scheitern zu bewerten. Sich von dem Anspruch der Perfektion, der Kontrolle und der perfekten Planung zu lösen und nicht daran zu klammern. Loszulassen.

Was bedeutet Loslassen?
Kabat-Sinn erklärt die achtsame Grundhaltung des Loslassens wie folgt:

> „… sich ganz bewusst dem Strom der Augenblicke hinzugeben, es bedeutet, dass man aufhört, Dinge erzwingen zu wollen, Widerstand zu leisten oder für etwas zu kämpfen." (Kabat-Zinn und Kierdorf 2013, S. 58–59)

Als internationale Beraterin darf ich oft komplexe Change-Projekte für Unternehmen begleiten. Wir arbeiten dann natürlich auch mit Zielen, Projektplänen oder in sogenannten Sprints oder Iterationen mit Zielvorhaben für diese Zeit. Ich kenne es daher nur zu gut, Strukturen zu haben, Pläne zu schmieden, Termine aufzusetzen, Ziele zu verfolgen, einen Fokus zu sichern – Organisation, Struktur und Zielstrebigkeit nehmen in meinem Beruf einen ziemlich großen Stellenwert ein (s. Kap. 2). Gleichwohl bin ich ein Fan davon auf Wandel reagieren zu können und flexibel oder auch AGIL zu bleiben. Das haben wir im Kap. 2 bereist betrachtet.

> **Impuls**
>
> Die Mitte zu finden, zwischen Planung und der Anpassung auf Veränderungen – das ist etwas, das wir auch als Eltern jeden Tag üben und neu lernen dürfen.
> Wir definieren uns leider oft zu sehr über das „Außen". Was mögen die anderen wohl denken, wenn wir heute wieder nicht zum Babykurs kommen? Was mögen die anderen denken, wenn ich meinem Baby bereits die Flasche gebe und nicht stille?
> **Was mögen die anderen denken, wenn sich mein Baby noch nicht drehen kann? Ganz ehrlich – ist doch egal! Ist doch egal, was irgendjemand denkt, solange es Deinem Kind und Dir gut geht. Was bringt es, sich damit fertig zu machen, was andere denken könnten? Jeder Mensch ist anders. Jedes Kind ist anders. Punkt.**

Dieser innere Druck, den wir uns als Eltern wohl oft machen, steht in enger Verbindung mit dem Wunsch nach Planungskontrolle, Perfektionismus und vielleicht sogar dem Optimierungsdrang. Dr. Klaus-Dieter Früchtenicht, einer meiner Interviewpartner in diesem Buch (s. Kap. 5) und ein renommierter Kinderarzt und Autor, schreibt in seinem wunderbaren Buch „Von Anfang an gesund", welches die Gesundheitsstärke von null- bis dreijährigen Kinder natürlich stärken soll, dass die „Optimierung der Kindheit als Risikofaktor" gesehen werden kann (Früchtenicht und Seifert 2020, S. 69). Dr. Früchtenicht erklärt, dass Kinder leider vermehrt als eine Art „Projekt" gesehen werden, „dessen Gelingen der Außenwelt die besondere Kompetenz der Eltern demonstriert" (Früchtenicht und Seifert

2020, S. 69). Es werden somit quasi weniger Kinder geboren, sondern eher kleine Erwachsene, die funktionieren sollen und leider „nie die Chance erhalten, so etwas wie eine unbeschwerte Kindheit zu erleben" (Früchtenicht und Seifert 2020, S. 69).

In den ersten Wochen mit Baby habe ich es manchmal nicht einmal geschafft zu duschen und ich fühlte mich dann, als ob ich all dem nicht gewachsen bin. Auch das Stillen funktionierte nicht ganz so, wie ich mir das im Vorfeld vorgestellt hatte. Auch hier durfte ich lernen zu vertrauen und loszulassen. Und es war auch für mich nicht leicht und es ist nach wie vor jeden Tag eine neue Prüfung, mich darauf einzulassen, dass die Tage mit Kind eben manchmal – sogar sehr oft – anders verlaufen, als ich es vorgesehen bzw. geplant habe. Spiegel-Bestsellerautorin Knörnschild schildert das in ihrem Buch „Chillig mit Baby" auch sehr treffend, in dem sie beschreibt, dass es das Wichtigste sei, einfach „keine Erwartungen an den Tag" zu haben und dass es einen „perfekten Tag" einfach nicht gibt (Knörnschild 2022, S. 69, S. 76). Wenn Du genauer hinschaust und nachfragst, wirst Du vermutlich schnell merken, dass viele der Sorgen, die Du Dir machst, was das „Außen" wohl denken möge, gar nicht der Realität entsprechen. Du bist in diesem Moment das Gegenteil von achtsam. Du bist nicht im Jetzt und bei dem, was wahrhaftig ist, sondern eher in Sorgen und Ängsten und Deinen Gedanken gefangen. Ein offener und sehr ehrlicher Austausch mit anderen Eltern zeigt oft schnell, dass man mit vielen Dingen nicht alleine ist.

Entschleunigung inmitten der vielen Aufgaben finden

Die Perfektion loslassen

„Im Loslassen der zehntausend Dinge sich selbst gewinnen – das ist der Weg der Weisheit" (Long und Schweppe 2010, S. 49). Dieses Zitat passt wunderbar und es ist tatsächlich ein Weg der Weisheit loslassen zu lernen. Loslassen ist so kraftvoll! Denn so oft rennen wir „To-do-Listen" hinterher und erfreuen uns, diese abzuhaken. Aber was nun, wenn das Kind auf einmal einen Marienkäfer entdeckt und diesem begeistert folgen und ihn betrachten möchte. Was ist, wenn wir stehen bleiben und gemeinsam die Punkte zählen? Ist das wirklich so schlimm? Was, wenn wir uns dann einfach mal einen Marienkäfermoment schenken und nicht auf die Uhr sehen? Natürlich geht das nicht immer, wir haben Terminverbindlichkeiten und wollen diese einhalten. Aber oft sind es, wenn wir mal ehrlich sind, auch Termine, die wir uns selbst auferlegt haben. Der Ballettunterricht, zum Biomarkt gehen, statt zum Supermarkt unten vor der Tür, die Fenster müssen geputzt, die Blumen gegossen werden, die Muffins mit Dinkelmehl und Kokosflocken gebacken werden für den Kindergarten. Ist das wirklich alles immer zwingend notwendig? Oder gibt es vielleicht auch Punkte von der To-do-Liste, die wir zwar anstreben zu tun, aber ggf. auch nicht tun „müssen"?

„Die Eltern-Kind-Beziehung ist eine Liebesbeziehung und in einer Liebesbeziehung kann ich nicht mit To-do-Listen arbeiten." – Lienhard Valentin (im Rahmen des Interviews in diesem Buch, siehe Kap. 5). Es hilft, Prioritäten zu setzen und zu unterscheiden in: „Nice-to-have" und „Must-have". Es tut gut, die To-do-Liste nicht so voll zu stopfen, sodass noch Luft bleibt, auch einmal durchzuatmen, den Moment zu genießen und gemeinsam mit dem Kind vielleicht noch eine halbe Stunde länger auf dem Spielplatz zu verweilen und eine Sand-Kleckerburg zu bauen. Das ist Entschleunigung, die man sich unbedingt auch einmal gönnen sollte.

Unser Smartphone schließen wir doch schließlich auch am Akku an, um wieder aufzuladen. Wieso gönnen wir uns nicht selbst auch mal kurze Pausen? Genau das ist das Leben im „Jetzt"!

Es ist nicht in der Zukunft, in der ich 1000 Pläne geschmiedet habe und nicht in der Vergangenheit, wo ich nachtragend bin oder mir Sorgen darüber mache, was gestern oder vorgestern war. Sondern nur in diesem Moment. Hier und jetzt, sich mehr im Sein-Modus befindend und ein bisschen weniger im Tun-Modus.

Dr. Susan Bögels erläutert in ihrem wertvollen Buch „*Elternsein die ganze Katastrophe*", dass Erziehung immer mehr einer endlosen Aufgabenliste zu gleichen schein, mit Dingen, die wir erreichen müssen (Bögels 2018, S. 26). Sie inspirierte mich auch dazu, dass es eine sinnvolle Angewohnheit sein kann, neben einer To-do-Liste auch eine To-be-Liste zu etablieren. Ich finde diese Idee wundervoll! Es erinnert uns daran, dass es genauso wichtig ist zu „sein", wie zu funktionieren. Das Gehirn wird positiv angesprochen, wenn wir einen Punkt auf der To-do-Liste abhaken können, da es das Belohnungszentrum des Gehirns aktiviert (Bögels 2018, S. 25). Wieso diese Motivation, die dadurch entsteht, nicht auch nutzen für Aktivitäten, die uns mit uns selbst wieder stärker in den Kontakt bringen und den Sein-Modus pflegen. Es geht dabei darum, eine Balance aus diesen zwei Welten herzustellen.

Authentisch sein liegt im Trend. Echt sein. Verwundbarkeit zeigen. Das Bild der Perfektion entspricht oft sowieso nicht dem der Realität.

Es ist eine große Transformation, die wir durchlaufen, wenn wir Eltern werden, das haben wir bereits beleuchtet (s. Kap. 2). Es ist in Ordnung, wenn nicht immer alles perfekt läuft. Diese Vorstellung sollten wir loslassen, um glücklich zu werden. Es gibt ein Sprichwort, das sagt: „Perfekte Eltern werden wir frühestens, wenn wir Großeltern werden." Und vielleicht selbst dann nicht und das ist auch okay. Ist Perfektion wirklich ein Zustand, den es anzustreben lohnt? Das sollten wir spätestens seit Social Media und Instagram wissen. Und auch hier geht der Trend zum Glück zum „No Filter".

Der ständige Drang, perfekt sein zu müssen, führt leider oft weniger zu einem Gefühl der tiefen Verbundenheit und Liebe, sondern zu einer Betrachtungsweise eines Kritikers. Langfristig ist es vermutlich gesünder seine Schwächen anzuerkennen, Gefühle und Verletzlichkeit zu zeigen.

Eine wunderbare Inspiration zum Thema Verwundbarkeit und Verletzlichkeit zu zeigen ist Forscherin und Speakerin Brené Brown. In ihrem weltweit millionenfach aufgerufenen TED-Talk „The power of vulnerability" (zu Deutsch: Die Macht der Verletzlichkeit) erzählt sie über ihre Forschungsergebnisse zu zwischenmenschlichen Verbindungen (TED.com 2022). In ihrem Vortrag erklärt Brown, dass wir andere Menschen nicht mit Mitgefühl behandeln können, wenn wir uns nicht selbst liebevoll behandeln. Sie erzählt von Menschen, die den Mut zeigen NICHT PERFEKT zu sein und von Menschen, die den Mut haben Verletzlichkeit zu zeigen. Brown hat in Jahren der Forschung Menschen befragt, die ein starkes Verbundenheitsgefühl haben und die echte Fähigkeit, zu lieben. Dies waren Menschen, die auch selbst der Überzeugung waren, dass sie dies auch wert waren (TED.com 2022). Diese Menschen, die Brown auch „Wholehearted people" nennt, hatten gemäß ihrer Forschung und ihres Vortrags folgende Gemeinsamkeiten (eigene Übersetzung, TED.com 2022):

- Den Mut, nicht perfekt zu sein
- Mitgefühl
- Verbindung als Ergebnis von Authentizität
- Die Bereitschaft loszulassen
- Die Bereitschaft sich verletzlich zu zeigen

Des Weiteren erklärt Brown in ihrem Vortrag, dass wir die Tendenz haben, zu unseren Babys zu sagen: „Mein Baby ist perfekt!" Was wir aber besser sagen sollten ist: „Du bist nicht perfekt, und Du hast es verdient geliebt zu werden" (eigene Übersetzung, TED.com 2022). Wir sind genug – so wie wir sind! Es hilft, wenn wir uns selbst im Leben Mitgefühl entgegenbringen, akzeptieren, dass es gut ist, nicht perfekt zu sein und uns selbst öfter sagen: „Ich bin genug"! (eigene Übersetzung, TED.com 2022).

Hast Du Dir das schon einmal selbst gesagt? Wenn nicht, wie wäre es genau jetzt? ICH – BIN – GENUG! Loslassen, nicht perfekt zu sein. Loslassen, nicht dem zu entsprechen, was andere denken. Das ist sehr befreiend. Erinnere Dich an die Szene, als die Disney-Eisprinzessin ihren Hit „LET IT GO" schmettert. Das ist Loslassen! Nicht ohne Grund wurde der Song ein Welt-Hit.

Loslassen lernen – Impulse & Übungen für „mindful" Moms & Dads

 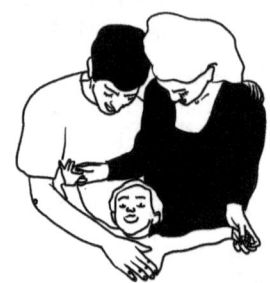

Nachfolgend ein paar Impulse, um die achtsame Haltung des Loslassens zu aktivieren.

---

1. Übung: Loslassen Meditation

Nimm eine angenehme Sitzposition ein und atme ein paar Mal tief ein und aus. Denke oder sprich beim Ein- und Ausatmen die nachfolgenden Worte:

Einatmen – neues Leben, Ausatmen – Loslassen
Einatmen – neue Energie, Ausatmen – Loslassen
Einatmen – Vertrauen, Ausatmen – Loslassen
Einatmen – Kraft, Ausatmen – Loslassen
Einatmen – Leben, Ausatmen – Loslassen
Einatmen – Liebe, Ausatmen – Loslassen

Beobachte, was es mit Dir macht und ob sich Dein Herz danach etwas offener und freier anfühlt. Ich habe Dir die Loslassen-Meditation auch begleitend mit Harmonium-Klängen aufgenommen. Ich hoffe, sie tut Dir gut! Durch Abscannen des Links unter Abb. 3.3, kannst Du es Dir in der begleitenden More Media App anhören.

Abb. 3.3 Audio-Track 4 „Loslassen Meditation". (Illustration: Fine Heininger) (▶ https://doi.org/10.1007/000-bg4)

2. Übung: Schmetterlingsumarmung

Umarme Dich in einer Schmetterlingsumarmung: Hierfür die Arme über Kreuz auf die Brust legen und die Hände auf und ab bewegen, flattern lassen. Dann sage Dir selbst mindestens einmal am Tag: ICH BIN GENUG. ICH BIN GUT, SO WIE ICH BIN. Schenke Dir selbst damit etwas Mitgefühl, siehe dazu Abb. 3.4.

Abb. 3.4 Me-Time – Schmetterlingsumarmung. (Illustration: Fine Heininger)

3. Übung: Dankbarkeit und Wertschätzung sich selbst gegenüber stärken

Es war ein schwerer Tag? Du hast gefühlt nichts von dem geschafft, was Du wolltest? Viele Punkte auf Deiner To-do-Liste sind stehen geblieben? Du fühlst ein Gefühl des Scheiterns? Mache Dir in solchen Momenten bewusst, was positiv gelaufen ist und wofür Du dankbar bist. Hat Dein Kind heute gelacht, gestrahlt und Dir freudig von seinem Tag erzählt? Hast Du gemeinsam mit Deinem Kind das Playmobil-Auto zusammengebaut und mit ihm gespielt? Hast Du heute ein bisschen in den Tag hineingelebt und die Zeit vergessen? Wunderbar. Du warst heute wohl stärker auf der To-be-Liste aktiv. Das ist genauso wertvoll, wie immer zu funktionieren.

Gib Dir Anerkennung dafür! Wertschätze die Momente, die Du gemeinsam mit Deinem Kind erlebt hast.

Sie waren wohlmöglich wertvoller für ihn/sie, als den Sportkurs aufgesucht zu haben, als die Wohnung geputzt zu haben. Du hast nicht geschafft, einzukaufen für das tolle Dinner, das Du geplant hast? Dann gibt es eben heute Abend Brotzeit. Sei dankbar für die kleinen Momente: für das Lächeln Deines Kindes, die Sonne, die Knospen des Frühlings. Du hast es heute bei der Arbeit nicht mehr geschafft, eine E-Mail zu beantworten? Sei dankbar für die drei anderen E-Mails, die Du bearbeitet hast, und schätze Dich dafür, wie Du das neben der Erziehung gut gemeistert hast. Kümmere Dich um die letzte E-Mail, wenn Dein Kind im Bett ist, oder stehe morgen etwas früher auf, wenn es eilt. Aber höre auf, Dich dafür zu verurteilen und sieh das, was Du bist. Deine innere Schönheit, Deine Wärme, Deine Hingabe, Dein großes Verantwortungsbewusstsein.

Schreibe Dir jeden Tag drei Dinge auf, für die Du heute dankbar bist. So lernst Du, das Glück in den kleinen Momenten zu finden.

Beispiel einer Dankbarkeitsliste:

„Dafür bin ich heute dankbar" ...

- Das Lächeln meines Kindes
- Die gemeinsame Zeit beim Abendessen in der Familie
- Meine Hose passt mir wieder! Ich bin körperlich gut in Form. Ich bin gut so wie ich bin.
- Für das schöne Telefonat mit meiner besten Freundin

„Das habe ich heute gut gemacht" …

- Playmobil-Spielzeug gemeinsam mit meinem Kind aufgebaut
- Die kleinen Dinge wertgeschätzt (z. B. den schönen, heißen Tee am Morgen)
- Meinem Kind zugehört
- Berufliche Themen in meinem Job vorangetrieben
- Einen tiefen Atemzug genommen

4. Übung: Aufgabeliste – integriere sie in Deine Achtsamkeitspraxis

Wenn Du das nächste Mal eine Aufgabenliste schreibst, beachte am besten die folgenden Punkte:

- Ganz oben sollte immer das Wichtigste stehen, das dringend erledigt werden muss
- Schneide die zu erledigenden Aufgaben gedanklich klein, sodass sie bestenfalls innerhalb eines Tages erfüllbar sind.
- Plane überall gedanklich zehn Minuten mehr ein. Dadurch bringst Du etwas Ruhe in den beschleunigten Alltag (Plus-10 Trick aus den „7 Geheimnissen der Schildkröte" (Long und Schweppe 2010, S. 110–111)).
- Schau, dass Du Aufgaben auch als Achtsamkeitsübungen nutzen kannst (To-dos können auch To-bes sein), z. B. Geschirrspüler achtsam ausräumen.

„Nicht umsonst heißt es im Zen: Die Küche aufräumen heißt, den Geist aufzuräumen." (Long und Schweppe 2010, S. 111)

5. Übung: Inspiration einer To-be-Liste

Dies ist eine Übung, inspiriert von Bögels (2018, S. 26), die Du auch wunderbar mit anderen, zum Beispiel Deinem Partner:in durchführen kannst. Erstelle bzw. erstellt neben einer To-do-Liste künftig doch auch mal eine persönliche oder familienbasierte To-be-Liste. Eine mögliche To-do- und To-be-Liste könnten zum Beispiel wie folgt aussehen:

To-do-Liste:

- Dringliche E-Mails für die Arbeit beantworten
- Babyschwimmen-Kurs mit Ella besuchen
- Geburtstagsgeschenk für Leonard kaufen
- Kinderarzt anrufen
- Mit Paul Muffins für die Kita backen
- Hausaufgaben für die Schule machen
- Abendessen kochen
- Luis baden

To-be-Liste:

- Achtsam wahrnehmen mit allen fünf Sinnen, z. B. bewusstes Trinken einer Tasse Tee
- Einen „Marienkäfermoment" mit meinem Kind Zeit schenken
- Ruhig und geduldig bleiben
- Aufmerksam sein
- Zuneigung zeigen, Partner:in küssen, Kind umarmen
- Den Moment als Familie genießen
- Schöne Musik hören

5a. Übung: Balance aus To-do und To-be herstellen

Erstelle Dir für die nächste Woche nicht nur eine To-do-Liste, sondern auch eine To-be-Liste. Schreibe zudem Prioritäten an die Aufgaben. Was muss zwingend wann erledigt sein, was kann ggf. auch nächste Woche passieren (Must-haves vs. Nice-to-haves). Behandele beide Listen mit der gleichen Wertigkeit. Stelle sicher, dass auch Punkte auf Deine To-be-Liste täglich mitberücksichtigt und abgehakt werden können. Beobachte, wie viele To-do-Liste-Punkte realistisch machbar sind, sodass Du noch Luft hast auch To-be-Punkte in euren Familienalltag zu integrieren. Spiele mit den Listen, beobachte, justiere, lerne. Aber verurteile Dich nicht, wenn es mal nicht so gut klappt. Morgen ist ein neuer Tag, an dem Du es probieren kannst. Nutze dafür den Anfängergeist. Diese Übung könnt ihr auch schön gemeinsam in der Familie machen bzw. Du mit Deinem/r Partner:in.

3.6 Akzeptanz – es ist, was es ist!

> **Anekdote**
>
> „Das wird ein Retreat des Leidens für Dich", wie einer meiner Meditationslehrer einmal zu mir sagte.
> Wenn ich meinem jüngeren Ich eine Empfehlung geben könnte, wäre eine davon: Lerne den Blick nach innen zu richten, lerne die Stille „auszuhalten", lerne zu meditieren, so früh wie möglich. Es ist wie ein Akku, der Dich in schweren Tagen etwas aufladen kann. Eine Quelle der Kraft, der Reflexion, des In-sich-Gehens, die Heilung schenkt. Denn manchmal im Leben widerfahren uns leider wohl oder übel Dinge, die uns aus der Bahn werfen. Trauer, Schmerz, Krankheit können solche Gefühle hervorrufen. In solchen Momenten ist eines vor allem besonders schwer:
>
> **Akzeptanz. Die Stille ist der Ort, wo Akzeptanz geboren wird.**
>
> Es ist ratsam bereits früh diesem Ort der Stille ab und zu mit einem Besuch zu beehren, auch wenn es manchmal schwer erscheinen mag.

Anzuerkennen, dass es nun mal so ist, dies anzunehmen und damit irgendwann Frieden zu schließen – das ist ein Prozess, der manchmal Jahre dauern kann. Hierbei kann die achtsame Grundhaltung der Akzeptanz helfen. Jon Kabat-Zinn äußert sich zu der achtsamen Haltung der Akzeptanz wie folgt: „Sich eines tief verankerten Musters bewusst zu sein und es zu beobachten, wenn es aktiviert wird, hilft uns, weniger automatisch zu urteilen, empfänglicher zu werden und uns allgemein eine Haltung der Akzeptanz anzueignen" (Kabat-Zinn und Kierdorf 2013, S. 62).

Die achtsame Grundhaltung der Akzeptanz – eine persönliche Erfahrung über eine eindrucksvolle Zeit im Schweige-Retreat während der Schwangerschaft

Das Zitat zu Beginn dieses Abschnitts stammt aus einer Erfahrung, die ich persönlich mit Akzeptanz machte. Die Achtsamkeit- und Meditationspraxis hatten hierbei eine sehr heilsame Wirkung. Während meiner Schwangerschaft, ca. im 6. Monat, fuhr ich im Rahmen einer Achtsamkeit-Fortbildung auf ein einwöchiges Vipassana Schweigeretreat. „Vipassana ist eine der ältesten Meditationsformen Indiens und bedeutet, „die Dinge zu sehen, wie sie wirklich sind". Sie wurde in Indien vor über 2500 Jahren als ein universelles Heilmittel für universelles Leiden und damit als eine Kunst des Lebens gelehrt" (Vipassana Meditation, Dhamma.org 2022). „Dinge zu sehen, wie sie wirklich sind" – ist nicht immer leicht. Und es war auch die Erfahrung, die ich im Rahmen des Retreats während meiner Schwangerschaft machte. Es ging um Akzeptanz. Akzeptanz darüber, in Stille zu verweilen und eine Woche „off" zu sein und dem Bedürfnis, standzuhalten online zu gehen, zu sprechen oder ein Buch zu lesen. Akzeptanz darüber, die Meditation „auszuhalten" und sich nicht von negativen Gedanken einnehmen zu lassen. Und als größte innere Prüfung: die Akzeptanz darüber zu erlangen, bald Mutter zu werden, ohne dass ich dies mit meiner eigenen Mutter noch teilen können würde, die leider zu früh diese Erde verlassen hatte. Akzeptanz darüber, Frieden damit zu schließen.

Es war mein Meditationslehrer, Bob Stahl (Arbor Seminare 2022), der damals in einem persönlichen Gespräch zu mir sagte: „Das ist ein Retreat des Leidens für Dich" (frei übersetzt). So ging es in diesen Tagen der Stille für mich persönlich viel um Trauerbewältigung meiner Mutter und darum, dies zu akzeptieren, weiterzuleben und zu lernen, mich auf das neue Leben, das in meinem Körper wuchs, zu freuen und mit meinem Baby einen innigen Kontakt ohne Traurigkeit aufzunehmen. Die ersten zwei Tage des Retreats habe ich fast nur geweint. Dann fing ich an, mit diesem Gefühl zu arbeiten, es zu beobachten. Ich gab der Trauer Raum, ohne mich dafür zu verurteilen oder ihr zu entfliehen.

Wenn das traurige Gefühl in mir auftauchte, benannte ich dieses und sagte gedanklich in meiner Meditation: „Hallo, Trauer. Da bist Du wieder. Allgegenwärtig. Was brauchst Du heute?"

Ich schaute mir an, woher das Leid kam, welche Ängste dahinterstanden, betrachtete die negativen Gefühle, die aufkamen. Ich fing Tag für Tag an, mehr und mehr zu akzeptieren, dass es nun mal so war, die Trauer war ein Teil von mir geworden. Sie würde immer da sein. Aber es war nun meine Aufgabe, trotzdem Freude empfinden zu können. Freude, Mutter zu sein, auch wenn ich meine Mutter nicht mehr hatte.

Und so arbeitete ich in mir mit diesem Gedanken – Tag für Tag, Minute für Minute – in Stille. Ich würde Mutter werden, wofür ich endlos dankbar war, und ich würde mich daran erfreuen können, denn meine Mutter würde es genauso wollen, und auch meinem ungeborenen Kind war ich dies schuldig. Es sollte nichts als bedingungslose Liebe erfahren, so wie auch ich sie von meiner Mutter erhalten hatte.

Ab dem vierten/fünften Tag des Retreats setzte auf einmal ein neues Gefühl ein. Ein Gefühl von Verständnis, Mitgefühl und einer Klarheit. Es war, als wäre ich ein Stück weit reingewaschen worden, als wäre die schwere Last etwas leichter geworden. Der wunderbare Meditationslehrer Bob Stahl sagte damals, dass genau deshalb Vipassana Retreats ein Heilmittel sein können. Wir sitzen in Stille mit unseren tiefsten Sorgen, und dadurch, dass wir ihnen Raum geben, sie benennen, sie betrachten, sie akzeptieren lernen, heilen wir Stück für Stück:

„Meditationsretreats sind ein bisschen wie Klohäuser. Der ganze Mist kommt nach oben." So lernte ich es sinnbildlich von meinem Meditationslehrer. Manchmal brauchen wir zuerst die Konfrontation, bevor wir Frieden finden können, damit sich etwas reinigen kann und wir langsam heilen können. „Im Reich der Buddha-Natur heißt es, in jedem Augenblick als kleines Wesen zu sterben. Wenn wir unser Gleichgewicht verlieren, sterben wir, aber gleichzeitig wachsen wir auch und entwickeln uns." (Suzuki 2016, S. 34).

Zum Abschluss der Woche in Stille fühlte ich auf einmal eine unglaublich enge Verbindung und grenzenlose Liebe zu meinem Baby im Bauch. Ich konnte mein Baby so deutlich spüren und hören wie nie zuvor in der Schwangerschaft. Mit jeder Minute Stille wurde mein Baby lauter, fast so, als würde es sich freuen, dass ich nun voll und ganz bei ihm war in voller Freude und endloser Dankbarkeit. Bedingungslose Liebe, so wie ich sie einst mit meiner Mutter teilte. Diese tiefe Liebe ist bis heute geblieben und ich bin mir sicher, sie bleibt für die Ewigkeit.

Dieses Retreat der Stille und mein Baby im Bauch haben mir geholfen, akzeptieren zu lernen.

Ich lernte in diesem Moment, mit der Trauer um den Verlust meiner Mutter zu leben. Meine Mutter und auch die Trauer, sie verloren zu haben, würden immer ein Teil von mir sein, das akzeptierte ich nun. Aber ich würde trotzdem glücklich sein, weitergehen und alles mir Mögliche dafür tun, auch meinem Kind eine gute Mutter zu sein – Akzeptanz.

Ich hoffe, diese kleine sehr persönliche Anekdote schenkt Dir vielleicht einen Impuls. Akzeptanz ist oft sehr herausfordernd und der Weg zum Akzeptieren ist leider oft nicht leicht und findet unterschiedliche Formen und Wege. Da hilft es Mitgefühl mit sich selbst zu haben und anzuerkennen, dass es nicht leicht ist.

> **Sit on it!**
> Achtsamkeit, das innere Mitgefühl, das Betrachten was ist, ohne davor wegzulaufen, hat aus meiner Erfahrung eine sehr heilsame Wirkung, um zu akzeptieren. Kämpfen wir immer und immer wieder gegen die Realität und die Gegebenheiten an, entsteht Stress (Valentin und Kunze 2015, S. 143) und das macht uns auf Dauer krank. „Du musst akzeptieren, dass es gerade so ist, wie es ist. Sonst wird man unhappy und kämpft die ganze Zeit gegen sich selber, gegen Erwartungen und verpasst gleichzeitig all die schönen Dinge, die täglich passieren" (Knörnschild 2022, S. 188–189). Sollte es etwas geben, das Dir schwerfällt zu akzeptieren: Sit on it! – wie man so schön im Englischen sagt. Soll bedeuten, sieh es Dir an, sitze damit in Stille, meditiere darüber und lass es zu; versuche zu akzeptieren, dass es nun mal so ist und Du nichts daran ändern kannst. Führe Deine Energie lieber auf Dinge, die Du beeinflussen kannst. Lerne, mit den Wellen des Lebens zu surfen, anstatt dagegen anzukämpfen. Im Zen-Buddhismus heißt es: „Wenn Euch etwas Unangenehmes berührt, ist es besser für Euch, wenn ihr sitzt. Nur so könnt ihr Euer Problem annehmen und daran arbeiten." (Suzuki 2016, S. 44).

Um uns etwas bewusst auszusetzen, braucht es sicherlich innere Kraft und Stabilität. Wenn Du Dich dafür nicht bereit fühlst, suche Dir jemanden, der Dich begleitet auf dieser inneren Reise – eine Meditationsgruppe, Menschen, mit denen Du Deine Gefühle teilen kannst, oder beobachte kleine Kinder. Sie weinen vielleicht kurz wenn etwas kaputtgeht, das sie gebaut haben, aber nach kurzer Zeit bereits setzt die Akzeptanz ein und sie wenden ihre Aufmerksamkeit etwas anderem zu, das sie wieder positiver stimmt. Akzeptanz soll nicht bedeuten, dass wir alles so hinnehmen, wie es ist. Achtsamkeit meint viel mehr die In-Kenntnisnahme der Sache an sich (Valentin und Kunze 2015, S. 144).

Akzeptanz üben – Impulse & Übungen für „mindful" Moms & Dads

 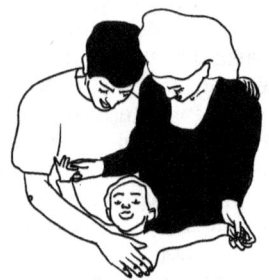

Nachfolgend ein paar Impulse, um die achtsame Haltung der Akzeptanz zu aktivieren.

> **1. Übung: Das negative Gefühl „willkommen" heißen in Deinem „Gasthaus"**
>
> Gehe in eine Meditationshaltung Deiner Wahl und mache einen kleinen Check-in mit Dir selbst: Wie fühle ich mich heute? Was brauche ich? Was nehme ich wahr? Akzeptiere das, was ist, ohne zu bewerten.
>
> Das Gefühl, das aufkommt, kannst Du freundlich begrüßen: „Hallo Unruhe. Hallo Wut. Hallo Angst. Hallo Trauer. Hallo Neid. Hallo Scham." – was auch immer es ist. Und nun sitze mit diesem Gefühl. Beobachte es. Stell Dir vor, Du

kannst es sehen und visualisieren, es berühren, es hören, es schmecken. Mach Dich vertraut mit diesem negativen Gefühl – akzeptiere, dass es heute „mit am Tisch" sitzt und nimm einfach an, was ist. Du musst dabei nichts erreichen oder erfüllen. Beobachte einfach nur das, was ist. Begrüße die Gäste in Deinem „Gasthaus", um es in Rumis Worten zu sagen (Yoga Aktuell 2022).

„Das Gasthaus" – Rumi

„Das menschliche Dasein ist ein Gasthaus. Jeden Morgen ein neuer Gast. Freude, Depression und Niedertracht – auch ein kurzer Moment von Achtsamkeit kommt als unverhoffter Besucher. Begrüße und bewirte sie alle!spiepr Par243Selbst wenn es eine Schar von Sorgen ist, die gewaltsam Dein Haus seiner Möbel entledigt. elbst dann behandle jeden Gast ehrenvoll, vielleicht reinigt er Dich ja für neue Wonnen.

Dem dunklen Gedanken, der Scham, der Bosheit – begegne ihnen lachend an der Tür und lade sie zu Dir ein. Sei dankbar für jeden, der kommt, denn alle sind zu Deiner Führung geschickt worden aus einer anderen Welt."
- Rumi

2. Übung: Selbstmitgefühl schenken, Liebe aufnehmen

Bitte schließe Deine Augen oder lasse sie sanft geöffnet. Atme dreimal tief in den Bauch ein und wieder aus.

Strecke nun Deine Arme nach vorne mit den Handflächen nach oben. Führe dann die Hände langsam und bewusst zum Herzen. Die Wärme, die sich unter den Handflächen ausbreitet, im Herzen fühlen. Wenn gewünscht, die Bewegung der Arme hin zum Herzen wiederholen oder die Arme auf dem Herzen liegen lassen und sich vorstellen, Liebe aufzunehmen. In dieser Haltung ein paar Minuten verweilen.

3. Übung: Kirtan-Gesang „Mantra Meditation" mit Harmonium

Manchmal sagt Musik mehr als 1000 Worte und setzt neue Selbstheilungskräfte frei. Ich habe Dir zwei Mantras eingesungen (s. Abb. 3.5 und 3.6), untermalt mit der Begleitung des indischen Instrumentes Harmonium, welches viele Menschen als sehr wohltuend und entspannend empfinden. Zum einen habe ich das Mantra „Om Tare" gewählt, welches an Tara, die Göttin des Mitgefühls, gerichtet ist. Scanne zum Hören mit der Springer Nature More Media App den Link unter der Abb. 3.5. Das Mantra soll uns von Leid befreien. Selbstmitgefühl ist etwas das wir gut gebrauchen können, wenn wir Akzeptieren lernen, Akzeptieren ist leider oft mit der Konfrontation mit Leid verbunden. Ich hoffe dieses Mantra hilft Dir dabei! Zum anderen habe ich das Mantra „Rama Bolo" gewählt (Abb. 3.6), welches dazu einlädt, unser Herz zu öffnen.

In der begleitenden App kannst Du Dir die Mantras durch Scannen der Links unter den Icons in Abb. 3.5 und 3.6 anhören. Lass die Klänge, begleitet am Harmonium, einfach durch Deinen Körper strömen, zum Beispiel während Du ein schönes Bad nimmst. Das ist übrigens eines meiner Rituale. Ich höre Mantra-Musik, oder auch Kirtan genannt, oft wenn ich baden gehe und mich entspannen möchte. Da gibt es auch auf den Musik-Streaming-Plattformen sehr viel ergänzende Auswahl. Mantras werden aus gutem Grund sehr

Abb. 3.5 Audio-Track 5 „Om Tare Mantra Meditation". (Illustration: Fine Heininger) (▶ https://doi.org/10.1007/000-bg2)

Abb. 3.6 Audio-Track 6 „Rama Bolo Mantra Meditation". (Illustration: Fine Heininger) (▶ https://doi.org/10.1007/000-bg3)

gerne mit Meditationen und Yoga verbunden. Sie haben etwas Heilsames. Da ich es liebe, zu singen, singe ich sie besonders gerne. Dann strömt jeder Ton durch den Körper und es ist eine wunderbare Klangmeditation. Probiere es doch mal aus! Lässt sich übrigens auch schön mit den Kids zusammen anhören oder singen.

3.7 Müheloses Tun – and breathe! Gelassen treiben lassen

Anekdote

Ich habe während der Elternzeit eine neue Freundschaft geknüpft. Natürlich mit einer Mama aus meiner Nachbarschaft mit einem gleichaltrigen Kind, welche ich in meinem Babykurs kennenlernte. Der Klassiker. Wie ich, kam sie auch manchmal ein paar Minuten zu spät zum Rückbildungskurs mit Baby, hetzte sich nicht ab, sondern legte ihr Baby gelassen und die Umstände annehmend auf die Matte vor sich und begann mit den Übungen. Unsere Kinder mochten sich sofort. Sie strahlten sich immer an. So lernten auch wir Moms uns schnell kennen. Bis heute sind unsere Kids und auch wir befreundet. Wir sind in einigen Dingen sehr unterschiedlich, aber in einem Punkt sind wir eine wirklich perfekte Symbiose zusammen: in der Gelassenheit. Das Tolle an unseren Treffen und den Nachmittagen mit den Kids ist das „mühelose Tun". Selten sind wir zu einer fixen Zeit verabredet, selten haben wir einen konkreten Plan, was wir unternehmen. Meist lassen wir uns einfach treiben und befinden uns zusammen im „Sein-Modus". Wir richten uns nach den Kids, dem Wetter und unserer spontanen Laune. Das ist herrlich entspannend. Wenn mal einer zu spät kommt oder absagen muss, ist das nicht weiter schlimm. Es passiert eben, Vorwürfe gibt es keine. Beide Seiten bleiben gelassen und wir verabreden uns einfach erneut für einen anderen Tag. Wir leben zusammen in den Tag hinein und sind meist

> sehr überrascht, wie schnell die Zeit vergangen ist. Auf die Uhr gucken wir beide selten. Meist ruft bei uns beiden irgendwann einer unserer Männer an, dass es Zeit sei, nach Hause zu kommen und Abend zu essen. Da müssen wir dann immer lachen.
> Wenn ich über das mühelose Tun, eine der weiteren der sieben Grundhaltungen der Achtsamkeit, nachdenke, sind es Stunden wie diese, die mir vor meinem inneren Auge erscheinen – Momente der GELASSENHEIT.

Stundenlanges Herumschlendern mit Kinderwagen und Coffee-to-go im Berliner Tiergarten, entspanntes Treibenlassen, ohne Erwartungen und Forderungen, dankbar für die Momente, in denen wir einfach Marienkäfer beobachten oder in denen das Kind happy spielt und sich die Erwachsenen mal zwischendurch über den Alltag austauschen können. Diese Unterhaltungen dauern zwar teilweise ewig, da man dann doch immer wieder von einem Kind unterbrochen wird und sich mit ihm beschäftigt. Aber irgendwann werden die Gespräche weitergeführt und so schafft man an einem Nachmittag doch irgendwie einen Catch-up der wichtigsten Neuigkeiten unter Freunden.

Wenn wir uns selbst nicht so wichtig nehmen und auch nicht so stark an den Dingen festhalten, wie sie vielleicht in unserem Kopf geplant waren, fällt es leichter, gelassen zu blieben (Long und Schweppe 2010, S. 34). Wenn ein Thema mal keinen Raum mehr findet, da eines der Kids doch lieber gemeinsam auf einen Spielplatzturm klettern, wippen oder eine gemeinsame Sandburg bauen möchte, dann ist auch das in Ordnung und schön.

Müheloses Tun. Kein Streben nach etwas. Nur Sein. Wie oft tun wir das im Alltag sonst noch?

Meist soll alles einen Grund, eine Fokussierung, ein konkretes Ziel verfolgen. Ich bin ein zielstrebiger Mensch und arbeite gerne auf Termine und Deadlines hin und verfolge klare Pläne und Agenda-Punkte – zumindest im Business-Kontext. Umso mehr genieße ich es, wenn ich dies nicht auch noch konstant in meiner Freizeit tun muss.

Für mich sind die Nachmittage mit meinem kleinen Sohn oft entschleunigend. Manchmal ist es einfach erfrischend, sich bewusst treiben und überraschen zu lassen. Oder bewusst gar nichts zu tun. Keinem Ziel hinterherzueilen. Gelassen im Jetzt zu sein. In dem Buch „Die Kunst gelassen zu erziehen" (Valentin und Kunze 2015) erklärt Autor und Achtsamkeitstrainer Lienhard Valentin, den ich auch im Rahmen dieses Buches für euch interviewen durfte (s. Kap. 5), wie folgt: „Ein wesentliches Mittel für mehr Gelassenheit in der Erziehung ist (…) die Praxis der Achtsamkeit". (Valentin und Kunze 2015, S. 143). Das sehe ich auch so.

Sich der Dinge bewusster zu werden, zuzulassen, zu akzeptieren, zu vertrauen, weniger zu urteilen und mehr zu forschen. All das führt zu einer inneren Gelassenheit.

Gelassenheit ist gesund, denn sie hilft fantastisch gegen Stress.

„Die Gelassenheit der Eltern ist die Gelassenheit der Kinder" (Früchtenicht und Seifert 2020, S. 175). Kinderarzt und Autor Dr. Früchtenicht, den ich auch für euch interviewt habe (s. Kap. 5), spricht in seinem Buch „Von Anfang an gesund" in diesem Zusammenhang über die integrative Medizin der „Mind-Body-Medicine", welche „auf Grundlage der Erkenntnisse der Stressforschung, den wechselseitigen Zusammenhang von Körper, Geist und Seele sowie unsere Interaktion mit anderen Menschen zu steuern" betrachtet. Ziel ist eine „gute Selbstregulation im Sinne einer aktiven Lebensgestaltung (…) sowie die aktuelle Lebenssituation positiv zu beeinflussen" (Früchtenicht und Seifert 2020, S. 176 ff.). Viele typische Stresskrankheiten wie Rückenschmerzen oder Bluthochdruck lassen sich durch Mind-Body-Medicine nachweislich effektiv behandeln und reduzieren (Früchtenicht und Seifert 2020, S. 176). Bereits zuvor haben wir beleuchtet, wie Achtsamkeit zur Stressreduktion eingesetzt wird (s. Kap. 1).

> **Impuls**
>
> **Pausen geben Power**
> Pack Dir Deinen Kalender mit Kind bitte nicht zu voll, gerade wenn Du im Job schon durchgetaktet bist. Klar sind Kurse, Verabredungen mit Freunden oder Playdates für die Kids super und gehören ebenfalls dazu. Natürlich gibt es auch Tage, an denen konkrete Dinge, wie zum Beispiel ein wichtiger Termin beim Kinderarzt, anstehen. Aber nicht immer und *jeden* Tag. Kinder genießen es meist, sich treiben zu lassen, sie können uns helfen, uns daran zu erinnern. Fehlende Gelassenheit bedeutet, aus dem Gleichgewicht geraten zu sein und nicht mehr ganz in sich verbunden (Valentin und Kunze 2015, S. 143). Also: Lass Dich von Deinem Kind wieder ein bisschen zurück in Deine innere Mitte und in den Sein-Modus führen.
>
> **Mein Motto: Erschaffe Dir ein Leben, wovon Du keinen Urlaub brauchst!**
>
> Vielleicht ist es auch für Dich etwas, mal darüber zu meditieren und zu schauen, was „ein Leben, wovon Du keinen Urlaub brauchst", für Dich bedeuten kann? Entschleunigung ist etwas Wunderbares, dafür musst Du nicht immer erst auf den nächsten Urlaub warten.
>
> **Gerade in den Pausen entsteht kreative Magie und es kann sich neue Energie freisetzen.**
>
> Kinder können Dir hierbei als Deine kleinen persönlichen Achtsamkeitstrainer:innen sehr gut helfen. Beobachte sie, wie sie neugierig und bewusst die Welt erforschen, ohne sie zu drängen oder To-dos abzuarbeiten. Es ist bewundernswert, wie sie einfach im JETZT sind. Lass Dich mitreißen in den Sein-Modus und etwas weg vom ständigen Denken von Gedanken und konstantem Tun-Modus. Und die Gelassenheit wird langsam aber sicher mit der Zeit einkehren.

3 Die 7 Grundhaltungen der Achtsamkeit …

Du machst Dir Sorgen, dass das nicht möglich ist?

Bestseller-Autor Dale Carnegie rät dazu, zu lernen, dass man manches im Leben aktiv ändern kann und manches eben nicht. Das Unvermeidliche jedoch müssen wir akzeptieren lernen (Carnegie 2003, S. 127).

Gelassen bleiben – Impulse & Übungen für „mindful" Moms & Dads

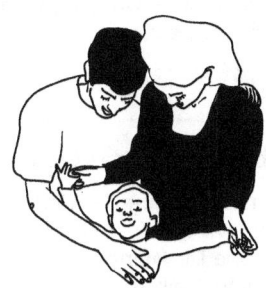

Nachfolgend ein paar Impulse, um die achtsame Haltung des mühelosen Tuns und der Gelassenheit zu aktivieren.

---

1. Übung: Gelassenheits-Buddy finden

Überlege, wer Dir in Deinem Bekanntenkreis in den Sinn kommt, wenn Du an Gelassenheit oder müheloses Tun denkst. Gibt es einen Menschen oder ein Tier, die Du damit in Verbindung bringst? Als ich noch Katzen hatte, half es mir oft, einfach meine Katzen ein paar Minuten zu beobachten. Auch Hunde oder Pferde können diese Wirkung auf Menschen haben. Ob Tier oder Mensch ist dabei unerheblich. Finde Deinen Gelassenheits-Buddy und verbringe Zeit mit ihm. Perfekt dafür eignet sich bestimmt auch Dein Kind, dann hast Du gleich einen kleinen Jedi der Gelassenheit an Deiner Seite.

2. Übung: Sandburg bauen als Gelassenheitspraxis

Kinder können sich lange und leidenschaftlich mit dem Bau einer Sandburg beschäftigen. Sie sind in diesen Momenten voll in der Gegenwart und nur bei dieser einen Sache. Wenn die Sandburg irgendwann aufgrund der Wellen kaputt geht, bauen Kinder am nächsten Tag einfach wieder eine neue Sandburg. Diese Haltung kann uns viel über Gelassenheit lehren. Du kannst diese Übung auch jeden Tag im Sandkasten auf Spielplätzen mit Deinem Kind gedanklich durchführen, indem Du einen Sandkuchen mit Deinem Kind formst – ohne Ziel, ohne Zeit. Einfach treiben lassen.

3. Übung: Calendar-Clearing

Hinterfrage Deine Termine kritisch, ob sie wirklich alle benötigt werden – beruflich als auch im Familienumfeld. Schnappe Dir Deinen Kalender und streiche alles, was nicht unbedingt sein muss. Stimme mit Kolleg:innen ab, welche Regeltermine welchen Fokus haben, welche Teilnehmer:innen dafür wirklich erforderlich sind und was Deine konkrete Aufgabe in dem Termin ist. Oft werden einfach erstmal mehr Personen eingeladen, aber es stiftet nicht immer Mehrwert, dass auch alle dabei sind.

4. Übung: Quartals-Schwerpunkte – es muss nicht alles auf einmal sein

Es muss nicht immer alles gleichzeitig angegangen und verfolgt werden. Wenn Du Deinen Kindern beispielsweise die Möglichkeit bieten möchtest, Kurse zu besuchen, müssen es nicht gleich drei Kurse auf einmal sein. Vielleicht ist es ein Quartal lang Musik, ein Quartal Turnen, ein Quartal Schwimmen und ein Quartal Sprachkurs. Schau, dass Du immer auch mal einen Tag in der Woche hast, an dem ihr – Dein Kind und Du – euch einfach nur treiben lassen könnt. Auch wenn es nur ein kleines Zeitfenster ist. Es ist erfrischend und entschleunigend, nicht immer alles durchgeplant zu haben oder einem Ziel hinterherzujagen.

> **5. Übung: Delegieren**
>
> Überlege, was Du delegieren oder abgeben kannst, um mehr Pausen in Deinen Alltag zu bringen für etwas kreativen Space. Wer könnte bestimmte Themen mit bearbeiten bei der Arbeit. Wer könnte Dir vielleicht ab und zu mit dem Haushalt oder mit Deinem Kind aushelfen? Welche Aufgaben könntest Du bei der Arbeit an Kolleg:innen übergeben? Versuche loszulassen und zu vertrauen, wie in den vorigen Grundhaltungen der Achtsamkeit besprochen.

3.8 Geduld – alles zu seiner Zeit. Geduld Du musst haben, junger Jedi!

> **Anekdote**
>
> Der nächste Sprung steht an, hat „Oje! Ich wachse!" (Van de Reijt und Plooij 2019), eines unserer Lieblingsbücher in Babytagen, heute via begleitender Erinnerungsfunktion per App angekündigt. Vielleicht schaust Du eh bereits ungeduldig auf Dein Kind und auf die Lebensmonate und denkst Dir: „Du müsstest doch eigentlich schon längst in Bauchlage liegen und Dich aufrichten, der Kleine meiner Freundin kann schon krabbeln, wieso dauert das so lange mit den ersten Zähnchen, bin ich zu spät mit der Beikost-Umstellung, oh erster Geburtstag, jetzt müsste das Laufen starten. Wann bist Du endlich trocken? Wann ist die Eingewöhnung in der Kita geschafft, sodass ich endlich wieder arbeiten gehen kann"? Und so geht es weiter und weiter …
>
> Es kann uns oft nicht schnell genug gehen, oder? Wo ist nur unsere Geduld geblieben, alles zu seiner Zeit passieren zu lassen? Sie scheint oft auf Reisen zu sein in unserem beschäftigten Alltag.

Auch im beruflichen Kontext fragen wir uns vielleicht Dinge, wie: Wieso habe ich den Bonus nicht bekommen? Wieso bin ich nicht befördert worden? Wieso braucht mein Kind so lange mit der Kita-Eingewöhnung? Wieso kann ich noch nicht arbeiten gehen?

> „Die Versuchung sich zu beeilen, ist allgegenwärtig. Aber die Chance, es nicht zu tun, ist ebenfalls immer da." (Mikosch, 2020, Buchrücken Außenband)

Wir jagen so oft den Dingen hinterher, es ist eine ständige Versuchung, wie es in diesem Zitat aus „Der kleine Buddha und das Wunder der Zeit" (Mikosch 2020) auch beschrieben wird. Wir erwarten unruhig den nächsten Entwicklungssprung oder jagen der nächsten Karriereentwicklung hinterher. Ich war früher fast abhängig von Geschwindigkeit. Ich weiß also wovon ich spreche. Es konnte mir nie schnell genug gehen. Schneller, höher, weiter – das war mein Prinzip. Schon ironisch, wenn man bedenkt, dass ich mich heute für Entspannungspädagogik einsetze. Aber das tue ich eben aus tiefer Überzeugung heraus, basierend auf eigener Erfahrung. „Der Weg zur Ruhe in der Beschleunigung, Stabilität in der Veränderung, Menschlichkeit in der künstlichen Intelligenz und Achtsamkeit im technologiedominierten Zeitalter mit Smartphones und Always-on-Kultur ist eine Kunst, die wir neu lernen dürfen" – schrieb ich bereits in meinem 2016 erschienenen Buch (Güntsche 2016, S. 4). Die „Ruhe in der Beschleunigung" zu finden war damals mein Fokus. Denn ich habe einige Jahre Zeit und einige Wake-up-Calls gebraucht, bis ich verstanden habe, wie wichtig es ist, geduldig zu sein und auch mal Pausen zu machen. Gerade wenn wir Eltern werden, tappen wir schnell wieder in diese Falle und blicken nach links und rechts, vergleichen und denken schnell, dass doch schon diese oder jede Entwicklung hätte eintreten müssen.

3 Die 7 Grundhaltungen der Achtsamkeit …

Dabei werden die Kinder doch so schnell groß, jede Minute sollten wir einfach versuchen zu genießen.

Alles entwickelt sich, wenn es sich entwickeln soll. Jedes Kind ist anders und hat besondere Stärken. Klar gibt es manchmal Gründe, warum wir dem einen oder anderen Entwicklungsschritt nachhelfen und es ist natürlich auch löblich, wenn wir Eltern uns kümmern, aber oft führt das auch zu einer Ungeduld, die sich dann auch auf unser Umfeld überträgt. Wenn ich ungeduldig über etwas erzählte, sagte meine Mutter mir immer nachfolgenden Satz. Noch heute höre ich ihn, wenn ich hetze und Dinge schneller forcieren und herbeiführen möchte. Er ist wie ein Mantra geworden, das ich mir selbst immer wieder in Erinnerung rufe und wodurch ich geduldiger werde:

„Es kommt alles zu seiner Zeit. Und alles hat seine Zeit." –
Ute Güntsche

Nutze dieses Mantra auch gerne für Dich selbst oder finde einen anderen Leitsatz, der Dich daran erinnert, dass es nicht immer schnell und sofort sein muss. Manchmal gelangen wir auch auf Umwegen zu dem, was wir eigentlich schon viel früher erreichen wollten. Und vielleicht hat das auch einen Grund, den wir erst viel später verstehen. Zu oft fehlt es uns an Geduld. Doch in der Ruhe liegt die Kraft, wie es so schön heißt! Das erinnert mich als „Star Wars"-Fan auch an Yoda, der zum ungeduldigen Luke Skywaker sagt: „Patience you must have." Zu Deutsch: „Geduld Du musst haben!" Bereits vor einigen Jahren schrieb ich in einem Blog-Beitrag wie viel wir von Yoda über das Leben und auch über die Haltung der Achtsamkeit lernen können. Jedes seiner Zitate liefert ein Stück Weisheit (THE DIGNIFIED SELF® 2019). Yoda ist ein kleiner großer Zen-Meister.

Im Rahmen des Buches „Die 7 Geheimnisse der Schildkröte" wird bei den 7 Geheimnisse eines meditativen Lebens mit aufgeführt „die Dinge langsam anzugehen: Wer Ziele erreichen möchte (…) kommt mit Eile und Hektik nicht weit" (Long und Schweppe 2010, S. 34). Es gibt auch viele Fabeln über eine Schildkröte und einen Hasen. Die Schildkröte geht gelassen, geduldig und fokussiert durchs Leben, der Hase rennt und eilt, wird dabei aber oft abgelenkt. Am Ende erreicht der Hase meist erst nach der Schildkröte das Ziel. Geschwindigkeit ist nicht die einzige Wahrheit, um Ziele zu erreichen. Fokus, innere Ruhe und Geduld führen auf lange Sicht häufig zum Erfolg. Ein wunderbarer Trainer für die Geduld sind Kinder.

Kennst Du es, wenn Du geduldig wartest, bis Dein kleines Kind sich die Schuhe angezogen hat oder selbst die Hände gewaschen hat? Wenn es versucht, die richtigen Worte zu finden, um Dir etwas aus dem Kindergarten zu erzählen? Oder wenn es langsam mit Dir zusammen etwas von Lego oder Playmobil zusammenbauen möchte? Oder wenn Du es eben eilig hast und Dein Kind doch noch lieber Marienkäferpunkte zählen möchte, als sich zu beeilen?

Eltern sein erfordert Geduld – viel Geduld

Wir dürfen es täglich aufs Neue üben. Es ist eine wunderbare Möglichkeit des Praktizierens von Achtsamkeit, sich dies ganz bewusst zu machen. Geduldig ein- und auszuatmen, wenn wir darauf warten, dass unser Kind fertig ist, statt es zu hetzen. Die Kehrseite der Medaille der Geduld ist die Wut. Wenn wir die Geduld verlieren, platzt uns sprichwörtlich der Kragen und wir werden schnell wütend. Sich auch das zu vergegenwärtigen kann Achtsamkeit in uns erzeugen.

> **Im Stau stehen kann auch als Geduldsprüfung gesehen werden**
>
> Wenn wir zum Beispiel beim Auto fahren oder Fahrrad fahren im Stau stehen, merken wir vielleicht, wie wir ungeduldig werden, vielleicht sogar wütend oder auch mal schimpfen. In diesen Momenten kannst Du Dir vergegenwärtigen, dass Du eine Geduldsprüfung bekommen hast und Dich darauf konzentrieren, dass Dir der Stau quasi eine Pause im hektischen Alltag „schenkt". Selbst wenn Dir das nur kurz gelingt, ein kurzer Moment ist mehr als nichts: 1 % Geduld ist größer als 0 %. Eine Sekunde ist länger als null Sekunden. Wer weiß, vielleicht schaffst Du es das nächste Mal sogar schon, zwei Sekunden geduldig zu sein? Probiere es doch einfach mal aus, junger Jedi-Ritter.

Geduld üben – Impulse & Übungen für „mindful" Moms & Dads

 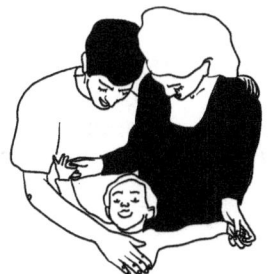

Nachfolgend ein paar Impulse, um die achtsame Haltung der Geduld zu aktivieren.

1. Übung: Sound-Meditation als Geduldsprüfung

Ich bin eine Liebhaberin der Musik. Ich möchte Dir daher einen musikalischen Vorschlag unterbreiten, um Deine Geduld zu üben. Gehe doch mal wieder in eine Oper, sie sind meist etwas länger und das kann für den einen oder anderen eine gute Geduldsprüfung sein. Alternativ kannst Du Dir die Instrumentalaufnahmen in der begleitenden App anhören, in denen ich Harmonium für Dich gespielt habe (scanne einfach Abb. 3.7, 3.8 und 3.9).

Es gibt Akkorde, die klingen angenehm im Ohr, andere vielleicht weniger. Versuche, von Anfang bis Ende die Aufnahmen anzuhören, und übe Dich in Geduld. Geduld ist

Abb. 3.7 Audio-Track 7 „Harmonium Sound Meditation 1" (▶ https://doi.org/10.1007/000-bg1)

Abb. 3.8 Audio-Track 8 „Harmonium Sound Meditation 2". (Illustration: Fine Heininger) (▶ https://doi.org/10.1007/000-bg5)

Abb. 3.9 Audio-Track 9 „Harmonium Sound Meditation 2". (Illustration: Fine Heininger) (▶ https://doi.org/10.1007/000-bg6)

nicht nur schmerzhaft, vielleicht hast Du auch schöne Momente zwischendurch in dieser Sound-Meditation. Hier geht es zu den Harmonium-Klängen. Für viele Menschen ist dieses indische Instrument auch wohltuend und heilsam. Finde es für Dich heraus. Viel Spaß beim achtsamen, geduldigen Zuhören!

2. Übung: Lego als Geduldspraxis

Setz Dich geduldig mit Deinem Kind zusammen und baue etwas aus Legosteinen. Das erfordert Geduld, für mich persönlich ist es eine der besten Achtsamkeitspraktiken geworden, denn mich macht Lego bauen tendenziell aggressiv, da mir die Teile immer wieder auseinanderfallen. Wenn wir also geduldig versuchen, nicht mit einer Haltung ranzugehen, dass wir etwas Bestimmtes schaffen müssen, ganz bei der Sache sind, ohne zu urteilen, und auch akzeptieren, dass das Gebaute mal wieder auseinanderfällt, sind wir in einem Mindset, welches einer Meditation ähneln könnte. Lassen wir unserem Kind doch einfach seine Freude, schauen zu und assistieren nur, wenn es uns braucht und darum bittet. Alles kann entstehen, nichts muss. Und wenn der entstandene Lego-Turm am Ende wieder zusammenfällt, dann sollte auch das völlig in Ordnung sein. Es ist was es ist. Mit Geduld kannst Du morgen einfach etwas Neues bauen.

3. Übung: 1-Minute Stille

Stelle einen Timer auf eine Minute. Kannst Du eine Minute absolut gar nichts tun, außer Dich auf Deinen Atem zu konzentrieren? Nimm wahr, wie Du Dich dabei fühlst. Ist es unangenehm für Dich, in Stille zu verweilen? Fühlst Du eine Ungeduld, endlich die Augen wieder zu öffnen und weiterzumachen? Möchtest Du wissen, wie viel Zeit vergangen ist? Bemerke diese Emotionen, ohne sie zu bewerten, und bring Deine Aufmerksamkeit auf Deinen Atem. Wenn das gut klappt für Dich, probiere es beim nächsten Mal etwas länger (2 min, 3 min etc.). Teste Deine Geduld! Diese Übung kann man auch wunderbar gemeinsam mit Kids machen.

4. Übung: Schildkröten-Vision

Stelle einen Timer auf drei Minuten und schließe Deine Augen. Stelle Dir ein Bild einer freundlichen Schildkröte vor. Visualisiere sie, wie sie Schritt für Schritt, noch vor einem Hasen, ein Ziel erreicht. Gib Dir Zeit und Raum und konzentriere Dich auf Deinen Atem. Versuche, Vertrauen darin zu schöpfen, dass alles zu seiner Zeit passiert. Vielleicht ist dieses imaginäre Bild auch ein schöner Start für eine gemeinsame Fantasiereise mit Deinem Kind (s. Kap. 1)? Lasst der Kreativität einfach freien Lauf ...

5. Übung: Reflexionsübung Geduld

Wann hattest Du in Deinem Leben mal eine Erfahrung, in der Du unruhig wurdest, da das, was Du wolltest, nicht passierte? Was resultierte im Rückblick daraus? Häufig verstehen wir das Leben erst rückwärts. Diese Übung und diese Bewusstseinsschärfung können uns innere Ruhe schenken.

6. Übung: Sich der Unruhe und Ungeduld bewusster werden

Geh einmal in Dich und frage Dich: In welchen Momenten fühlst Du Dich unruhig? Spüre in Dich hinein und überlege, was Du in diesem Moment brauchst? Was würde Deinem ungeduldigen Ich jetzt guttun? Wie würdest Du Dich dabei fühlen etwas langsamer zu gehen und die Dinge mit etwas mehr Ruhe zu tun? Schritt für Schritt.

3.9 Kreative Achtsamkeitsimpulsseite #3 „Marienkäfer entdecken"

Auf dieser Seite kannst Du Deiner Kreativität freien Lauf lassen und die Marienkäfer kennenlernen und zum Leben erwecken. Male die Marienkäfer aus, gib ihnen Namen, überlege, wie ihre Stimmung sein könnte? Dies kannst Du allein oder auch mit Deinem Kind/Deinen Kindern gemeinsam machen. Viel Freude dabei!

Literatur

Arbor Seminare (2022), Bob Stahl, https://www.arbor-seminare.de/bob-stahl. Zugegriffen: 20.11.22

Bardacke N 2012, Mindful Birthing, Training the mind, body, and heart for childbirth and beyond, Harper Collins Publishers, 195 Broadway, New York, NY 10007.

Bögels, S. (2018) Elternsein – die ganze Katastrophe: Achtsam mit Kindern wachsen, Arbor Verlag

Bögels, S & Restifo, K (2015) Mindful Parenting: A Guide for Mental Health Practitioners, WW Norton & Co.

Carnegie, D (2003) Sorge dich nicht – lebe! 91. Auflage 2003, Scherz Verlag, Bern

Eltern Bildung (2022), https://www.eltern-bildung.at/expert-inn-enstimmen/keine-angst-vor-der-angst-ueber-entwicklungsbedingte-kinderaengste-und-ihr-potenzial/#:~:text=In%20den%20ersten%20zehn%20Lebenswochen,(Moro%2DReflex)%20ausgel%C3%B6st. Zugegriffen: 23.04.22

Früchtenicht K, Seifert, G (2020) Von Anfang an gesund, Gesundheitskräfte natürlich stärken für Kinder von null bis drei, 1. Aufl. hanserblau, München

GEOlino (2022), Goethe: Zitate eines berühmten Dichters, https://www.geo.de/geolino/mensch/20028-rtkl-goethe-zitate-eines-beruehmten-dichters

Güntsche, L (2016), Achtsamkeit in digitalen Zeiten, Springer Fachmedien Wiesbaden 2017

Ibuka M (1969), Der Kindergarten kommt zu spät, Goverts

Imlau, N (2022) In guten Händen, 1. Auflage, Ullstein Hardcover

Kabat-Zinn J (1990) Jeder Augenblick kann dein Lehrer sein, 1000 Momente der Achtsamkeit. Barth, München

Kabat-Zinn J, Kierdorf T (2013) J Im Alltag Ruhe finden: Meditationen für ein gelassenes Leben (German Edition) Knaur MensSana eBook. Kindle-Version

Kabat-Zinn J (2014) Jeder Augenblick kann dein Lehrer sein, 1000 Momente der Achtsamkeit. Barth, München (Erstveröffentlichung 1990)

Knörnschild J (2022) Chillig mit Baby, Kiwi Verlag
Largo R (2000) Babyjahre, Piper Verlag GmbH, München 2000
Long A, Schweppe R (2010) Die 7 Geheimnisse der Schildkröte, 12. Auflage Taschenbuchausgabe 5/2010, Wilhelm Heyne Verlag München, Verlagsgruppe Random House
Mikosch, C (2020), Der kleine Buddha und das Wunder der Zeit, Verlag Herder GmbH, Freiburg im Breishau 2020
Montessori Bayern (2022) https://www.montessoribayern.de/landesverband/paedagogik/m-paedagogik-die-bereiche/innerer-bauplan. Zugegriffen: 09.10.22
Praxis Psychologie (2022) https://www.praxis-psychologie-berlin.de/die-7-grundsaetze-der-achtsamkeit-3-anfaenger-geist/. Zugegriffen: 23.04.22
Scharnowski J (2021) Einatmen. Ausatmen. Mutter sein: Die nervigsten Situationen im Familienalltag – und wie du sie löst. Endlich weniger müde, kraftlos und gereizt, Humboldt
Spiegel Dich (2022) https://spiegeldich.net/anfaenger-geist#:~:text=Der%20Geist%20eines%20Anf%C3%A4ngers%20bringt,wirklich%20das%20erste%20Mal%20sehen. Zugegriffen: 24.04.22
Suzuki S (2016) Zen Geist – Anfänger-Geist, Unterweisungen in Zen-Meditation – Limitierte Sonderauflage
Tagesspiegel (2022), Krisen sind entscheidender für gute Bindungen als Quality Time, Tagesspiegel, 21.08.22.
TED.com (2022) Brene Brown – Listening to shame, https://www.ted.com/talks/brene_brown_listening_to_shame. Zugegriffen: 25.09.22
THE DIGNIFIED SELF® (2019), TOP 10 YODA ZITATE FÜR JEDEN TAG, https://thedignifiedself.com/de/inspiration-5-sieben-yoda-zitate-fuer-jeden-tag/. Zugegriffen: 15.11.22
Valentin L, Kunze, P (2015) Die Kunst gelassen zu erziehen, Arbor Verlag
Van de Reijt H, Plooij X (2019), Oje, ich wachse, Goldmann Verlag
Vipassana Meditation, Dhamma.org (2022), Vipassana, https://www.dhamma.org/de/index.Vipassana+Meditation+Short+IntroA. Zugegriffen: 25.04.22

Yoga Aktuell 2022, https://www.yoga-aktuell.de/yoga/meditation/eine-meditation-fuer-dich-das-gasthaus/. Zugegriffen: 09.12.22

YouTube Mind Unlimited Mindfulness (2022), https://www.youtube.com/@mindsunlimitedmindfulnessg8263. Zugegriffen: 30.11.22

Zentrum für Psychosynthese (2022), https://www.zentrum-fuer-psychosynthese.de/kultivierung-achtsamkeit-kabat-zinn.html. Zugegriffen: 23.04.22.

4

Work-Life-Kid-Blending: Eine integrative Haltung, wenn Grenzen verschwimmen

Statt einer Trennung von Arbeit und Privat- bzw. Familienleben, braucht es mehr und mehr eine Integration dieser Welten: eine gelingende Vereinbarkeit, eine gute Work-Life-Kid-Integration.

4.1 Vereinbarkeit von Family- und Businessleben – eine Frage der (inneren) Haltung

> **Work-Life-Kid-Blending**
>
> „Work-Life-Balance" – ist dieser Ausdruck noch zeitgemäß? Ich denke „Work-Life-Blending" bzw. Work-Life-Integration trifft es eher. Und wenn wir Eltern werden: „Work-Life-Kid-Blending". Am Ende des Tages haben wir schließlich nur „ein Leben". Da darf alles seinen Platz darin finden, was uns wichtig ist.
>
> Für unser Leben, welches bestenfalls alle Ebenen, oder auch „Töpfe", wie es kürzlich auch Schauspielerin Drew Barrymore (Cosmopolitan 2022) nannte, inkludieren sollte, die uns essenziell erscheinen, brauchen wir ein System, das dies gut stützt und unterstützt. Sonst entsteht Stress. Wir brauchen eine gelingende Vereinbarkeit.

Spätestens seit der Corona-Pandemie und seitdem viele vermehrt im Homeoffice arbeiten, vermischen sich die Grenzen zwischen Privatleben und Arbeit mehr denn je. Jeder Zweite fühlte sich gemäß Studien überfordert mit der Vermischung dieser Grenzen (Spiegel.de 2020). Das ist verständlich. Denn es ist nicht leicht, wenn beispielsweise die Kita schließt, Homeschooling angesagt ist und wir als berufstätige Eltern trotzdem gefordert sind, „normal" weiter zu performen, an Meeting-Marathons teilzunehmen und dabei mit dem Laptop neben dem Spielzeug sitzend dem Kind und Arbeitgeber:in/Auftraggeber:in gerecht werden sollen. In diesem Kontext wird auch gerne von „Vereinbarkeit" gesprochen und es stellen sich Dir früher oder später vielleicht Fragen, wie:

„**Wie soll ich das alles nur schaffen? Wie kann ich allem gerecht werden und mich dabei auch selbst nicht aus den Augen verlieren?**"

Als berufstätige Mutter, also als „Working Mom", kenne ich es selbst gut, wie herausfordernd es manchmal sein kann, alle „Bälle in der Luft zu halten". Ich denke, da hilft Gelassenheit und eine achtsame Haltung, um all dem mit Resilienz begegnen zu können. Die Corona-Pandemie und die „Einschränkungen des öffentlichen Lebens" haben Familien gemäß des Familienreports 2020 des Bundesministeriums für Familie, Senioren, Frauen und Jugend unterschiedlich wahrgenommen: „Während ein Teil diese Zeit eher positiv erlebt hat, standen insbesondere Familien mit jüngeren Kindern vor zahlreichen Herausforderungen. Für mehr als jede zweite Familie war vor allem die Neuorganisation der Kinderbetreuung schwierig" (Familienreport 2020, S. 9). Fragen der Vereinbarkeit von Familie und Beruf haben seit der Pandemie einen ganz neuen Stellenwert bekommen. Unternehmen haben sich in diesen Zeiten hauptsächlich durch Verständnis für Familien ausgezeichnet und sich ganz überwiegend „als unterstützende Verantwortungspartner der Eltern bewiesen" (Familienreport 2020, S. 9). Die Bedeutung von „Familienfreundlichkeit" bei der Unternehmensauswahl ist in den letzten Jahren um mehr als 30 % gestiegen! Von 47 % in 2003 auf 83 % in 2019 (Familienreport 2020, S. 18). Weitere spannende Zahlen aus dem Familienreport 2020 sind die Aspekte in Abb. 4.1.

Wir sehen, es tut sich etwas im Zeitgeist rund um das Thema Vereinbarkeit in unserer Generation, obgleich auch einiges unverändert geblieben ist. Nach wie vor wenden die Mütter mehr Zeit für die Kinderbetreuung auf und arbei-

190 L. Güntsche-Hilgendag

STATISTIKEN AUS DEM FAMILIENREPORT 2020

Auszug aus dem Familienreport 2020, S. 10, des Bundesministeriums für Familie, Senioren, Frauen und Jugend: Familie heute. Daten. Fakten. Trends

> „Mehr als 2/3 Drittel der Bevölkerung erwarten heute, dass Väter sich um ihre Kinder kümmern, sich stark im Familienalltag engagieren und ihre Partnerin unterstützen."

> „Knapp 3/4 Viertel (71 Prozent) der Deutschen lehnten 2017 die Aussage ab, dass es die wichtigste Aufgabe einer Frau sei, sich um Haushalt und Familie zu kümmern."

Abb. 4.1 Familienreport Statistik. (Familienreport 2020, S. 10; Illustration: Fine Heininger)

ten häufiger in Teilzeit – das hat sich unabhängig von der Corona-Pandemie nicht verändert (Familienreport 2020, S. 25). Das Thema Vereinbarkeit ist wichtig und sollte sowohl im privaten Kreis als auch in Unternehmen besprochen werden. Mehr und mehr Menschen machen sich dafür stark. Einige habe ich im Rahmen meines Buches interviewt, da auch ich mich für eine gelingende Vereinbarkeit stark machen möchte. So habe ich bspw. mit Sarah Drücker, Co-Founderin von smart worq gesprochen. Sie hat in Kooperation mit der IHK Köln einen eigenen Zertifikatslehrgang als Vereinbarkeitsmanager:in (IHK) ins Leben gerufen (s. Kap. 5). Auf der Webseite der IHK Köln wird Vereinbarkeit dabei wie folgt definiert:

> „Die Vereinbarkeit ist eine Balance, die etabliert und dann kontinuierlich gepflegt werden muss. Ihr Fundament ist ein Zusammenspiel unterschiedlicher Bausteine, die individuell nach den Bedürfnissen des Unternehmens und der Mitarbeitenden ausgewählt und zusammengesetzt werden müssen" (IHK Köln 2022).

Auch meine Interviewpartnerin Ines Imdahl, vierfache Mutter und erfolgreiche Unternehmerin (Rheingold Salon 2022), setzt sich als echtes Role-Model für das Thema einer gelingenden Vereinbarkeit ein. Sie teilte in unserem Gespräch kreative Impulse, sich die Care-Arbeit aufzuteilen trotz Vollzeitbeschäftigung beider Eltern (s. Kap. 5). Es ist eine organisatorische Frage, die Frau und Mann gleichermaßen betreffen sollte.

Fakt ist: Vereinbarkeit ist ein relevantes Thema, das jeden betrifft. Nicht nur Frauen.

Auch in meinem Interview mit Sandra Runge, Rechtsanwältin, Autorin und Proparents-Initiatorin (Proparents Initiative 2022) habe ich mich darüber unterhalten (s. Kap. 5). Sie beleuchtete dabei den Aspekt der Elterndiskriminierung, die leider häufiger berufstätige Frauen trifft und fordert gesetzliche Anpassungen. Denn viele Menschen in Deutschland werden benachteiligt, da sie Eltern sind. In Sandras Runges und Karline Wenzels kürzlich erschienenen Buch *„Glückwunsch zum Baby, Sie sind gefeuert!"* (Runge und Wenzel 2022) wird eine beachtliche Zahl in diesem Zusammenhang kundgetan: „Nach neuesten Statistiken fühlen sich 41 % der erwerbstätigen Eltern im Job diskriminiert" (Runge und Wenzel 2022, S. 9). Das ist eine Menge, oder?

Was Vereinbarkeit mit Achtsamkeit zu tun hat?
Haben wir viele Bälle in der Luft, um Familie und Arbeit unter einen Hut zu bekommen, hilft eine achtsame Grundhaltung um nicht aus der Ruhe zu geraten. Werden wir auch noch im Job diskriminiert, weil wir Eltern werden oder sind, löst das vermutlich große Stresspotenziale in uns aus. Stress, den wir durch innere Stabilität und Resilienz (Folgen der regelmäßigen Achtsamkeitspraxis) lernen besser zu verkraften und solchen Situationen besser zu begegnen (s. Kap. 1). „Was auch immer geschieht, unsere innere Ruhe kann so sehr gefestigt werden, dass uns fast nichts mehr aus dem Gleichgewicht wirft" (Long und Schweppe 2010, S. 34).

Planen wir eine Familie oder weitere Kinder, wäre es zudem ratsam, sich im Vorfeld bewusst Gedanken zu machen mit unserem Partner:in, sofern es einen gibt und das möglich ist, wie man sich organisieren möchte. Hier ist es sinnvoll zu reflektieren und offen und wertfrei zu kommunizieren, welche Bedürfnisse jeder hat: Wer bleibt zu Hause, wer geht wie lange in Elternzeit, wer übernimmt die Care-Arbeit in welchem Anteil, wer ist für die Mental-Load verantwortlich, sprich das Organisieren von Kindergeburtstagen, Kommunikation rund um Kita- und Schulalltag, Entertainment-Programm, Arztbesuche? Wie ist es mit dem Geld zum Leben, das gebraucht und verdient werden muss als Familie? Sich über solche wichtigen Themen im Vorfeld ein gemeinsames Bewusstsein zu verschaffen, ist dringend zu empfehlen. So meinte auch Ines Imdahl in unserem Interview-Gespräch. Es braucht es einen klaren Plan, um allen gerecht zu werden. Da muss man sich vorher ganz bewusst Gedanken machen, nicht erst wenn man Eltern ist (s. Kap. 5). Auch hier ist Achtsamkeit gefragt! **Die erhöhte Care-Arbeit plus der Wunsch, die eigene Karriere voranzutreiben, führen bei vielen berufstätigen Müttern in Summe zu mehr Stress.**

> **Übung für den Alltag: Inneres vs. äußeres System**
>
> Es ist sinnvoll stets zu schauen, was wir beeinflussen können („inneres System") und was eben nicht („äußeres System"). Denn was wir immer ganz bewusst und jederzeit anpassen können ist: unsere innere Haltung, wie wir auf Dinge reagieren und ihnen emotional begegnen. Es liegt bei uns selbst zu entscheiden, wie sehr wir uns vom „Außen" stressen und einnehmen lassen und wie wir damit umgehen. Die Stressfaktoren entstehen und gehören in einem bestimmten Maße einfach zum Leben dazu, aber wie stark wir sie an uns herankommen lassen, das liegt in unserer eigenen Hand.
>
> **Wir können es nicht ändern, wenn es mal regnet. Aber wir können Gummistiefel kaufen und in Matschepfützen springen. Es ist eine Frage der (inneren) Haltung. Und ebenfalls können uns unsere Kinder hier unterstützen indem wir uns von ihnen mitreißen lassen und im JETZT leben, statt uns konstant Sorgen über das morgen oder das gestern zu machen.**
>
> Wenn uns etwas passiert, bei der Arbeit oder im Familienleben, das uns geärgert hat, sollte es nicht die Macht bekommen, dass wir den ganzen Tag darüber nachdenken, sodass es uns komplett einnehmen kann. Diese Entscheidung können wir bewusst treffen. Im Buddhismus spricht man auch von dem Dolch, den Du bewusst entscheiden kannst, zu stechen. „Groll kann nicht durch Groll befriedigt werden, sondern allein durch Vergessen beseitigt werden", wie es in den Lehren Buddhas heißt (Kyokai 1995, S. 233).
>
> Manche Dinge sind beeinflussbar, andere nicht. Ich empfehle den Fokus daher auf die Bereiche zu richten, die wir kontrollieren können und hier das Bewusstsein zu schärfen: **Unser inneres System.** Serviert uns das **„äußere System"** vermehrte Stresspotenziale, können wir lernen, besser mit Stress

> umzugehen, Stichwort: Achtsamkeit. Serviert uns das äußere System häufige Veränderungen, können wir Wege und Routinen etablieren, um leichter mit diesem Wandel umgehen zu können, Stichwort: Change-Mindset (s. Kap. 2). Das äußere System, wie zum Beispiel Regularien eines Landes, Turbulenzen in der Welt oder auch die Vergangenheit können wir leider nicht immer vollumfänglich beeinflussen, aber das, was wir selbst gestalten können, ist unser inneres System, unsere eigene Haltung und die Reaktion auf Geschehnisse, die uns „auferlegt" werden, können wir beeinflussen.
>
> „Wir können die Wellen nicht aufhalten. Aber wir können lernen, sie zu surfen" – dieses Zitat von Jon Kabat-Zinn kennst Du bereits (s. Kap. 1).
>
> „Kümmere dich nicht zu sehr um das Außen – kümmere dich lieber um dein Inneres" (Long und Schweppe 2010, S. 25). Wäge immer wieder ab, ob die Dinge, die passieren im inneren oder äußeren System liegen und ob Du sie entsprechend beeinflussen kannst oder eher akzeptieren darfst. **Wähle bewusst, worauf Du Deine Energie lenkst!** Die Abb. 4.2 liefert ein paar Beispiele für Dinge, die Du beeinflussen bzw. nur bedingt verändern kannst.

Auch Sandra Runge erklärte in unserem Interview-Gespräch, dass es ihr helfe, mit Stress umzugehen, indem sie sich stets ins Gedächtnis ruft, was sie ändern kann und was eben nicht. Über Dinge, die sie eh nicht ändern kann, wie zum Beispiel, wenn sie das Kind früher aus der Schule abholen muss, da es krank geworden ist, regt sie sich nicht mehr auf und macht sich nicht unnötig Stress. Sie nimmt die Situation so an, wie sie ist und organisiert sich entsprechend mit ihrem Mann (s. Kap. 5). Bei Dingen hingegen, die sie beeinflussen kann, geht sie voll rein und arbeitet an konstruktiven Lösungswegen.

So kannst Du vielleicht auch für Dich prüfen: Was kann ich beeinflussen? Und was darf ich akzeptieren lernen? Ganz im Sinne der achtsamen Haltung der Akzeptanz und des Loslassens (s. Kap. 3). Wenn Du erkennst, dass Du etwas ändern möchtest, zum Beispiel eine bessere Integration aus Business- und Family-Leben herbeiführen möch-

INNERES VS.
ÄUßERES SYSTEM

Abb. 4.2 Inneres vs. äußeres System. (Illustration: Fine Heininger)

test, dann fang am besten bei Dir selbst an (s. Abb. 4.3). Das kannst du beeinflussen. Das Außen nicht unbedingt.

Wie schon Mahatma Gandhi sagte:

„Du musst der Wandel sein, den Du in der Welt sehen möchtest." – Mahatma Gandhi
 (Valentin und Kunze 2015, S. 15).

Abb. 4.3 Selbst der Wandel sein – Von der Raupe zum Schmetterling. (Illustration: Fine Heininger)

4.2 Symbiose aus Karriere und Familie – eine Zeit für bewusste Entscheidungen

Anekdote

Mein Weg in die Selbstständigkeit begann mit einer ernüchternden Auswertung meiner Gesundheitswerte bei einer Routine-Untersuchung. Meine Ärztin sagte zu meinem 29-jährigen jüngeren Ich: „Wenn Sie so weiter leben wie bisher, werden Sie keine 35 Jahre alt."

Das war ein harter Wake-up-Call, woraufhin ich mein Leben massiv veränderte. Ich verließ meine damalige unbefristete Festanstellung als Führungskraft in einem renommierten Beratungsunternehmen und startete in die Selb-

4 Work-Life-Kid-Blending: Eine integrative ...

ständigkeit als freie Beraterin. Ich tauschte Stabilität gegen Freiheit. Ich stellte den Wert der Gesundheit über den des Geldes, denn ob die freiberufliche Tätigkeit klappen würde, dafür hatte ich keinerlei Sicherheit oder Rücklagen. Nach mittlerweile elf Jahren Selbstständigkeit kann ich sagen: Es lief im Großen und Ganzen sehr gut. Ich habe den Schritt nicht bereut. Der Weg zu meinem ersten Buch startete ebenfalls mit einem radikalen Schritt. In einer Zeit, als ich eines meiner besten Beratungsmandate im Bereich Digitalisierung erhielt, entschied ich, dieses frühzeitig zu beenden und stattdessen ein Buch über Achtsamkeit zu schreiben. In meinem Netzwerk konnten das damals vermutlich viele nicht verstehen, aber ich hatte einen Wert, der für mich besonders wichtig geworden war, der in diesem Moment das Steuer übernahm: Bewusstseinsschärfung. Es war wie etwas Größeres, worauf ich einzahlen wollte, einen Beitrag, den ich leisten wollte! Ich wollte mich für mehr Achtsamkeit in der Wirtschaft und Gesellschaft einsetzen, da ich aus eigener Erfahrung gelernt hatte, wie heilsam die Achtsamkeitspraxis ist, gerade für Menschen mit einem Leben auf der Überholspur.

Durch meine Selbständigkeit als freie Beraterin sowie durch meine Tätigkeit als Buchautorin haben sich viele neue Türen geöffnet und neue Menschen und Möglichkeiten traten in mein Leben, die ich zuvor gar nicht am Horizont gesehen hatte und die auf meiner weiteren Reise sehr wichtig wurden. Ich bin mir selbst dadurch nähergekommen, ein Gefühl, als würde ich „nach Hause kommen". Ich hatte neue Wege eingeschlagen und die Zeit hat gezeigt: Es war mein Weg.

Was ich damit sagen möchte: Geh Deinen Weg. Aber gehe bewusst. Entscheide bewusst. Es gibt unterschiedliche Lebensphasen, Du darfst Dich jederzeit wieder entscheiden, andere Wege einzuschlagen. Es ist Dein Leben!

Um seinen Weg bewusst gehen zu können und auch Veränderungen zu meistern, sollten wir Klarheit haben über die Werte, die uns treiben (s. auch Kap. 2). Manchmal denken wir vielleicht, dass eine Chance, die sich zeigt, die einzige ist, dass es nur diesen einen Weg zum Erfolg oder zur Zufriedenheit gibt. Aber wie sagt man so schön: „Viele Wege führen nach Rom". Essenziell ist es, denke ich, sich selbst treu zu bleiben und sich sehr bewusst zu machen, ob die Chancen, die sich auftun und die Pfade, die wir gehen, auch wirklich auf unsere Werte einzahlen und gerade in unsere Lebensphase passen. Denn je nach Lebensphase, können sich Werte sowie Prioritäten verändern.

Schaut man sich die Forschung an sieht man, dass seit 2019 für 77 % bzw. bis zu sogar 91 %, bei Eltern mit minderjährigen Kindern, der wichtigste Lebensbereich die FAMILIE ist. Gefolgt von dem Beruf, den Freunden und den eigenen Interessen (s. Abb. 4.4, in Anlehnung an Familienreport 2020, S. 35).

Karriere oder Familie?
Die Entscheidung „Karriere oder Familie" ist keine Entscheidung, die nur ein A oder B hat, es gibt auch viele Mittelwege
Es gibt nicht nur den einen Weg, die eine Antwort. Und sicherlich gibt es, genauso wenig wie bei der Erziehung, ein Patentrezept, das für alle passt. Zeitliche Aspekte der Lebensphasen, Kompromisse und individuelle Lösungen sind *gefragt.*

Du wünschst Dir nichts mehr als die Beförderung in Deiner Firma? Dann suche das Gespräch mit den Menschen, die Dir in puncto Familie unter die Arme greifen, und besprecht, wie viele Arbeitsstunden möglich wären und welche Auswirkungen das eventuell hätte. Hier ist natürlich auch relevant, sich die Frage zu stellen, wie viel Zeit man persönlich noch mit dem eigenen Kind verbringen möchte und was finanziell möglich ist. Setze Dich

4 Work-Life-Kid-Blending: Eine integrative …

BEDEUTUNG DER LEBENSBEREICHE, 2006–2019

IfD Allesbach (2019): Veränderungen der gesellschaftlichen Lebensbereiche, S.5, Auszug aus Familienreport 2020 des Bundesministeriums für Familie, Senioren, Frauen und Jugend: Familie heute. Daten. Fakten. Trends Familienreport 2020, S.35

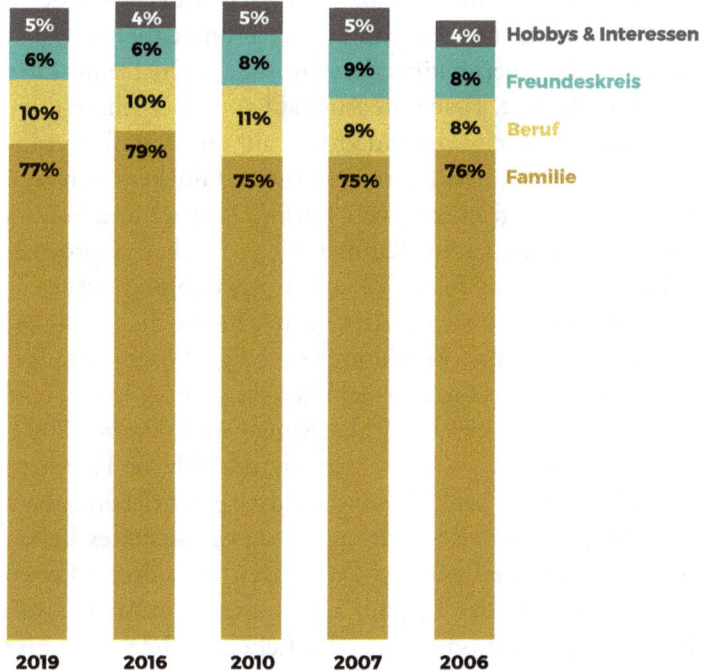

Abb. 4.4 Bedeutung der Lebensbereiche. (Familienreport 2020, S. 35; Illustration: Fine Heininger)

genauso mit Deinem/r Auftraggeber:in zusammen, mit einem durchdachten Angebot von Deiner Seite mit klaren Grenzen und Möglichkeiten, was Du leisten kannst und möchtest, und schaut gemeinsam, was in Deinem Unternehmen realisierbar wäre.

Ich kenne viele Beispiele, die individuelle Lösungen gefunden haben. Unternehmen, die Führungspositionen in Teilzeit unterstützen, Führungspositionen, die im Job-Sharing-Modell zwischen zwei Personen kapazitiv aufgeteilt werden, Partner:innen, die in der aktuellen Lebensphase eh gerne mehr Zeit mit der Familie hätten und daher beruflich eine Zeit lang gerne kürzer treten, sodass Du Deine Ziele verfolgen kannst. Eine tolle Auswahl an Unternehmen, die familienfreundlich sind und kreativ auf ihre Mitarbeiter:innen eingehen, findest Du in dem Buch „Glückwunsch zum Baby, Sie sind gefeuert", von Karline Wenzel und Sandra Runge, die ich auch im Rahmen dieses Buches gesprochen habe (s. Kap. 5). „Unsere Väter können während der nachgeburtlichen Mutterschutzfrist, also acht Wochen nach der Geburt, bei voller Bezahlung zwanzig Prozent weniger arbeiten", erklärt zum Beispiel Nina Straßner, Global Head of People Initiatives bei SAP (Runge und Wenzel 2022, S. 253). Es gibt viele Unternehmen, die sich die Familienfreundlichkeit wahrhaftig auf die Fahne geschrieben haben.

Relevant bei den Schritten die unser aktuelles Leben betreffen, ist, dass wir nicht vergessen, dass dieses Leben endlich ist und der Tag nur eine bestimmte Anzahl von Stunden hat. Achtsamkeit – das Leben im Jetzt – ist hier hilfreich. Achtsamkeit heißt auch sich zu erinnern und wieder bewusst zu werden.

Erinnere Dich am besten täglich daran, bewusst zu leben und Dankbarkeit auch in den kleinen Dingen zu finden. Ich wollte bspw. lange Zeit keine Kinder, ich war ein wahrer Karrieretyp. Ich liebe meinen Job und gehe darin sehr auf. Meine Projekte und später meine Firma – das war mein Baby. Ich wollte reisen, die Welt sehen, frei sein, coole Projekte rocken. Da passte lange das Bild als Mutter für mich persönlich nicht hinein. Erst als ich meine Mutter verlor, wurde mir klar, wie kurz das Leben ist und es änderten sich die Prioritäten.

Dank Mutter Natur und dem richtigen Partner an meiner Seite wurde ich kurze Zeit später mit einem Sohn beschenkt, der seither das Wichtigste in meinem Leben ist. Ich habe mich umorganisiert, die Prioritäten haben sich verlagert, ich habe neue bewusste Entscheidungen getroffen. So arbeite ich beispielsweise in Teilzeit mit durchschnittlich 30 h pro Woche und verbringe den Nachmittag meist mit meinem Sohn. Dieser Mix erfüllt mich mit Freude und Dankbarkeit, jeden Tag aufs Neue. Das gilt es immer wieder zu betrachten und ggf. auch neue Entscheidungen für eine gelingende Vereinbarkeit zu treffen, alleine oder auch mit dem/r Partner:in zusammen.

Bewusste Entscheidungen

Bewusst entscheiden meint auch immer wieder sicherzustellen, dass das, worauf Du Deine Zeit verwendest, auch darauf einzahlt, dass es Dich zum Strahlen bringt.

Sind es nun die gemeinsamen Stunden mit dem Kind im Sandkasten, die Präsentation im Vorstandsgremium, eine Jam-Session mit Musikern, das Unterstützen eines gemeinnützigen Zweckes, ein Sabbatical, um unentdeckte Länder zu bereisen oder einfach das gemeinsame Abendessen mit der Familie, das Dir täglich Freude schenkt? Wenn Du hier Klarheit hast, ein geschärftes Bewusstsein für Deine Bedürfnisse und Deine Werte, wird sich der Rest mit der Zeit regeln. Hier hilft eine geduldige Haltung einzunehmen, im Sinne der Achtsamkeit (s. Kap. 3).

Unterstützt Dich Dein Wunschunternehmen nicht dabei, einen Weg zu finden, um Kind und Karriere unter einen Hut zu bringen, ist es vielleicht nicht das richtige Umfeld. Sei also nicht traurig, wenn die Dinge anders kommen. Sie werden Dir auf jeden Fall Klarheit schenken und Dein Weg wird sich daraus entfalten. Unterstützt Dein:e Partner:in Dich nicht bei Deinen Träumen, hast Du ein ganz anderes Thema, das vielleicht erst mal Deine Aufmerksamkeit braucht.

Wie mein Buch-Buddy Juliane Seyhan so schön in einem unserer Gespräche im Rahmen der Manuskript Entwicklung sagte: **„Der richtige Mann ist die wichtigste Karriereentscheidung!"**.

Ein valider Punkt, denn es ist essenziell, einen Menschen an unserer Seite zu haben, der/die uns unterstützt in den Themen, die uns wichtig sind.

In meinem Interview-Gespräch mit der wunderbaren Andrea Lindau, Life Trust-Geschäftsführerin, Hebamme, Autorin und für viele ein Vorbild weiblicher Führungsqualitäten, sprach ich mit ihr über die Liebe. **„Die Liebe und Lieben drückt für mich aus, Dich darin zu unterstützen, Dich zu entwickeln. Dir dabei zu helfen, dass Du voll erblühen kannst. Das ist Liebe"** (s. Interview, Kap. 5). Weiter erklärte Andrea Lindau, die selbst Mutter ist und sich mit ihrem ebenfalls in der Öffentlichkeit stehenden Mann, Veit Lindau, für die Potenzialentfaltung von Menschen engagiert, auch, dass es wichtig sei, die Liebe zu einem anderen Menschen nicht über die Liebe zu einem selbst zu stellen, Stichwort: Selbstfürsorge oder Selbstliebe (s. Interview, Kap. 5). Sie erklärt, es ist die „heilige Verpflichtung, als Mensch auf diese Erde gekommen, mich zu erfüllen. Das muss darüberstehen und nicht in einem Ego-Sinn, sondern in einem wirklichen Sinn". Mehr zu Andrea Lindaus inspirierenden Gedanken in Kap. 5.

Bedürfnisse kennen und kommunizieren

Um die eigenen Bedürfnisse besser zu erfassen und auszusprechen, hilft die Achtsamkeitspraxis. Denn, wie Thich Nhat Hanh sagte: **„Achtsamkeit kann uns dabei helfen wieder zu kommunizieren, vor allem mit uns selbst."**

Die Arbeit mit Dir selbst und das Verbinden mit Deinem Körper, Geist und Seele, gewähren Dir Einblick auf das, was in Dir brodelt und im Trubel des Alltags vielleicht sonst zu wenig Aufmerksamkeit und Gehört erhält. In der Stille findest Du oft Antworten. Das ist vermutlich auch einer der Gründe, warum viele der erfolgreichsten Personen, wie auch Steve Jobs oder Oprah Winfrey, regelmäßige Meditation in ihr Leben integrier(t)en.

Übung: Die 6 Pforten zur Entscheidungsfindung

Fokus, Werte, Prioritäten, klare Grenzen, Reflexion und Selbstfürsorge, das sind Bereiche, die eine hohe Relevanz haben, wenn es um die eigene innere Haltung, die persönliche Interpretation von Erlebnissen geht sowie wie wir mit diesen Herausforderungen umgehen. An herausfordernden Tagen lasse ich Fragen oder Herausforderungen, die ich nicht sofort beantworten kann, gedanklich durch **„6 Pforten"** laufen, bevor ich einen Umgang oder eine Reaktion darauf finde:

1. **Fokus** – Ist das in diesem Moment wirklich entscheidend? Was verlangt jetzt gerade meine höchste Aufmerksamkeit? Was brauche ich dafür? Was kann ich vernachlässigen, deaktivieren oder auf später verlagern? Das hilft mir beispielsweise sehr dabei, produktiv zu bleiben und Ablenkungen auszublenden. Erst eine Sache beenden, bevor die nächste begonnen wird ist die Devise. Multi-Tasking ist eine Falle, ganz im Sinne der Werte des

agilen Arbeitens, welche sich ausgezeichnet in Zeiten von Veränderungen anwenden lässt (vgl. Kap. 2).
2. **Prioritäten** – Was muss ich heute schaffen? Was sind meine wichtigsten Themen? Was habe ich auf meiner To-do und auf meiner To-be-Liste stehen (vgl. Kap. 1, 2, 3)? Aufschreiben und Abhaken, wenn es geschafft ist, das tut gut oder noch besser: ein Kanban Board anlegen und auch den Fortschritt beobachten, wenn die Aufgaben von „To-do" über „in Progress" bis in „Done" wandern (vgl. Kap. 2). Wenn neue Themen oder Anfragen reinkommen, die ungeplant waren (das passiert quasi immer!), abwägen, ob sie warten können oder sofort erledigt werden müssen. Welche Auswirkung hat es, wenn es warten müsste? Im Agile Coaching spricht man hierbei übrigens auch über die „Cost of delay" – Welche Auswirkung hat es, wenn sie warten müssen oder sich verschieben? Ist dieser vertretbar? Eine weitere Frage zur Priorisierung ist: Zahlt ein Thema auf das große Ganze ein, liefert es einen wirklichen Mehrwert? Hierfür ist es hilfreich, seine Werte zu kennen und in der Familie eine gemeinsame Vision zu haben.
3. **Werte** – Was treibt mich? Was brauche ich? Was ist mir wichtig? Stabilität, Wertschätzung, Harmonie, Leidenschaft, Geld, Gesundheit, Familie, Freiheit, Kreativität, Nachhaltigkeit, Offenheit, etc.? Was sind meine Top Werte? (vgl. Kap. 2).
4. **Grenzen** – Welche zeitlichen, räumlichen oder situativen Grenzen habe ich? Kommuniziere ich diese klar und deutlich? Übrigens: auch im Kontext der digitalen Mediennutzung eine sinnvolle Frage, die wir uns selbst beantworten können – im Arbeitsbezug (Lese ich abends noch E-Mails?) sowie auch im Rahmen der Familie (Wie viel Bildschirmzeit ist okay?).
5. **Reflexion** – Was funktioniert, was nicht? In welchen Momenten entsteht ein Gefühl von Stress (Morgenroutine, Abendroutine, gar keine Routine)? Welche Bereiche brauchen einen Relaunch? Wo brauche ich vielleicht neue Impulse oder auch Unterstützung? Was tue ich zu viel, was zu wenig?

4 Work-Life-Kid-Blending: Eine integrative ... 205

6. **Selbstfürsorge** – Was habe ich heute schon für mich getan? Zahlt das gerade darauf ein? Tut mir die Tätigkeit/die Person/das Projekt gut? Ich sage auch immer gerne:

Wusstest Du eigentlich, dass sich die Suchanfragen und die Beliebtheit bei Google rund um das Thema „Selbstliebe" in den letzten fünf Jahren fast verdoppelt haben (s. Abb. 4.5)?
Du bist also nicht die einzige Person, die sich damit beschäftigt – keine Angst! Es gehört heute mehr und mehr dazu und ist völlig im Zeitgeist, sich auch mal um sich selbst zu kümmern! Das sollte ein fester Bestandteil unseres Alltags sein. Also „Me-Time", wie ich es nenne, nicht nur als Insellösung zu sehen, sondern in jeden Tag einfließen lassen. Auch wenn es nur fünf Minuten sind!

Es ist wichtig sich um sich selbst zu kümmern, sich auch selbst die Sauerstoffmaske aufzusetzen, wenn es nötig ist. Sonst können wir auch schwer für andere da sein und ihnen unsere Energie schenken. Wie Kommunikationsexpertin Kathrin Koehler in unseren Interview-Gespräch im Rahmen dieses Buches bzw. des begleitenden Podcasts „Achtsamkeit für Eltern" treffend sagte:

„**Du kannst nicht leisten, wenn Du nicht in Deiner Kraft bist.**" (Koehler, siehe Interview Kap. 5).

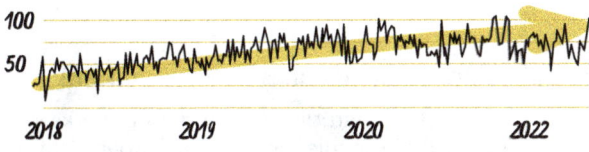

Abb. 4.5 „Selbstliebe" Beliebtheit gemäß Google Trends (2022). (Illustration: Fine Heininger)

Es braucht ein Dorf, um ein Kind zu erziehen – auch in puncto Vereinbarkeit

Ein wichtiger Aspekt, den ich im Kontext der Vereinbarkeit von Familien- und Businessleben auch sehe, ist die Erkenntnis, dass man vielleicht auch nicht immer alles allein schaffen muss. Das Sprichwort: „Es braucht ein ganzes Dorf, um ein Kind großzuziehen" kennst Du bereits aus den vorigen Kapiteln (s. Kap. 1 und 3). Es bedeutet, dass es eine Gemeinschaft braucht, ein Bindungsnetzwerk an Menschen, die für ein Kind sorgen, mit ihm kommunizieren, interagieren, spielen. Somit können Kinder eine gesunde und sichere Bindung zu Mitmenschen und zu sich selbst aufbauen und auch für die Eltern können somit Freiräume geschaffen werden. Vielleicht sind es befreundete Eltern aus der Kita des Kindes, die mal die Kinder abholen können? Oder ein Bekannter, der kurz das Auto aus der Werkstatt holen könnte. Dieses „Dorf", dieses Netzwerk, dieses Geben und Nehmen zwischen Menschen, die sich unterstützen und einfach mal gegenseitig aushelfen, das ist ein sehr wertvoller Hebel, um eine gelingende Vereinbarkeit herbeizuführen. Somit ist es vielleicht eher mal möglich, noch eine Stunde zu arbeiten oder kurz im Haushalt etwas zu Ende zu bringen. Autorin Imlau betont ebenfalls in ihrem Buch, dass Kinder Gemeinschaft brauchen für ihre Entwicklung – sowie Eltern ebenfalls (Imlau 2022, S. 12).

> **Wir müssen nicht immer alles alleine schaffen!**
>
> Unsere Kinder sollten natürlich immer die Aufmerksamkeit und Liebe ihrer Eltern genießen, das heißt aber nicht, dass man immer alles alleine schaffen muss. Es geht vermutlich vielen Eltern ähnlich wie Dir. Auch sie kommen manchmal an ihre Grenzen. Ein offener Austausch kann helfen, das zu erkennen und sich Inspiration zu holen. Auch innerhalb der eigenen Familie oder im Bekanntenkreis.

Über das Motto „Es braucht ein Dorf, um ein Kind zu erziehen" habe ich mich in meinem Interview-Gespräch mit Sarah Drücker von smart worq auch umfangreicher unterhalten. Sarah ist eine berufliche Powerfrau und gleichzeitig Mama. Sie setzt sich für Vereinbarkeit ein. Sie empfiehlt ein Netzwerk, um alles zu stemmen. Wenn Du also kein eigenes hast, helfen Dir vielleicht Organisationen wie Mama Meeting und Co. dabei, eines aufzubauen (Mama Meeting 2022, siehe auch Kap. 5). Manchmal hilft es auch schon offen darüber zu sprechen, wo man selbst etwas Hilfe benötigen könnte.

Wir müssen nicht rund um die Uhr perfekt, stark sein und Superhelden des Alltags sein. Manchmal brauchen wir etwas Support und das ist okay! Vergiss nicht: Du bist nicht allein!

4.3 Kreative Achtsamkeitsimpulsseite #4 – „Brain dump" für eine gelingende Vereinbarkeit

Was sind Dinge, die Dir/euch persönlich wichtig sind/wären für eine **gelingende Vereinbarkeit**? Was sind Dos und Don'ts? Dinge, die Du/ihr etablieren möchtest/-t oder nicht mehr haben möchtet?

Schreibe es auf und sortier/t Deine/eure Gedanken. Mache eine Mindful-Journaling-Übung daraus, einen „Brain dump", wie man es im Englischen nennt. Übrigens auch eine super Methode, um Stress zu reduzieren. Schreibe alles auf, was Dir/euch in den Kopf kommt. Lagere aus, damit Du Dir nicht alles merken musst. Dies kannst Du allein oder mit Deinem/r Partner:in gemeinsam machen. Ich hoffe, es schenkt Dir/euch mehr Bewusstsein, für das, was Dir/euch wichtig ist!

Gefällt mir! Beibehalten (Dos)

Gefällt mir nicht! Ändern bzw. neue Wege finden (DON'Ts)

Literatur

Cosmopolitan (2022), Erst wenn ich ganz bei mir bin, kann ich mich um andere kümmern!. Interview mit Drew Barrymore, Ausgabe August 2022, S. 25

Familienreport (2020), Bundesministeriums für Familie, Senioren, Frauen und Jugend: Familie heute. Daten. Fakten. Trends Familienreport 2020, https://www.bmfsfj.de/resource/blob/163108/ceb1abd3901f50a0dc484d899881a223/familienreport-2020-familie-heute-daten-fakten-trends-data.pdf. Zugegriffen: 16.10.22

Google Trends (2022), Selbstliebe, https://trends.google.de/trends/explore?date=today%205-y&geo=DE&q=Selbstliebe. Zugegriffen: 16.10.22

IHK Köln 2022, Vereinbarkeitsmanager https://www.ihk.de/koeln/hauptnavigation/vereinbarkeits-manager-5186208. Zugegriffen: 12.11.22

Imlau, N (2022) In guten Händen, 1. Auflage, Ullstein Hardcover

Kyokai BD (1995), Die Lehre Buddhas, Toyko, Kosaido Printing

Long A, Schweppe R (2010) Die 7 Geheimnisse der Schildkröte, 12. Auflage Taschenbuchausgabe 5/2010, Wilhelm Heyne Verlag München, Verlagsgruppe Random House

Mama Meeting 2022 https://mamameeting.de/. Zugegriffen: 19.11.22

Proparents Initiative 2022, https://proparentsinitiative.de/. Zugegriffen: 19.11.22

Rheingold Salon 2022, www.rheingold-salon.de. Zugegriffen: 19.11.22

Runge S, Wenzel K (2022) Glückwunsch zum Baby, Sie sind gefeuert! Diskriminierung von Eltern im Job: Fallgeschichten von Betroffenen und Lösungsansätze, Eden Books – ein Verlag der Edel Verlagsgruppe

Spiegel.de (2020), „Weniger Stress, mehr Produktivität" https://www.spiegel.de/karriere/homeoffice-studie-weniger-stress-mehr-produktivitaet-a-112e0cce-2bb4-43ab-8f47-466db4648d25. Zugegriffen: 28.09.22

Valentin L, Kunze, P (2015) Die Kunst gelassen zu erziehen, Arbor Verlag

5

Marienkäfermomente „Achtsamkeit für Eltern": Interviewreihe mit Role-Models für Gesundheit, Achtsamkeit, Persönlichkeitsentwicklung und Vereinbarkeit von Business- & Family-Leben

Eltern werden erinnert manchmal daran Superheld:in zu werden. Alles unter einen Hut bringen und dabei auch noch gelassen bleiben. Geht das überhaupt? Inspirierende Persönlichkeiten äußern sich dazu.

Ergänzende Information Die elektronische Version dieses Kapitels enthält Zusatzmaterial, auf das über folgenden Link zugegriffen werden kann [https://doi.org/10.1007/978-3-658-41110-7_5]. Die Videos lassen sich durch Anklicken des DOI-Links in der Legende einer entsprechenden Abbildung abspielen, oder indem Sie diesen Link mit der SN More Media App scannen.

5.1 Du bist nicht allein! Intro zu der Interviewreihe in diesem Buch

Du bist nicht allein! Es gibt viele Menschen, die es ebenfalls nicht immer leicht finden, alles unter einen Hut zu bringen, und selten sind sie perfekt. Und das ist auch gut so! Aber andere Menschen und Geschichten können eine Inspiration sein, um sich bewusst zu machen, dass man nicht allein ist und dass es gut und vollkommen in Ordnung ist, täglich dazuzulernen. Geschichten anderer Persönlichkeiten zu hören und zu erfahren, wie sie Vereinbarkeit von Job und dem Leben mit Kind herstellen oder für sich „Work-Life-Kid-Integration" definieren, oder wenn sie uns erklären, was Achtsamkeit und Gesundheit fördern kann, können hilfreich sein, um für sich selbst eine gute Lösung zu finden. Ich habe daher einige Video-Gespräche geführt mit inspirierenden, wundervollen Personen, die als Role-Model dienen. Ich habe zudem mit anerkannten Expert:innen, man könnte fast sagen, Koryphäen aus den Bereichen Medizin, Achtsamkeit und Gesundheit, gesprochen.

In allen Gesprächen gab es wunderbare Zitate und Impulse, emotionale Reaktionen auf meine „Geschichte mit dem Marienkäfer", welche ich zu Beginn dieses Buches mit Dir geteilt habe, persönliche Anekdoten und natürlich individuelle Tipps und Gedanken zum Thema Stressreduktion, Achtsamkeit, Resilienz, Mindset und was wir von unseren Kindern lernen können. Darüber hinaus bringt jede Person ihre eigene Expertise und Geschichte mit. Ich kann nur empfehlen, allen Gesprächen achtsam zu lauschen und es als Ritual zu sehen, sich damit etwas Inspiration zu holen. Eine achtsame Me-Time für Dich mit hoffentlich vielen „Marienkäfermomenten".

Gerade bei dem Themenspektrum Erziehung, Gesundheit und Vereinbarkeit gibt es kein richtig oder falsch, kein schwarz und weiß, keine Patentlösung, die für alle passt. Jede Familie ist anders, Situationen und Menschen sind unterschiedlich. Kein Gespräch ist als Erziehungsratgeber zu sehen. Aber vielleicht ist ja der eine oder andere Tipp oder Impuls dabei, den Du auch in Dein Leben integrieren möchtest, oder der einfach spannend für Dich ist. Du findest bestimmt Deinen eigenen Weg, der sich für Dich stimmig anfühlt, wenn Du achtsam in Dich hineinhorchst, da bin ich mir ganz sicher. Im Rahmen dieses Buches habe ich Dir wichtige Kernpassagen aus den ca. 45–60 min Video-Interviews mit meinen Gesprächspartner:innen zusammengefasst. Die vollständigen Interviews kannst Du Dir auf meinen Webseiten hören/ansehen, siehe: www.marienkäfermomente.jetzt bzw. im Podcast „Achtsamkeit für Eltern" von MARIENKÄFERMOMENTE. Ich wünsche Dir viel Freude damit!

Ein großer Dank an dieser Stelle geht von meiner Seite an die großartigen Expert:innen oder auch Familienheld:innen (Abb. 5.1), wie ich sie gerne nenne, mit denen ich rund um das Thema „Achtsamkeit für Eltern" sprechen durfte. Danke für eure Zeit, eure Erfahrungen und eure Offenheit. Jedes Gespräch war eine Freude und Inspiration, von der hoffentlich viele Menschen profitieren werden. Ich freue mich sehr, Dir auf den nächsten Seiten die nachfolgenden neun wunderbaren Persönlichkeiten vorzustellen zu dürfen:

- **Lienhard Valentin** – Achtsamkeitstrainer, Verein „Mit Kindern wachsen", Autor und Gründer Arbor Verlag – zum Thema Achtsamkeit in der Erziehung und für Familien
- **Andrea Lindau** – CEO Life Trust, Co-Founderin von homodea, Autorin, Hebamme – zum Thema Liebe, Achtsamkeit und weibliche Führungsqualitäten
- **Dr. med. Klaus-Dieter Früchtenicht** – Kinderarzt, Neuropädiater & Autor – zum Thema Mind-Body-Medicine, Resilienz und Achtsamkeit durch Kinder

- **Sarah Drücker** – Co-Founderin smart worq und Mama Meeting sowie Dozentin für Vereinbarkeit (IHK) – zum Thema Vereinbarkeit, Netzwerken und Achtsamkeit
- **Ines Imdahl** – psychologische Marktforscherin, Inhaberin rheingold salon, Mom of 4 kids – zum Thema Vereinbarkeit, Empathie und Achtsamkeit
- **Kathrin Koehler** – Kommunikationsexpertin, Netzwerk-Profi, LinkedIn Rock Your Profile Trainerin, Autorin – zum Thema bewusste Kommunikation und Umgang mit Stress
- **Sandra Runge**, Rechtsanwältin, Gründerin, proparents-Initiatorin & Autorin – zum Thema Vereinbarkeit, Elterndiskriminierung und den achtsamen Umgang mit Stress
- **Chérine De Bruijn** – Unternehmerin, Kommunikationsprofi und Podcasterin „MUT ZUR PERSÖNLICHKEIT" – zum Thema Mut, Authentizität und Mindset
- **Dr. med. Gabriele Kewitz** – Fachärztin und Oberärztin am Universitätsklinikum Charité (im Ruhestand) – zum Thema Achtsamkeit, Ruhepausen für das Gehirn und Auswirkungen von Stress bei Eltern und Kindern

Abb. 5.1 Interviews mit Familienheld:innen und Role-Models. (Illustration: Fine Heininger)

5.2 Lienhard Valentin – Achtsamkeitstrainer, Verein „Mit Kindern wachsen", Autor und Gründer Arbor Verlag – zum Thema Achtsamkeit und Gelassenheit für Familien

Nachfolgend ein Auszug aus dem gemeinsamen Interview-Gespräch zwischen Lienhard Valentin (s. Abb. 5.2) und Lilian Güntsche-Hilgendag. Video-Interview abrufbar auf www.marienkäfermomente.jetzt und/oder im Podcast „Achtsamkeit für Eltern" von MARIENKÄFERMOMENTE.

Lienhard und ich haben uns im Rahmen meiner Achtsamkeitsgrundausbildung bei Arbor kennengelernt. Er referierte damals zum Thema Achtsamkeit für Familien und ich war stark angetan von den Inhalten, die er vermittelte, und der Art und Weise, wie er Achtsamkeit erklärte. Ich freue mich sehr, euch Lienhard im Rahmen dieses Buches mit diesem Interview näherzubringen. Lienhard Valentin (www.lienhard-valentin.de) ist Autor von u. a. „Die Kunst,

Abb. 5.2 Lienhard Valentin. (Foto: www.lienhard-valentin.de)

gelassen zu erziehen" (Valentin und Kunze 2015), Initiator des Vereins „Mit Kindern wachsen", Gründer des Arbor Verlags (www.arbor-seminare.de und www.arbor-online-center.de) sowie international anerkannter Achtsamkeitstrainer. Jon Kabat-Zinn sagte über Lienhard Valentin Folgendes:

> „Ich kenne Lienhard Valentin mittlerweile seit mehr als 25 Jahren und empfinde größte Hochachtung für ihn und seine Arbeit! Durch den Arbor Verlag, Arbor-Seminare und den Verein ‚Mit Kindern wachsen' vermittelt er auf höchstem Niveau nicht nur Achtsamkeit an Eltern, sondern Achtsamkeit im Allgemeinen – sei es in der Psychotherapie, im Gesundheitswesen oder im täglichen Leben." (Valentin 2022).

Ich fragte Lienhard in unserem Interview nach einem Zitat zum Thema Erziehung:

Lienhard Valentin: Mein Zitat ist das Zitat einer Mutter, die bei mir im Seminar war, in der Anfangsrunde, als es darum ging: ‚Warum seid ihr hier?' Sie sagte: „Ich bin hier, weil ich, bis ich Mutter wurde, in der schönen Illusion leben konnte, ein netter Mensch zu sein." Ich fand das auch deswegen so schön, weil da gleich alle lachen und entlastet sind. Zu sehen, „damit bin ich nicht allein", erleichtert sehr. Letztlich haben alle (mich eingeschlossen) immer wieder große Augen und auch mal keine Ahnung, wenn es um Kinder geht. Insofern ist das tatsächlich mein Lieblingszitat geworden.

Im Vorfeld zu unserem Gespräch erzählte ich Lienhard von der Geschichte mit dem Marienkäfer und dass es, wenn wir Eltern werden, auf einmal dank Kindern wieder wichtig ist, wie viele Punkte ein Marienkäfer hat, so wie es mir meine Mutter erzählt hatte. Lienhards Reaktion und Impuls zu der Geschichte:

Lienhard Valentin: Die Geschichte mit dem Marienkäfer ist eine wunderschöne Geschichte und tatsächlich auch eine wunderbare Einladung unserer Kinder an uns als Eltern.

Wir hatten in meinem letzten Achtsamkeits-Seminar eine Mutter dabei mit einem eineinhalbjährigen Kind. Da konnte man das wieder wunderschön sehen, wie sie ihren Spaziergang nicht einfach „machen" konnte, sondern an jedem Stein stehenblieb, um zu entdecken. Das finde ich einfach toll! Wir schaffen eine für die Kinder je nach Alter interessante Umgebung, um zu sehen und zu entdecken, wo die Augen der Kinder leuchten und was sie gerade interessiert. Das ist für viele Eltern auch noch auf einer anderen Ebene eine reine Entdeckungstour. Denn die meisten schimpfen schnell „Nein, nein, nein!", wenn die Kinder irgendetwas erforschen, was sie zu Hause nicht erforschen sollen.

Diese Marienkäfer Sichtweise aus Deiner Geschichte gibt ihnen nochmal einen ganz anderen Blick: Wie kann ich denn eine „Ja"-Umgebung schaffen, damit das Kind tatsächlich seinem Forschergeist folgen kann, ohne Angst haben zu müssen, jetzt dauernd angemeckert zu werden? So, dass ich mich sogar daran erfreuen kann, so ähnlich wie auch an dem Marienkäfer, den Du erwähnst.

Lienhard und ich sprachen über Achtsamkeit durch und mit Kindern. Ich fragte ihn, was wir in puncto Achtsamkeit von unseren Kindern lernen können?

Lienhard Valentin: Kinder sind die besten Lehrer:innen, die man finden kann, denn sie haben noch keine Konzepte.

Ich habe bei Richard Stiegler, einem sehr guten Achtsamkeitslehrer gelesen, der größte Feind der Liebe sei die Gewohnheit. Wir leben hauptsächlich in der Welt des Denkens. Wir sind in der Tun-Gesellschaft, also mehr Human Doing als Human Being. Von daher ist das mit der achtsamen Grundhaltung des Anfängergeists so eine Sache. Wir haben meistens schon einen Plan im Kopf wie etwas laufen soll und sind genervt, wenn es nicht so läuft, wie wir es uns vorstellen. Kinder haben diese Pläne nicht; von daher können wir viel von ihnen lernen.

Kinder sind eine ständige Einladung, sich von der Freude am Forschen anstecken zu lassen. Für mich ist die Freude der Königsweg zum Anfängergeist der Achtsamkeit.

Das muss nicht den ganzen Tag sein. Es ist gut, sich immer wieder an diese schönen Momente, die es ja mit Kindern gibt, zu erinnern. Rick Hanson, einer meiner Lehrer, sagt: „Wir gehen mit Kindern eigentlich den ganzen Tag über ein Feld von Juwelen, aber häufig ist abends unser Sack leer, weil wir es nicht mitbekommen haben."

Dieses sich immer wieder an die schönen Momente erinnern und sie wirklich auskosten, wenn sie geschehen, das ist entscheidend. Es müssen nicht die sensationellen Momente sein, es reichen die kleinen. Zum Beispiel: „Ach, sie streiten gerade nicht. Wie schön!" [lacht]

Die Eltern-Kind-Beziehung ist eine Liebesbeziehung und in einer Liebesbeziehung kann ich nicht mit To-do-Listen arbeiten.

Du bist ein Experte im Bereich achtsame Elternschaft. Vielleicht kannst Du erklären, warum das hilfreich sein kann und was das eigentlich bedeutet?

Lienhard Valentin: Das Erste, das ich sagen möchte, ist, dass ich die deutsche Übersetzung von Mindfulness nicht besonders mag. Jon Kabat-Zinn erweitert das sowieso schon immer auf Mind- UND Heart-Fulness. Das Wort Achtsamkeit suggeriert eigentlich etwas völlig Falsches, nämlich: „Wir müssen dauernd aufpassen, auf der Hut sein." Das ist das genaue Gegenteil, denn dann sind wir in der Wachsamkeit des Bedrohungssystems, das ständig auf der Hut und angespannt ist. Mit Achtsamkeit ist hingegen ein Seins-Modus gemeint, der geprägt ist von innerer Ruhe und Gelassenheit. Das ursprüngliche Wort, das aus dem Pali, der Sprache, in der die Lehrreden des Buddha aufgezeichnet wurden, mit ‚Achtsamkeit' übersetzt wurde, ist „Sati" und das bedeutet unter anderem „sich erinnern". Insofern finde ich das Wort „Selbst-Erinnerung", sich immer wieder unseres wahren Selbst, unseres grundlegenden Gutseins (unserer Buddha-Natur) und des Gewahrseins im gegenwärtigen Moment zu erinnern sehr viel stimmiger. Und für uns Eltern bedeutet das auch, uns immer wieder der Liebe für unsere Kinder zu erinnern, die unter all den Herausforderungen immer da ist. Sie kann verschleiert oder zu gedeckt werden, aber nie verloren gehen und uns ihrer immer wieder zu erinnern ist der Schlüssel für eine harmonische Familienatmosphäre. Und sei es am Ende des Tages, wenn sie endlich schlafen und aussehen wie kleine Engel – dann kann ich mich nochmal ans Bett setzen und mir vergegenwärtigen, was sie neben den Herausforderungen an Schönem in unser Leben gebracht haben.

Es ist zwar nicht unwichtig, aber auch nicht entscheidend, was ich sage, sondern vor allem, von welchem inneren Ort aus ich mit dem Kind spreche. Wir haben verschiedene Persönlichkeitsanteile, die in uns das Steuer übernehmen können und alle haben einen spezifischen Blick auf die Situation, das Kind und uns selbst. Wenn wir mit unserem weisen Herz verbunden sind, interpretieren wir eine Situation ganz anders, als wenn ein ungeduldiger Teil am Steuer sitzt oder einer, der das Kind anders haben will, als es ist. Wie schon Goethe gesagt haben soll: „Ich spüre die Absicht und bin verstimmt!" Mit anderen Worten, wenn ein manipulativer Teil oder ein Kontrolletti in uns aktiv ist, wird das Kind sehr wahrscheinlich mit Widerstand reagieren – da helfen auch Ich-Sätze nicht weiter, wenn sie von einem solchen Teil kommen.

Gute Bücher oder Tipps können uns eine Orientierung geben, aber wichtiger ist, dass wir zu dem Ort in uns Zugang finden, wo wir mit Offenheit, innerer Ruhe und Mitgefühl verbunden sind – mit der tiefen Liebe für unsere Kinder – selbst dann, wenn wir eine Grenze setzen müssen. „Wenn wir in Liebe verbunden sind, finden wir auch einen Weg!"

Was sind Deine Top-Tipps oder Impulse für berufstätige Eltern, um mehr emotionale Stabilität oder auch mehr Resilienz zu kultivieren? Was fällt Dir ein aus dem „Werkzeugkoffer" Deiner langjährigen Erfahrung?

Lienhard Valentin: Kurz und knapp – Achtsamkeit und Selbstmitgefühl! Resilienz würde ich jetzt mal übersetzen mit einem meiner Lieblingsthemen, eben der Kunst, gelassen zu erziehen. Also mit Gelassenheit. Da kann auch ohne große Übung helfen, dass man einfach mit ein bisschen Abstand den Tagesablauf anschaut, und reflektiert: Wovon habe ich zu viel, wovon habe ich zu wenig? Gucken, wo kann ich vielleicht etwas abbauen von dem ich zu viel habe, und wo kann ich Unterstützung finden, wo ich denke, ich müsste alles alleine machen, finde aber vielleicht doch eine Möglichkeit. Ansonsten ist es eine Frage dessen, welche „Blumen" ich gießen möchte. Gelassenheit hängt viel damit zusammen, eine innere Erdung, also Sammlung und Erdung zu kultivieren. Da ist zum Beispiel die Berg-Meditation aus dem MBSR-Programm sehr gut geeignet. Aber da muss jeder schauen, was für ihn passt. Und natürlich eine gewisse Flexibilität. Das hängt wiederum mit der Intuition zusammen, nicht zu starr in der eigenen Vorstellung festzuhängen, wie es laufen muss, sondern etwas flexibler zu sein. Auch mal „Marienkäferpunkte zu zählen", wie Du es sagst. Es kann auch hilfreich sein, dass man sich in bestimmten Situationen in sein Kind hineinversetzt, um diese Situation auch mal aus den Augen der Kinder zu sehen, und dann wiedergibt, wie sich das anfühlt.

Lienhard und ich sprachen über Achtsamkeit und Selbstmitgefühl und ich stellte ihm folgende Frage: Im Rahmen der Achtsamkeit-Trainer-Grundausbildung von Arbor, in der wir uns kennenlernten, erzähltest Du von dem Bild des Gießens und des Kultivierens der Pflanzen, die blühen sollen. Aber Du arbeitest auch mit

dem Bild eines Busses und dem Gewahrsein, wer schließlich den Bus fährt. Was hat es damit auf sich?

Lienhard Valentin: Wir sind nicht immer gleich. Je nachdem, in welcher Stimmung wir sind, prägt das in dem Moment, durch welche Brille wir eine bestimmte Situation sehen, und wie wir die Situation interpretieren. Alles andere blenden wir aus. Wir reagieren, wenn wir nicht viel Achtsamkeit praktiziert haben und auch sonst, nicht auf die Situation, wie sie war, sondern auf unsere Interpretation der Situation. Da habe ich immer gern das Beispiel angenommen, man hat ein kleines Kind, man hat ausgeschlafen, keinen Zeitdruck und das Kind wirft aus Versehen das Glas um. Dann sagen wir: „Ups, nichts passiert." Wir wischen es auf und wir nehmen dieses Hindernis elegant und entspannt und unser Bus fährt weiter in die Richtung, die unseren inneren Werten entspricht. Wir sind also alle so etwas wie ein Bus, der seinen Lebensweg entlangfährt, und in diesem Bus sitzen alle möglichen Anteile, die je nach unserer Stimmung und der Situation, mit der wir konfrontiert sind, das Steuer übernehmen. Das geschieht meist weitgehend automatisch und wir neigen dann auch dazu, uns mit dem jeweiligen Teil zu identifizieren und aus ihm heraus zu agieren.

Wenn wir zum Beispiel ein paar Nächte zu wenig geschlafen haben und zusätzlich in Zeitdruck sind, wird vermutlich eher ein ungeduldiger Teil das Steuer übernehmen und wir reagieren ganz anders, als wenn wir gelassen und verbunden mit unserem wahren Selbst sind. Vielleicht schimpfen wir, verdrehen die Augen und sind genervt. Wie wir reagieren, hängt also maßgeblich davon ab, wer gerade am Steuer unseres Busses sitzt. Und hier kommt die Achtsamkeit ins Spiel – wenn wir neugierig werden und unser Gewahrsein wächst, lernen wir uns immer besser kennen und nehmen wahr, wenn ein Teil das Steuer übernimmt. Und schon sind wir nicht mehr ganz identifiziert – es entsteht etwas Raum zwischen dem Reiz und unserer Reaktion und wir können innehalten und entscheiden, wie wir auf eine Situation oder unser Kind eingehen wollen. Das geht nicht von heute auf morgen – aber wir können das lernen, wenn es uns wichtig ist.

Lienhards Wunsch an einen Glückskäfer für alle Eltern, Familien, Kinder: Wenn ein süßer Glückskäfer Dir jetzt einen Wunsch erfüllen würde für Eltern, Kinder oder Familien – was würdest Du Dir wünschen?

Lienhard Valentin: Achtsamkeit ist Erinnerung. Erinnert euch an die Liebe.

> **Vollständiges Interview als Video und/oder Audio**
>
> Das vollständige Interview ist als Video bei YouTube und/oder Audio-Version im Podcast „Achtsamkeit für Eltern" von MARIENKÄFERMOMENTE auf meinen Webseiten verfügbar, siehe www.marienkäfermomente.jetzt. Einen ersten Intro-Ausschnitt des Interviews findest Du zudem in der begleitenden Springer Nature More Media App. Einfach den Link unter Abb. 5.3 scannen. Hört/schaut unbedingt mal rein!
>
>
>
> **Abb. 5.3** Video-Intro aus dem Interview mit Lienhard Valentin – Track 10. (Illustration: Fine Heininger) (▶ https://doi.org/10.1007/000-bgb)

Weiterführende Links
www.arbor-seminare.de
www.arbor-online-center.de
www.lienhard-valentin.de
www.marienkäfermomente.jetzt

5.3 Andrea Lindau – CEO Life Trust, Co-Founderin von homodea, Autorin, Hebamme – zum Thema Liebe, Achtsamkeit und weibliche Führungsqualitäten

Nachfolgend ein Auszug aus dem gemeinsamen Interview-Gespräch zwischen Andrea Lindau (s. Abb 5.4) und Lilian Güntsche-Hilgendag. Video-Interview abrufbar auf www.marienkäfermomente.jetzt und/oder im Podcast „Achtsamkeit für Eltern" von MARIENKÄFERMOMENTE.

Im Herbst 2022 führte ich ein Gespräch mit Andrea Lindau (https://andrealindau.com/), einer sehr vielfältigen und beeindruckenden Persönlichkeit, die für viele Frauen ein Vorbild weiblicher Führungsqualitäten ist. Andrea, geboren 1967 in Berlin, ist gelernte Hebamme, Mutter einer Tochter und eine echte Powerfrau. Als Geschäftsführerin der Life Trust Holding GmbH, Spiegel-Bestsellerautorin von „Queen is rising", Stiftungsrat der „Ich liebe Dich-Stiftung" sowie als Co-Founderin von homodea (https://homodea.com/wer-wir-sind), einer Online-Plattform mit rund 100.000 Mitgliedern,

Abb. 5.4 Andrea Lindau. (https://andrealindau.com/)

ist sie die „Seele des Unternehmens". Ihr Mann, Veit Lindau, ebenfalls bekannter Autor und Trainer für Persönlichkeitsentwicklung, und sie glauben an das Gute in den Menschen, stehen oft auch gemeinsam in der Öffentlichkeit und setzen sich für die Potenzialentfaltung der Menschen ein.

Die Zusage zum Interview-Gespräch hat mich sehr gefreut, denn Andrea hat eine ganz besondere Aura. Ihr Credo lautet „Ich liebe Dich" und diese Liebe und Wärme strahlt sie auch aus. Ich kann jedem nur ans Herz legen, neben der nachfolgenden Zusammenfassung einiger Highlights aus dem Gespräch, auch das vollständige Interview auf der begleitenden Website als Video anzuschauen oder als Audio-File/Podcast anzuhören (MARIENKÄFERMOMENTE 2022). Es ist herzerwärmend.

Was denkst Du über das Thema Elternschaft und was empfindest Du bei der „Geschichte mit dem Marienkäfer"?

Andrea Lindau: Wir haben eine Tochter, die schon 32 ist, und sie ist mein Seelen-Imperativ. Mit meiner Tochter zusammen zu sein, sie geboren zu haben, geschenkt bekommen zu haben und mit ihr zusammen zu leben und auch jetzt noch zusammen sehr viel zusammen erleben und leben zu dürfen – das ist das, was mich am aller glücklichsten macht und wirklich meine größte Seelenverpflichtung ist. Das ist mein Imperativ im Leben. Wir haben eine Beziehung von Frau zu Frau, was mich wirklich tief glücklich macht.

Ich glaube, dass es einer Menge Frauen auf dieser Welt passiert, dass sie älter werden, dass sie auch spießiger werden, dass sie rigider werden und dass sie wirklich sehr, sehr eingebunden sind, dass sie wirklich Heldinnen des Alltags sind. Dann, glaube ich, ist es ganz wunderbar, wenn Du beginnst, die Welt noch einmal aus Kinderaugen zu betrachten – sprich, also wirklich nochmal neu zu sehen, wie in Deiner

Geschichte mit dem Marienkäfer. So, als wenn Du die Welt noch nie gesehen hättest. Die Welt aus Leonas (meiner Tochter) Augen zu sehen, bedeutet für mich heute weniger, wie aus Kinderaugen zu sehen, als vielmehr aus IHREN Augen, also aus den Augen einer anderen Frau, die mit einem anderen Auftrag auf die Erde gekommen ist und die auch andere Themen hat. Durch die Augen meiner Tochter zu schauen, lädt mich ein, in andere Themen einzutauchen und Dinge zu entdecken, zu denen ich als Andrea so nicht gerufen war.

Wie ist Deine Beziehung zur Achtsamkeit?
Andrea Lindau: Das alles ist mein Leben und ich kann nur sagen, ich kämpfe jeden einzelnen Tag um tiefere, weitere Achtsamkeit. Bei all dem vielen, was ich zu stemmen habe, kämpfe ich jeden einzelnen Tag um Entspannung, um Weichheit. Für mich ist das ein heiliger Kampf. Ich habe oft das Gefühl, den Gedanken oder auch einen Drang in meinem Körper, wie: „Oh, ich muss 1000 Sachen regeln, ich muss große Sachen regeln, ich muss schieben, ich muss mich anspannen, ich darf nicht weich sein, ich muss irgendwas sein". Ich peitsche durch die Gegend und das ist wirklich mein heiliger Kampf, jeden Tag möglichst oft und immer wieder zu wissen: „Okay. Ausatmen. Entspannen. Weich sein. Empfangen. Weniger tun. Empfangen."

Ich liebe es, weich zu sein. Was nicht bedeutet, nicht scharf und klar zu sein. Also beides zusammen, aber eben weich und entspannt zu sein. Ich mag es gar nicht, wenn ich hart werde. Wenn es eine wirkliche Notsituation gibt, dann steh ich auch drauf, dass Frauen wirklich voll ihre männliche Kraft haben und zeigen. Aber nun ist ja nicht jede Situation eine Notsituation und auch nicht zwölf Stunden am Tag.

Fühlt sich mein System zum Beispiel so an, weil es einfach so viel zu tun gibt und alle drei Minuten eine große Entscheidung ansteht, die auch wirklich eine echte Tragweite hat. Ja, dann ist es mein heiliger Kampf, entspannt, weich und liebevoll unterwegs zu sein.

Zusammenfassung: Ich gebe achtsam, so achtsam ich nur kann, auf mich selbst acht. Wenn ich nach innen spüre, dann nehme ich wahr, ob ich verspannt bin oder nicht.

Was ist Gelassenheit für Dich?

Andrea Lindau: Mit Gelassenheit verbinde ich das, was ich unter weich verstehe. Also im Sinne von wirklich biegsam zu sein. Sodass, wenn der Wind kommt und ich beispielsweise eine Pflanze, ein Gras oder ein Blatt im Wind bin, das sich bewegen lässt. Das ist für mich geschmeidig unterwegs zu sein. Wirklich in den Linien sehr klar sein, aber dennoch im Inneren ganz weich und geschmeidig.

Ich denke, nur wer geschmeidig ist, kann sich auch vom Leben berühren lassen. Ich liebe es zu fühlen und von daher liebe ich es auch wirklich, in meiner Seele geschmeidig unterwegs zu sein.

Du bist ein Vorbild weiblicher Führungsqualitäten. Welche Eigenschaften helfen sowohl im Beruf als auch in der Familie? Welche Potenziale können berufstätige Eltern bspw. entwickeln?

Andrea Lindau: Das sind für mich die folgenden zwei Eigenschaften bzw. Potenziale … **Weniger Druck**: Zum Beispiel, dass wir nicht mit Druck unterwegs sind, anderen Menschen gegenüber, sondern dass wir eine lebendige Einladung sind für andere Menschen, sich zu entwickeln, zu lernen, etwas Neues anzufassen, etwas Neues in sich selbst zu finden. Das ist vor allen Dingen das, was ich unter „weiblich" verstehe. Nicht, dass jemand unter Druck etwas tut und lernt, sondern ganz im Gegenteil. Dass ich Dich anschaue und dass ich weiß, dass Du die Kapazität hast, Dich in etwas hineinzuentwickeln, Dich sozusagen darin unterstütze, dass Du Dich zu dem entwickelst und dass Du zu dem Menschen wirst, der oder die Du wirklich zu sein hast.

Offen sein und von dem Kind führen lassen: Zum Beispiel indem ich exakt gucke, welche Fragen und welche Sachen aus meinem Kind kommen und das dann verstärke, statt das Kind in irgendeine Richtung zu schicken, wo ich denke, dass es cool ist. Wie glücklich ist denn bitte schön ein Kind, wenn es von Eltern umgeben ist, die es sehen und die es erden und die zum Beispiel nicht der Meinung sind, Du musst zahm sein, Du musst Chinesisch lernen und Du musst einmal in der Woche Geige spielen?! Sondern die einfach hingucken und ihre Kinder bei der Entwicklung unterstützen. Dass Du Dein Kind siehst, liebevoll, Dich etwas zurücknimmst und es wirklich einfach lässt. Nachstehend Andreas Tipps, um mit Stress umzugehen.

> **Tipp**
>
> **Die Weichheit spüren:** Inzwischen weiß ich, wie sich Weichheit in mir anfühlt. Das heißt, ich kann nach dem Gefühl suchen. Bei mir funktioniert das ganz gut. Wenn es mal nicht zu doll ist, dann stehe ich einfach da und mache kurz meine Augen zu und atme aus. Punkt. Dann habe ich sofort eine andere Erde unter den Füßen.
>
> **Den Körper spüren:** „Versuche, wenn Du in einer stressigen Situation bist und Dich irgendetwas kolossal verspannt, Deinen Körper zu spüren. Und zwar von innen. Dann kommst Du direkt aus Deinen Gedanken raus. Der Körper kann Dich nicht verspannen, sondern es verspannen Dich immer irgendwelche Gedanken, die Du hast. Aber wenn Du exakt mit Deiner Aufmerksamkeit aktiv in Deinen Körper hinein gehst und wirklich prüfst – „Hey, wie fühlt sich denn mein Körper jetzt gerade an? Spüre ich meine Füße auf dem Boden? Fühle ich mich warm oder kühl an" – sprich Kontakt zu Deinem Körper aufnimmst, kommst Du automatisch sofort Stück für Stück aus dem Kopf raus".

Andrea, Du hast das Credo „Ich liebe dich". Was bedeutet die Liebe für Dich? Und wie können wir sie in der Familie und Partnerschaft erhalten?

Andrea Lindau: Romantik ist nur ein kleiner Teil der Liebe. Natürlich lieben alle Romantik und sie ist wunderschön. Aber Liebe ist weniger ein Gefühl als ein Wert und auch in meinen Augen eine Matrix. Die Liebe und Lieben drückt für mich aus, Dich darin zu unterstützen, Dich zu entwickeln. Dir dabei zu helfen, dass Du voll erblühen kannst. Das ist Liebe.

Wenn ich mit einem liebevollen Auge auf Dich blicke und Dich darin unterstütze, jenseits von dem, was ich möchte oder nicht. Wenn ich Dich darin unterstütze, dass Du glücklich bist. Glücklich sein kannst Du nur, wenn Du Deiner eigenen inneren Stimme folgst. In der Partnerschaft kann das entweder bedeuten, dass wir zusammen eine Synthese zwischen unseren beiden Thesen finden oder ich unterstütze dich, zum Beispiel darin, dort hinzukommen, wo Du gerne hinmöchtest. Das bedeutet Liebe für mich. Aber ohne mich aufzugeben! Die Liebe zu einem anderen darf nicht über der Liebe zu mir selbst stehen. Womit ich mit Liebe zu mir selbst, aber nicht meine, egoistisch unterwegs zu sein oder nur mich im Auge zu haben. Aber ich habe die heilige Verpflichtung, als Mensch auf diese Erde gekommen, mich zu erfüllen. Das muss darüberstehen und nicht in einem Ego-Sinn, sondern in einem wirklichen Sinn.

Was sind Deine Gedanken zur Inspiration durch Kinder?

Andrea Lindau: Nenne mir irgendeinen Bereich, in dem uns Kinder nicht inspirieren. Fällt mir wirklich nicht ein!

Was motiviert Dich darin, das Thema Achtsamkeit für Eltern zu unterstützen? Warum denkst du, ist das wichtig?

Kinder sind so wichtig, weil Kinder unsere Propheten sind. Kinder, egal aus welcher Generation, werden unser Leben weiterführen. Kinder sind heilig und es gibt für mich nichts Heiligeres, als sie in ihrem Seelenentfalten zu unterstützen und zu lieben. Lieben hat sehr, sehr viel mit Achtsamkeit zu tun. Erst wenn ich wirklich achtsam bin, kann ich einen anderen Menschen überhaupt wirklich sehen.

Was ist Dein Wunsch an einen Glückskäfer?
Andrea Lindau: Ich wünsche jedem Kind auf dieser Erde, dass es in ein sicheres, geliebtes, wohl bestücktes Zuhause kommt. Und mit wohl bestückt meine ich, dass es zu essen, zu trinken, Wärme und dass es zum Spielen hat und dass es alles hat, was es wirklich braucht, um zu leben und um sich sicher und gut zu fühlen. Und ganz vor allen Dingen wünsche jedem Kind dieser Erde, dass es geliebt wird. Punkt. Das ist, was ich den Kindern wünsche.

Jeder Mutter und jedem Vater wünsche ich, dass wenn Du eine Mutter oder Vater wirst, Du mit einem Kind beschenkt wirst in Deinem Leben, dass Du dieses Kind wirklich ehrst, dass Du dieses Kind siehst, dass Du dieses Kind fühlst und dass Du einfach weißt, dass es Dein Seelenauftrag ist, dieses Kind zu beschützen, zu lieben und ihm alles zu geben, um es zu stärken, schön, stark und erblühend zu machen.

> **Vollständiges Interview als Video und/oder Audio**
>
> Das vollständige Interview ist als Video bei YouTube und/oder Audio-Version im Podcast „Achtsamkeit für Eltern" von MARIENKÄFERMOMENTE auf meinen Webseiten verfügbar, siehe www.marienkäfermomente.jetzt. Einen ersten Intro-Ausschnitt des Interviews findest Du zudem in der be-

gleitenden Springer Nature More Media App. Einfach den Link unter Abb. 5.5 scannen. Hört/schaut unbedingt mal rein!

Abb. 5.5 Video-Intro aus dem Interview mit Andrea Lindau – Track 11. (Illustration: Fine Heininger) (▶ https://doi.org/10.1007/000-bg8)

Weiterführende Links
https://andrealindau.com/
https://homodea.com/wer-wir-sind
https://lifetrust.com/

5.4 Dr. med. Klaus-Dieter Früchtenicht – Kinderarzt, Neuropädiater & Autor – zum Thema Mind-Body-Medicine, Resilienz und Achtsamkeit durch Kinder

Nachfolgend ein Auszug aus dem gemeinsamen Interview-Gespräch zwischen Dr. med. Klaus-Dieter Früchtenicht (s. Abb. 5.6) und Lilian Güntsche-Hilgendag. Video-Interview abrufbar auf www.marienkäfermomente.jetzt und/oder im Podcast „Achtsamkeit für Eltern" von MARIENKÄFERMOMENTE.

Anfang Oktober 2022 unterhielt ich mich mit Dr. med. Klaus-Dieter Früchtenicht (mehr unter: https://www.hanser-literaturverlage.de/autor/klaus-dieter-fruechtenicht/). Er ist ein niedergelassener, renommierter Kinderarzt, Neuropädiater und Autor von „Von Anfang an gesund" (Früchtenicht und Seifert 2020). Wir sprachen über das Thema Achtsamkeit in der Erziehung sowie über Resilienz und Mind-Body-Medicine. Auch meine Geschichte mit dem Marienkäfer, die Du als Leser:in dieses Buches kennst, wurde vorab mit Dr. Früchtenicht geteilt.

Abb. 5.6 Dr. med. Klaus-Dieter Früchtenicht

Dr. Früchtenicht haben wir als Familie in einer Situation kennengelernt, die seine Persönlichkeit schön beschreibt: Nachts in einem besorgniserregenden Krankheitsmoment unseres damals ca. zweijährigen Sohnes, riefen wir eine Kinder-Notruf-Nummer an. Dort wurden wir zurückgerufen und in einer Video-Beratung kurzfristig von Dr. Früchtenicht betreut. Er zeichnete sich durch seine sehr einfühlsame, ruhige und dennoch hoch professionelle Art aus, hat uns trotz der späten Uhrzeit sehr gut unterstützt, uns als Eltern beruhigt und einen bleibenden Eindruck bei uns hinterlassen. Sein Buch „Von Anfang an gesund" fand seitdem Einzug in unsere persönliche Bibliothek als wertvoller Ratgeber rund ums Kind.

In dem Buch „Von Anfang an gesund" (Früchtenicht und Seifert 2020) setzt sich Dr. Früchtenicht u. a. für das Thema Resilienz und die sogenannte „Mind Body Medicine" ein, Themenfelder, die in enger Verbindung mit der Achtsamkeit stehen.

Gerne möchte ich die Reaktion von Dr. Früchtenicht auf die „Geschichte mit dem Marienkäfer" und wie uns Kinder in puncto Achtsamkeit Inspiration schenken können, teilen:

Klaus-Dieter Früchtenicht: Man sitzt beim Frühstück, alles ist gut und plötzlich guckt das Enkelkind aus dem Fenster. In 500 m Entfernung sitzt eine Taube auf dem Dach. Das Kind guckt dort eine Viertelstunde hin, dann sagt man: „Was siehst Du denn da?" Und weil man selber so hektisch ist, sieht man die Taube gar nicht. Man sieht das große Dach. „Guck mal Opa, da, Vogel!" Ja und dann beschreibt dieses Kind Details, die man selber gar nicht sieht. Und dann wird einem plötzlich vor Augen geführt, wie unachtsam man ist. Man denkt: „Warum hast Du das nicht gesehen? Und warum muss so ein kleiner Zwerg Dir jetzt zeigen, dass diese Taube einen gelben Schnabel hat?"

Für Kinder ist es einfacher, achtsam zu sein. Wir werden verfolgt von Zeitdruck, Aufgaben, Verpflichtungen und einem überhöhten Anspruch an uns selbst. Ein zweijähriges Kind sitzt vor einem Spielzeug und ist für diesen Augenblick in diesem Alter so achtsam, wie man es nie wieder erlebt. Es hat Neugier. Es ist motiviert. Es will entdecken. Während wir als Erwachsene das Spielzeug sehen und denken: „Was ist das für ein Quatsch!" Goethe hat es einmal schön gesagt:

> „Für ein Kind ist manchmal das Unwichtige das Wichtigste. Und das, was für die Eltern das Wichtigste ist, ist für das Kind manchmal extrem unwichtig."

Ein Kind kann noch achtsam sein, sich nicht ablenken lassen von Gefühlen, von Erwartungen oder von einem inneren Druck, sondern es ruht in sich. Da kann man stundenlang zugucken und kommt aus dem Staunen nicht raus.

Wenn man Kinder viel mehr machen lässt und beobachtet, wie sie etwas tun und wie sie sich den Dingen nähern – das ist wie „Schule für das Herz."

In unserem Interview-Gespräch sprachen Dr. Früchtenicht und ich auch über die sogenannte „Mind Body Medicine". Er erklärte hierbei, dass Emotionen und Gefühle eine ganz wesentliche Rolle bei der Erhaltung und Entstehung von Gesundheit spielen. Dr. Früchtenicht erklärte, dass wir eben neben dem Körper, einen Geist und ein Herz haben. Diese „Dreifaltigkeit", wie er es nennt, wirkt in Gesamtheit auf die Gesundheit. Zur großen Relevanz von Resilienz hatten wir im Interview einen umfangreichen sehr spannenden Austausch. Hier ein paar Highlights aus dem Gespräch:

Gemäß Dr. Früchtenicht gibt es „Menschen, die großen Belastungen ausgesetzt sind und darunter schwer erkranken. Aber genauso auch Menschen, die noch schwereren Belastungen ausgesetzt sind und die daraus dennoch am Ende eher gestärkt hervorgehen". Die Forschung von Antonowsky habe gezeigt, so Dr. Früchtenicht in unserem Gespräch, dass Menschen, die die Fähigkeit haben, ihr Leben als „verstehbar, sinnhaft und handhabbar" zu begreifen, besser mit solchen Situationen umgehen können.

Klaus-Dieter Früchtenicht: Das Gefühl von Sinnhaftigkeit ist für die Entstehung von Gesundheit und der Abwehr von Belastungen von sehr, sehr großer Bedeutung. Diese Gefühle und Faktoren können sich sogar erblich manifestieren und an Kinder und Kindeskinder weitergegeben werden. Wir vererben nicht nur unsere Gene, sondern auch die Epigenetik und unsere Einstellung zur Welt. Unsere Fähigkeit, die Welt als verstehbar oder handhabbar zu begreifen, wird epigenetisch weitergegeben. Diese Fähigkeit wird früh übertragen. Durch Prävention sowie durch Achtsamkeit und Selbstwirksamkeit schon in der Schwangerschaft, und vor der Schwangerschaft und vor allem in den ersten vier Lebensjahren des Kindes kann die Entstehung von Gesundheit stark positiv beeinflusst werden.

Dr. Früchtenicht erklärte, dass die Resilienz ein Begriff aus der Technik ist, der bedeutet, „etwas federt ab und geht wieder in den alten Zustand zurück, ohne sich zu verbiegen". Im Kontext der Psychologie erklärte Dr. Früchtenicht, – „meint Resilienz die Fähigkeit, sich emotional, sozial, aber auch kognitiv neuen Veränderungen gegenüber offen und verständnisvoll zu zeigen und nicht mit Stress und mit Angst zu reagieren, sondern mit Neugier und Interesse sowie mit einer gewissen Selbstwirksamkeit". Das sind seine Tipps zum Thema Resilienz in der Erziehung:

5 Marienkäfermomente „Achtsamkeit für Eltern …

> **Tipp**
>
> **Negative Denkschemata möglichst unterlassen:** Wenn wir ständig sagen: „Das ist Mist, das ärgert mich", dann denkt das Kind: „Was ist das für eine schreckliche Welt?"
>
> **Dem Kind stattdessen vermitteln, dass die Welt ist, wie sie ist:** Das werden wir nicht ändern. Aber wir können uns auf die Situation einstellen, möglichst ohne den Anspruch, perfektionistisch zu sein, denn der Hang zum Perfektionismus und zur Selbstoptimierung ist zu einem großen Problem geworden in der Gesellschaft.
>
> **Kinder die Erfahrung machen lassen, dass sie nicht alleine und selbst wirksam sind:** Kinder erfahren lassen, dass sie etwas ändern können. Deshalb ist es aus meiner Sicht enorm wichtig, dass man den Kindern schon sehr früh Aufgaben gibt und sie lobt.

Wir sprachen auch darüber, was Stress bei Eltern bedeutet, wie sich Stress auswirkt und wie wir ihn reduzieren können. Auch hier nannte Dr. Früchtenicht ein paar wertvolle Tipps, die ich zusammengefasst habe:

> **Tipps zur Stressreduktion**
>
> **Insbesondere Mütter stellen oft hohe Erwartungen an sich.** Die Erwartungen gefühlt nicht erfüllen zu können, führt zu Frust. Wenn ich frustriert bin, dann bin ich nicht offen, sondern ich entwickle Ängste und ein negatives Selbstwertgefühl.
>
> **Runter mit der hohen Messlatte:** Stattdessen sagen: „Jetzt und hier – dieser Moment ist wichtig und nicht das Ziel. Der Weg ist das Ziel".
>
> **Sich selbst reflektieren:** Eltern, die gestresst sind, übertragen das auf ihre Kinder. Es gibt Situationen in der Welt, da müssen wir Erwartungen gerecht werden. Aber es sollte unbedingt **auch** viele Situationen geben, wo wir ganz und gar in diesem Augenblick für das Kind da sind.

> **Bei sich bleiben:** Wichtig ist, bei sich zu bleiben und sich nicht zu zerreißen. Und das ist insbesondere für Mütter viel schwieriger. Immer dieses schlechte Gewissen. „Du musst jetzt, Du hättest, Du könntest, Du solltest." Diese negativen Gedanken muss man aus dem Gedächtnis streichen!

Zur Entwicklung von Kindern ist das Wesentlichste, Sprache zu gebrauchen sowie Gefühle zu verstehen und ausdrücken zu können, so Dr. Früchtenicht in unserem Gespräch. Dazu erklärte er Folgendes:

Klaus-Dieter Früchtenicht: Kinder verstehen gut. Wir können unseren Kindern erklären: „Hör mal zu, ich muss jetzt ein bisschen arbeiten. Aber um 11 Uhr habe ich ganz viel Zeit für dich", dann versteht das ein Kind. Es kommt zwar ziemlich sicher nach ein paar Minuten und fragt: „Ist es schon elf?" Und wir erwidern: „Nein, es ist noch nicht elf". Aber dann verstehen sie die Situation und gehen noch mal spielen. Während, wenn man nicht mit dem Kind spricht und nur sagt: „Es geht jetzt nicht, das klappt jetzt nicht, ich habe keine Zeit", das versteht ein Kind nicht. Das Kind weiß, die Mutter muss für mich da sein, und das Kind kann sich nur ablösen, wenn es auch weiß, was passiert. Ab dem zweiten Lebensjahr empfehle ich dem Kind auch zu sagen: „Du bist jetzt ein bisschen größer und kannst mich schon ein bisschen unterstützen, indem Du jetzt eine Viertelstunde alleine spielst." Das sind Dinge, die man vorleben muss. Und man sollte den Kindern dann auch die Chancen geben, das zu lernen.

Was wünschen Sie sich für Eltern, Kinder und Familien von einem Glückskäfer?

Klaus-Dieter Früchtenicht: Ich würde mir wünschen, dass Menschen wieder mehr schaffen, in Gruppen für Kinder da zu sein. Die Art und Weise, wie wir heute leben, können

5 Marienkäfermomente „Achtsamkeit für Eltern ...

wir nicht mehr lange durchhalten. Der Anteil der Menschen mit psychischen und psychosomatischen Erkrankungen wie Burn-out nimmt massiv zu. Das hat etwas mit fehlender Achtsamkeit zu tun! Es hat auch etwas damit zu tun, dass wir unsere Ängste, Wünsche und Bedürfnisse nicht aussprechen, weil sie sonst zeigen würden: „Da bist Du nicht gut, das schaffst Du nicht." Jeder will perfekt sein, da es etwas mit Wertschätzung und Anerkennung zu tun hat. Aber die wirkliche Kunst ist doch, auch mal zu sagen: „Ich hab' die Schnauze voll. Bitte hilf mir!" Wir sollten uns wieder mehr unterstützen. Es heißt nicht umsonst: „Es braucht ein ganzes Dorf, um ein Kind großzuziehen."

> **Vollständiges Interview als Video und/oder Audio**
>
> Das vollständige Interview ist als Video bei YouTube und/oder Audio-Version im Podcast „Achtsamkeit für Eltern" von MARIENKÄFERMOMENTE auf meinen Webseiten verfügbar, siehe www.marienkäfermomente.jetzt. Einen ersten Intro-Ausschnitt des Interviews findest Du zudem in der begleitenden Springer Nature More Media App. Einfach den Link unter Abb. 5.7 scannen. Hört/schaut unbedingt mal rein!
>
>
>
> **Abb. 5.7** Video-Intro aus dem Interview mit Dr. med. Klaus-Dieter Früchtenicht – Track 12. (Illustration: Fine Heininger) (▶ https://doi.org/10.1007/000-bg9)

Weiterführender Link
https://www.hanser-literaturverlage.de/autor/klaus-dieter-fruechtenicht
www.marienkäfermomente.jetzt

5.5 Sarah Drücker – Co-Founderin smart worq und Mama Meeting sowie Dozentin für Vereinbarkeit (IHK) – zum Thema Vereinbarkeit, Netzwerken und Achtsamkeit

Nachfolgend ein Auszug aus dem gemeinsamen Interview-Gespräch zwischen Sarah Drücker (s. Abb. 5.8) und Lilian Güntsche-Hilgendag. Video-Interview abrufbar auf www.marienkäfermomente.jetzt und/oder im Podcast „Achtsamkeit für Eltern" von MARIENKÄFERMOMENTE.

Sarah Drücker ist Co-Founderin von smart worq. (https://smartworq.de/). Zur Zeit unseres Interviews war sie zudem auch noch Co-Founderin von „Mama Meeting" (https://mamameeting.de/), einer digitalen Community für berufstätige Mütter. Wir lernten uns im Rahmen des „Rock ‚n' Raise Festivals" für Working Moms kennen. Ein Event von Mama Meeting, welches weibliche Persönlichkeiten auf die Bühne bringt, um Erfolgsgeschichten zu teilen, für gelingende Vereinbarkeit von Business und Baby. Mama Meeting richtet sich als Netzwerk an Mütter, die neben dem Muttersein auch noch weitere „Facetten, Leidenschaften und Ambitionen" haben und ein Interesse

Abb. 5.8 Sarah Drücker. (Foto: Amanda Dahms)

am Netzwerken mit gleichgesinnten Working Moms mitbringen, um gemeinsam Synergien zu nutzen.

In unserem Gespräch im Rahmen dieses Buches sprachen Sarah und ich vor allem über Sarahs Herzensthema Vereinbarkeit, denn gemeinsam mit ihrer Mitgründerin Juliane Schreiber ist sie auch als Dozentin an der IHK aktiv, wo sie unter der Marke smart worq und in Kooperation mit der IHK Köln einen eigenen Zertifikatslehrgang als Vereinbarkeitsmanager:in (IHK) ins Leben gerufen haben. „Die Vereinbarkeit ist eine Balance, die etabliert und dann kontinuierlich gepflegt werden muss", so heißt es auf der Website der IHK Köln (IHK Köln 2022).

Neben der Vereinbarkeit sprachen Betriebswirtin und gelernte Fremdsprachenkorrespondentin Sarah und ich auch über Achtsamkeit, was wir von Kindern lernen können und den Wandel, den wir durchlaufen, wenn wir Mama werden. Nachfolgend ein paar Highlights aus unserem Gespräch.

Sarahs Lieblingszitate zum Thema Achtsamkeit und Erziehung:

„Es braucht ein Dorf, um ein Kind großzuziehen."
„You can't fight the waves, but you can learn how to surf."

Beide Zitate kennst Du bereits als Leser:in dieses Buches gut. Sarahs Darstellung dazu berührt. So erklärte sie im Interview wie nachfolgend zusammengefasst:

Es braucht ein Dorf für die Erziehung – warum?
Sarah Drücker: Es ist überhaupt kein erstrebenswertes Ziel, alles alleine schaffen zu müssen, sondern es braucht ein Dorf. Und in unserem urbanen Umfeld, in dem wir uns heutzutage bewegen, aber auch wenn es aus dem Urbanen rausgeht ins Ländliche bedeutet das leider nicht mehr, dass das Dorf so selbstverständlich an der Kindererziehung oder an dem Familienleben teilhat, so wie es vielleicht noch vor

Jahrzehnten war. Damit ist dieses Zitat ein ganz fester Bestandteil unserer Arbeit bei Mama Meeting und ein Grundleitspruch, den wir immer gerne mit einbringen. Sich selbst ein Dorf zu schaffen, um sich überhaupt in diesem Dorf auch bewegen zu können, ist ein starkes Bild. Wenn man länger darüber nachdenkt, wer alles in so einem Dorf wohnt oder wer im Dorf alles zusammenkommt, ist es letztendlich das Netzwerk, das jeder Mensch braucht, um Dinge des Alltags lösen oder leichter abgeben zu können.

Du kannst die Wellen nicht aufhalten, aber Du kannst lernen zu surfen, was bedeutet das für Dich?
Sarah Drücker: Neben dem Dorf für die Familie ist das Zitat, finde ich, ein schönes Bild. Denn grundsätzlich sind Wellen, hohe Wellen ja etwas total Schönes, auch im Meer. Aber wenn sie im Kontext von Überrollen („Es wird mir zu viel") betrachtet werden, dann wirkt es auch schnell erdrückend. Diese Kombination aus „Du kannst nichts dagegen machen, was auf Dich zurollt, aber Du kannst lernen, damit bestmöglich umzugehen" ist sehr hilfreich. Und surfen ist etwas, das, wenn Du es kannst, richtig Spaß macht.

Was bedeutet Vereinbarkeit für Dich?
Sarah Drücker: Die allgemeine Definition von Vereinbarkeit, die ich mittlerweile für mich am passendsten finde, ist das „Zusammenbringen aller Dinge". Das Zusammenbringen aller Dinge im Alltag ist etwas extrem Komplexes und ein super fluider Zustand.

Ich stelle mir keine Work-Life-Balance mehr vor, da dies das Bild einer Waage ist, wo ich immer das Gefühl habe, einem Ausgleich hinterherzurennen. Davon bin ich weg in unserer gelebten Vereinbarkeit. Mein Ziel ist es, das Miteinander zu integrieren, sodass es wie ein Zahnrad läuft. Da darf das Arbeitsleben mal eine größere Rolle spielen. Und dann ist es aber auch völlig in Ordnung, wenn in anderen zeitlichen Phasen dann das Privatleben eine entscheidende

Rolle spielt. Gelingende Vereinbarkeit ist, für mich entscheiden zu können, die Möglichkeit und ein Setup im Team zu haben – egal ob das Team „kleine Familie", „Team größerer Familienkreis" oder „Team Babysitter oder Betreuung" – um flexibel reagieren zu können.

Was sagst Du zum Thema Care-Arbeit Gap und zur gelingenden Vereinbarkeit?

Sarah Drücker: Es gibt einen starken Care-Arbeit Gap zwischen Frauen und Männern, der auch durch Studien belegt ist. Frauen leisten pro Tag durchschnittlich anderthalb Stunden mehr Care Arbeit als Männer.

In der Altersgruppe ab 34 Jahren sind es sogar zweieinhalb Stunden pro Tag mit Kindern unter sechs Jahren im Haushalt. Das ist Wahnsinn. Die Last und die Arbeit liegen aktuell erwiesenermaßen mehr auf den Schultern der Frauen. Meine Mitgründerin Juliane und ich waren selber genau in dieser Situation.

In Deutschland arbeiten 30 % aller Beschäftigten in Teilzeit. Wenn wir da reinzoomen, dann sehen wir, dass jede zweite erwerbstätige Frau in Teilzeit arbeitet und nur jeder zehnte erwerbstätige Mann in Teilzeit arbeitet (gemäß aktuellen Zahlen von Statista). Wenn man da noch weiter reingeht, sieht man, dass 70 % der Mütter mit Kindern unter sechs Jahren in Teilzeit arbeiten und nur 7 % der Väter. Das ist ein so eklatanter Unterschied, dass es uns mit Mama Meeting ein Anliegen ist, da aufzuklären, ein Bewusstsein dafür zu schaffen und den Frauen zu sagen: „Es ist so, es kommt Dir nicht nur in einer Phase Deines Lebens so vor, sondern das Ganze hat System. Es ist ein Patriarchat, in dem wir leben. Das muss uns bewusst sein."

Das Gute ist, der Wunsch nach Veränderung und gelingender Vereinbarkeit, der daraus resultiert, ist nichts, dass wir alleine auf unseren Schultern tragen müssen. Da kommen alle mit ins Boot. Wir unterscheiden **drei Bereiche der Vereinbarkeit:**

- Privates Umfeld, die eigene gelebte Vereinbarkeit
- Gesellschaftspolitischer Bereich wie Werte, Normen, Bildungs- und Betreuungssystem
- Wirtschaft und Unternehmensperspektive

Wie können wir etwas ändern in Richtung gelingende Vereinbarkeit?

Sarah Drücker: Damit sich überhaupt etwas ändern kann, ist es sehr wichtig, dass die Frauen die Themen Care-Arbeit-Gap und Vereinbarkeit nach Hause tragen und in ihren Familien Kontexten, in denen sie stecken, besprechen; Bewusstsein für Vereinbarkeit schaffen, darüber aufklären, sich informieren. Lasst uns für uns im Kleinen etwas ändern, im Privaten, also „Vereinbarkeit am Küchentisch" leben.

Was steckt hinter dem Zertifikatslehrgang zum/zur Vereinbarkeitsmanager:in und wie kam es dazu?

Sarah Drücker: Leider sind in der Wirtschaft Teilzeitstellen weniger gut bezahlt und mit weniger Verantwortung behaftet. Mütter haben oft noch nicht die Möglichkeit, je nachdem, in was für einem Umfeld sie waren, nach der Elternzeit in den Bereich zurückzukommen, in dem sie tätig waren.

Was kann die Wirtschaft tun, um gelingende Vereinbarkeit von Familie und Beruf auch tatsächlich bei sich zu implementieren?

Sarah Drücker: Dazu sind wir in den Austausch getreten und haben in Kooperation mit der IHK Köln den Zertifikatslehrgang zum/zur Vereinbarkeitsmanager:in entwickelt. Vereinbarkeit ist ein Menschen-Thema. Es geht darum, den Menschen in den Fokus zu stellen und die Arbeit wieder menschlicher zu machen. Da profitieren wir alle von, inklusive den Unternehmen, die künftig gesündere und zufriedene, langfristigere, einsatzbereite Mitarbeiter:innen haben.

5 Marienkäfermomente „Achtsamkeit für Eltern …

Du bringst sehr viele Themen unter einen Hut als berufstätige Mutter, Gründerin und Dozentin. Wie schaffst Du das? Wie lebt Ihr Vereinbarkeit als Familie?

Sarah Drücker: Ich bin mir sicher, dass Vereinbarkeit individuell für jede Familie ganz neu gedacht und gestrickt werden kann. Mein Mann ist im Angestelltenverhältnis. Ich bin selbstständig. Ich habe mehr zeitliche Flexibilität und mein Mann und ich haben uns dennoch so aufgestellt, dass wir als Team funktionieren. Wir streben ein 50:50-Modell an. Das schaffen wir mal mehr, mal weniger. Aber ich glaube, das ist in Vereinbarkeitssituationen ganz normal. Wir erachten die Aufgaben, die im Familienalltag anstehen, als gemeinsame To-dos. Und somit habe ich einen großen Teil des Mental Loads, der sonst Frauen zugeschrieben wird, abgegeben, weil wir uns das wirklich gleichberechtigt teilen. Nachfolgend Sarahs Tipps, um alles unter einen Hut zu bringen.

> **Tipps, um alles unter einen Hut zu bringen**
>
> **Klares Trennen von Arbeitszeit und Kinder-Familien-Zeit:** Beides nebenher abdecken zu wollen, das hat mich wahnsinnig gemacht. Es ist kein erstrebenswerter Zustand.
>
> **Achtsam mit den Kindern sein:** Es gibt kaum einen Moment, in dem man als Mutter, als Elternteil unachtsamer ist, als wenn man versucht zu arbeiten, und das Kind ist nebenbei dabei. Da hat man die ganze Zeit das Gefühl, keiner Situation so richtig gerecht zu werden. Da glaube ich, tut man sich selbst einen Gefallen, das klar voneinander abzugrenzen. Und das mache ich auch nach wie vor.
>
> **Selfcare ins Leben integrieren:** Wir hatten letztens ein Mama Meeting, da ging es um Stress. Da haben wir gelernt, dass es gar nicht das Ziel sein sollte, sich einzelne Inseln rauszupicken und dann zu sagen „So, jetzt habe ich hier Me-Time für Selfcare", sondern dass das ganz selbstverständlich ist und eigentlich essenziell notwendig, um überhaupt weiter funktionieren zu können.

Was bedeutet Achtsamkeit für Dich?

Sarah Drücker: Wahrscheinlich gilt das für viele, die Achtsamkeit auf dem Schirm haben – an manchen Tagen gelingt es besser als an anderen.

Achtsamkeit ist auf jeden Fall etwas, das ich mir fest vorgenommen habe, vor allen Dingen auch als Vorbild, meinen Kindern mitgeben zu wollen. Ich möchte gerne, dass meine Kinder wissen, dass das ein erstrebenswerter Zustand ist, aber auch eine gewisse Kunst, als Erwachsener in dem Moment sein zu können und zu bleiben. Eine Kunst für den Erwachsenen. Für Kinder ist es eine absolute Selbstverständlichkeit.

Was denkst Du über die „Geschichte mit dem Marienkäfer" und über das Thema Elternschaft?

Sarah Drücker: Die Geschichte mit dem Marienkäfer ist wunderschön, sie ist so wahr und macht mich ganz emotional. Wir können so viel lernen von unseren Kindern, wenn wir genau hingucken.

Was wäre Dein Wunsch an einen Glückskäfer?

Sarah Drücker: Wenn unser Gespräch jetzt in Dein Buch einfließt, dann würde ich mir wünschen, dass in 20 Jahren oder so, wenn meine Kinder das Buch lesen, sie denken: „Wow, über was für Themen die Mama damals überhaupt reden musste. Ist doch selbstverständlich, dass wir gleichberechtigt leben, dass wir eine gelingende Vereinbarkeit haben, dass wir in unserer Partnerschaft Vereinbarkeit als Team sehen, dass Achtsamkeit eine Rolle in meinem Alltag spielt. Verrückt, wie gestresst die damals waren." Ich würde mir wünschen, dass sie es einfach gar nicht mehr nachvollziehen können, weil es normal geworden ist!

5 Marienkäfermomente „Achtsamkeit für Eltern ...

> **Vollständiges Interview als Video und/oder Audio**
>
> Das vollständige Interview ist als Video bei YouTube und/oder Audio-Version im Podcast „Achtsamkeit für Eltern" von MARIENKÄFERMOMENTE auf meinen Webseiten verfügbar, siehe www.marienkäfermomente.jetzt. Einen ersten Intro-Ausschnitt des Interviews findest Du zudem in der begleitenden Springer Nature More Media App. Einfach den Link unter Abb. 5.9 scannen. Hört/schaut unbedingt mal rein!
>
>
>
> **Abb. 5.9** Video-Intro aus dem Interview mit Sarah Drücker – Track 13. (Illustration: Fine Heininger) (▶ https://doi.org/10.1007/000-bga)

Weiterführende Links
https://mamameeting.de/
https://mamameeting.de/rocknraise-festival-fuer-working-moms-2022/
www.marienkäfermomente.jetzt
https://smartworq.de/

5.6 Ines Imdahl – psychologische Marktforscherin, Inhaberin rheingold salon, Mom of 4 – zum Thema Vereinbarkeit, Empathie und Achtsamkeit

Nachfolgend ein Auszug aus dem gemeinsamen Interview-Gespräch zwischen Ines Imdahl (s. Abb. 5.10) und Lilian Güntsche-Hilgendag. Video-Interview abrufbar auf www.marienkäfermomente.jetzt und/oder im Podcast „Achtsamkeit für Eltern" von MARIENKÄFERMOMENTE.

Im September 2022 hatte ich die Ehre, ein sehr spannendes Gespräch mit Ines Imdahl (LinkedIn Imdahl 2022) zu führen, die spätestens seit ihrem reichweitenstarken LinkedIn Posting in 2021 zur Organisation ihres Berufs- und Familienlebens gemeinsam mit ihrem Partner – beide in Vollzeit berufstätig mit vier Kindern – ein Role-Model für Vereinbarkeit geworden ist. Ines ist Unternehmensgründerin des „rheingold salons" (www.rheingold-salon.de), zweifache Buchautorin von u. a. „Warum Frauen die Welt retten werden" (Imdahl und Steeger 2022), Diplom-Psychologin,

Abb. 5.10 Ines Imdahl. (www.rheingold-salon.de)

Marktforscherin, Moderatorin, Mama und Powerfrau. Die Frage nach dem „Warum" ist es, die sie zur Psychologie und Morphologie geführt hat. Wir haben uns über die Themen Vereinbarkeit, Achtsamkeit, Routinen zur Stressreduktion und Kommunikation unterhalten und vor allem dazu, wie es Ines schafft, vier Kids und ihre erfolgreiche Karriere unter einen Hut zu bekommen. Nachfolgend ein paar Auszüge und wertvolle Tipps von Ines Imdahl.

Ines' Zitat zum Thema Achtsamkeit und Resilienz:
Ines Imdahl: Das Wichtigste beim Thema Kinder, Achtsamkeit und Resilienz ist, dass Vereinbarkeit keine Frauensache ist. Vereinbarkeit ist ein Partnerschaftsthema.

Ines, eine attraktive Frau, ergänzte charmant noch ihr Geheimnis zum „Jungbleiben":
Ines Imdahl: Ich bin schon ein bisschen älter, und das Geheimnis des Jungbleibens ist eng verbunden mit der Achtsamkeit. Die Fähigkeit, im Moment zu leben und dass man darauf achtet, dass man gut isst, gut schläft und sich nicht immer nur beeilt. Und dass man ansonsten darüber lügt, wie alt man ist.

Was denkst Du über die „Geschichte mit dem Marienkäfer"?
Ines Imdahl: Ich habe viele solcher Momente mit meinen Kindern gehabt. Ich habe das immer herrlich gefunden, wie sie voller Freude in Pfützen gesprungen sind, ohne sich einen Gedanken darüber zu machen, was das mit der Kleidung machen könnte.

Das Schöne an diesem Marienkäfer-Gedanken von Dir ist, es stimmt! Kinder bleiben an jedem Käfer, an jedem Kraut und an allem stehen. Spazieren bedeutet oft zehn

Meter gehen und diese zehn Meter sind die ganze Welt! Da ist alles, einfach alles!

Ich konnte das deswegen genießen, weil es Nachmittage gab, da war ich mit den Kindern und dann gab es eben auch solche, da konnte ich mich um andere Dinge kümmern. Es gibt Momente, da denkt man: Ich möchte jetzt auch noch etwas für meinen Kopf tun und ich möchte nicht 24 h am Tag Türmchen bauen. Es war für mich eine super Geschichte, die Zeit mit den Kindern wirklich genießen zu können und jeden zweiten Nachmittag mich auf mich konzentrieren zu können, auf Berufliches, auf meine geistigen Entwicklungen und Beratungen. Für mich – eine ideale Kombination.

Es ist Ines ein großes Herzensanliegen, dass man sich über das Thema Vereinbarkeit von Beruf, Familie, Kinder und Partnerschaft Gedanken macht, bevor man Kinder bekommt. Ines, wie ist hier Deine Haltung?

Ines Imdahl: Jeder Plan dient dazu, eine Orientierung zu schaffen und angepasst zu werden. Aber die allermeisten jungen Frauen, die ich im Moment sehe, rennen in das Thema Vereinbarkeit, Familie, Partnerschaft, ohne sich vorher mit ihrem Partner darauf zu einigen, wer für was, wann, wie verantwortlich ist.

Man sollte sich einen guten Plan machen und eine konkrete Idee zum Thema Vereinbarkeit entwickeln und das nicht einfach auf sich zukommen lassen. Die Haltung: „Ich warte mal, bis das Kind da ist und wenn es da ist, dann wird sich das alles schon fügen" funktioniert nicht. Was sich dann zu 95 % fügt, ist: Frau geht in Teilzeit, Mann arbeitet weiter. Schnell entsteht das Gefühl, die Zeit, in der das Kind schläft, ist man so gestresst, dass man selber auch am liebsten die Augen zumacht. Das Modell funktioniert also nicht wirklich. Daher vorher einen Plan machen, denn der Plan für Vereinbarkeit entsteht nicht beim Gehen. Diesen Weg muss man vorher suchen!

Wie bringst Du alles unter einen Hut? Was ist Dein persönliches Geheimnis/Deine Tipps zum Thema Vereinbarkeit und Work-Life-Kid-Integration?

Ines Imdahl: Mein Partner und ich haben uns damals entschieden, uns die Kindererziehung zu teilen. So weit, so unspektakulär. Aber wir sind beide unternehmerisch tätig, konnten also nicht ernsthaft in unserer Dienstleistungsbranche Teilzeit arbeiten. Das heißt, die 40 h waren gesetzt und wir haben überlegt, wie wir das organisieren können, weil wir schließlich auch etwas von unserem Kind haben wollen. Damals war es nur eins, mittlerweile sind es vier. Wir haben uns überlegt, die Arbeit „anders zu denken". Also nicht im gleichmäßigen Acht-Stunden-Rhythmus, sondern im abwechselnden Sechs-Stunden-zehn-Stunden-Rhythmus. Zehn Stunden sind übrigens auch etwas, das in jedem Unternehmen bei Festangestellten noch gesetzlich erlaubt ist. Und so kommt man dann eben auch auf 40 h. Wir haben die Wochen dann eingeteilt in lange Tage und kurze Tage.

Montags habe ich einen kurzen Tag, Dienstag und Mittwoch den langen Tag, donnerstags kurzen Tag und die Freitage abwechselnd, also jeden zweiten Freitag lang, jeden zweiten Freitag kurz. Ein kurzer Tag bedeutet, dass ich um 14:00 Uhr zu Hause bei den Kindern bin, wenn sie aus der Schule kommen. Somit haben wir quasi jeden zweiten Nachmittag die Kinder. Das steht auch fest in unseren Kalendern im Unternehmen. Wenn ein Kind krank wird, dann bleibt derjenige zu Hause, der einen kurzen Tag hat. Da gibt es keine Diskussionen mehr. Ich glaube, dieses Modell geht nicht nur für Selbstständige, sondern ist auch in anderen Unternehmen realisierbar, wo es Vertrauensarbeitszeit und Gleitzeit gibt.

Sehr inspirierend. Ihr habt also letztendlich eine Struktur geschaffen, aber habt dennoch eine Agilität dabei, um auf Veränderungen reagieren zu können und euch auf Gegebenheiten anzupassen.

Ines Imdahl: Da sagst Du etwas sehr Wichtiges! Die Trennung von Beruf und Privatem oder von Beruf und Familie und Partnerschaft ist eine total künstliche Trennung!

Vereinbarkeit bedeutet für mich 50:50 auf allen Ebenen, und darüber auch im Vorfeld richtig nachzudenken. Gemäß einer Studie haben fast 80 % der Frauen, die schwanger sind, das Gefühl, dass ihr Partner oder die Partnerin genauso in der Lage ist, sich um das Kind zu kümmern wie man selbst. Wenn das Kind dann da ist, nach zwei bis drei Monaten, sehen das nur noch 14 % der Frauen so!

Wichtig ist, dass die Frauen auch vertrauen und sich herausnehmen können. Wir müssen die Männer machen lassen. Sie machen das verdammt noch mal anders als wir Frauen. Sie haben einen ganz anderen Fokus. Diese Toleranz brauchen wir, damit wir gegenseitig akzeptieren, dass die Kinder von jedem etwas anderes haben und lernen, und es kein richtig und kein falsch gibt.

Was bedeutet Achtsamkeit für Dich?

Ines Imdahl: Ich fühle mich besonders im „Jetzt" und in der Achtsamkeit, wenn ich meine Kinder lachen höre oder wir auch im Unternehmen lachen. Lachen ist ein toller Moment, der uns absolut entlastet. Die Lebensfreude, das konkrete Dasein, das sich nicht mehr entziehen können und genau auf den Punkt kommen. Das schafft auch ein Gefühl von Gemeinsamkeit, da wir ja selten allein lachen. Es verbindet.

So herzhaft gemeinsam ins Lachen kommen, das ist so wichtig. Ich freue mich immer wieder, dass ich auch auf den Fluren in unserem Unternehmen die Menschen viel Lachen höre. Und bei meinen Kindern erlebe ich das beim gemeinsamen Essen, wo wir alle Medien verbannen, wo dann gewitzelt wird, sich gegenseitig geneckt und viel gelacht wird. Das empfinde ich als einen sowohl entspannenden als auch erfrischenden Moment, dem man sich überhaupt nicht entziehen kann.

Ja. Achtsamkeit bedeutet auch Freude ...

Ines Imdahl: Sind wir mal ehrlich, das Gefühl und warum wir über Achtsamkeit reden, aufpassen und innehalten, das Gefühl, was sich ständig einstellt, ist doch, an keiner Stelle gut genug zu sein. Dieses Innehalten und auch einmal zu sagen: Das ist gut genug und der Moment ist gut genug.

Wir sollten uns von diesem Perfektions-Druck und aus diesem Gedanken „man wird nicht fertig" wirklich befreien. Man wird mit den Kindern nicht fertig und man wird auch mit dem Job nicht fertig. Es gibt immer etwas zu tun. Das ist diese unendliche Liste von To-dos, die abends immer noch da ist, als Mutter und vor allem als berufstätige Mutter.

Deswegen ist es so entlastend und erleichternd, zwischendurch innezuhalten und zu sagen: Was habe ich denn eigentlich alles schon geschafft? Was ist denn alles gelungen und was sehen wir gerade in diesem Moment? Das kann schon sehr helfen!

Mehr Empathie ist eines der möglichen Resultate regelmäßiger Achtsamkeitspraxis. Wie stehst Du dazu?

Ines Imdahl: Zum Thema Empathie habe ich sehr viel geforscht und bin der Auffassung, dass das ein Superwoman Skill der Zukunft ist. Das Empathische gilt in unserer Kultur, wenn man das vom Ausgangspunkt des Emotionalen nimmt, als etwas, was dem Weiblichen zugeschrieben wird – dabei meine ich nicht nur den Frauen, es gibt ja auch Männer mit weiblichen und Frauen mit männlichen Anteilen.

Das Emotionale halte ich für einen riesigen Mehrwert, um am Ende besser durch das Leben zu kommen und die Fülle des Lebens von allen Seiten zu sehen. Emotionalität ist kein Gegensatz zur Logik und zum Sachlichen, sondern es ist eine Ergänzung. Es gibt viele Facetten von Emotionen, die wichtig sind wahrzunehmen, zu spüren, zu leben und nicht immer zu sagen: „Oh, da war ich zu emotional", als wäre es etwas Schlechtes, sondern zu sagen: „Was ist das eigentlich? Was bedeutet diese Emotionalität jetzt gerade und wie kann sie gewinnbringend für mich, für das Unternehmen, für die Zukunft, für mein Leben eingesetzt werden?"

Was ist Dein Wunsch an einen Glückskäfer?

Ines Imdahl: Ich würde mir wünschen, weniger zu hadern. Weniger am Abend zu darüber nachzudenken, was man nicht hat oder nicht geschafft hat, sondern sich mehr darüber zu freuen, was man alles (erreicht) hat! Und: Ich freue mich sehr auf Dein Buch! Ich finde es eine tolle Sache, die Du da angeschoben hast. Ich glaube, „Sharing ist Caring" und Du sharst ja auch Deine Ergebnisse und Erkenntnisse. Das wird ganz vielen Eltern eine große Inspiration sein. Da bin ich sicher! Danke, dass ich Gast sein durfte.

> **Vollständiges Interview als Video und/oder Audio**
>
> Das vollständige Interview ist als Video bei YouTube und/oder Audio-Version im Podcast „Achtsamkeit für Eltern" von MARIENKÄFERMOMENTE auf meinen Webseiten verfügbar, siehe www.marienkäfermomente.jetzt. Einen ersten Intro-Ausschnitt des Interviews findest Du zudem in der begleitenden Springer Nature More Media App. Einfach den Link unter Abb. 5.11 scannen. Hört/schaut unbedingt mal rein!
>
>
>
> **Abb. 5.11** Video-Intro aus dem Interview mit Ines Imdahl – Track 14. (Illustration: Fine Heininger) (▶ https://doi.org/10.1007/000-bg7)

Weiterführende Links

https://www.linkedin.com/in/ines-imdahl
www.marienkäfermomente.jetzt
www.rheingold-salon.de

5.7 Kathrin Koehler – Kommunikationsexpertin, LinkedIn Rock Your Profile Trainerin, Digital Coach, Autorin – zum Thema bewusste Kommunikation, Achtsamkeit und Umgang mit Stress

Nachfolgend ein Auszug aus dem gemeinsamen Interview-Gespräch zwischen Kathrin Koehler (s. Abb. 5.12) und Lilian Güntsche-Hilgendag. Video-Interview abrufbar auf www.marienkäfermomente.jetzt und/oder im Podcast „Achtsamkeit für Eltern" von MARIENKÄFERMOMENTE.

Kathrin Koehler (https://www.kathrinkoehler.com/) und ich trafen uns zum gemeinsamen Interview und sprachen u. a. über Kommunikation, was es bedeutet in der eigenen Kraft zu sein und wie sie mit Stress umgeht. Kathrin ist Netzwerk-Profi, Digital Coach, freie Kommunikationsexpertin, Autorin von „New Networking", Mama einer Teenager-Tochter und LinkedIn Rock Your Profile Traine-

Abb. 5.12 Kathrin Koehler. (https://www.kathrinkoehler.com/; Foto: Steffen Jänicke)

rin. Wir haben uns vor einigen Jahren in einem gemeinsamen Projekt kennengelernt. Besonders in Erinnerung sind mir Kathrins Klarheit und Bewusstsein geblieben. Auch ihr Interesse für Achtsamkeit verbindet uns seit vielen Jahren. Nachfolgend ein Auszug aus unserem Gespräch.

Kathrins Zitat zum Thema Erziehung:
Kathrin Koehler: „Lasst den Kindern die Luft auch im Jetzt zu sein."

Was ist Dein erster Impuls bzw. was sind Deine Gedanken, nachdem Du die „Geschichte mit dem Marienkäfer" gehört hast?
Kathrin Koehler: Ich fand das sehr schön, mich da innerlich mit Deiner Mutter an den Tisch zu setzen, ich konnte ihre Gedanken sehr gut nachvollziehen. Das ist tatsächlich so: Durch das Elternsein und durch das Kind im Haushalt bekommst Du wirklich wieder einen neuen Blick auf die Welt. Das ist total erfrischend. Und Du kannst, wenn Du willst, auch wieder in Deine Kindheit zurückgehen und überlegen, so ab dem Zeitpunkt, wo Du bewusst denken kannst: Wie war das denn bei mir? Ohne, und das auch ganz bewusst, in den kompletten Vergleich zu gehen, sondern einfach nur sich zu erinnern: Wie war das bei mir, wie habe ich das empfunden? An welchen Stellen habe ich auch damals gedacht, wenn ich mal älter bin, mache ich das nie? Machst Du es jetzt doch oder machst Du es jetzt nicht?

Lass uns immer Kind bleiben und viel spielen und weiterspielen. Wir müssen uns wieder mehr für „Marienkäfermomente" einsetzen. Ich hoffe, dieses Buch hilft dabei!

Also das freie Kind in der Transaktionsanalyse, diese Freiheit zu geben und dann aber auch bewusst zu sein, wo sind die Leitlinien, wo sind die Planken? Das sind viele schöne

Gedanken, die ich mein Leben lang mitgenommen habe und gerne weiterhin tue.

Frei versus angestellt? Du hast beides als Mutter erlebt. Was sind Deine Erkenntnisse?
Kathrin Koehler: Ach, es ist so viel angenehmer, wenn man frei ist, weil man sich eben alles selber einteilt. Und es war auch so, dass ich tatsächlich Nachteile erfahren habe durch die Mutterschaft. Ich war in einem Angestelltenverhältnis ganz old-school, drei Männer über mir in den Hierarchien. Ich bin ganz knallhart gegen diese gläserne Decke gestoßen. Es wurde mir sehr klar gemacht mit Äußerungen wie: „Nein, Du kannst nicht zurück in Deine alte Führungsposition. Anzeigenleiterin bleiben? Nein, das schafft man nicht als Mutter, wenn man nur Teilzeit arbeitet."

Ich habe das relativ cool ausgesessen, hatte ein gutes Gehalt und habe dann akzeptiert, dass sie mich eben nicht mehr als Führungskraft sehen oder haben wollen. Aber schon während der Elternzeit wurde an mich herangetragen: Mensch, Kathrin, Du bist doch ein Typ für die Selbstständigkeit. Du hast eine intrinsische Motivation und hast eine Leidenschaft, mach' doch Dein Ding. Und da hatten mich schon einige gebucht. Und ich hatte die Elternzeit tatsächlich auch genutzt, um mir eine Nebenerwerb-Klausel in meinen Arbeitsvertrag schreiben zu lassen, dass ich nebenberuflich tätig sein darf. Da hatte ich bereits ein bisschen den Grundstein gelegt. Ohne dass ich es jetzt ganz bewusst geplant habe, merkte ich: Jetzt ist einfach der Zeitpunkt für mich selbst zu arbeiten. Und ich habe das nie bereut in diesem Kontext.

Was ich bei Dir rausgehört habe, ist ein sehr starkes Bewusstsein für Dinge und eine Klarheit. Du sagst:

„Das habe ich gemerkt, da sind meine Grenzen, da habe ich akzeptiert, hier habe ich mich vorbereitet". **Woher kommt das? Ich verbinde Bewusstsein mit dem Thema Achtsamkeit. Deswegen erzähl doch bitte mal, was Bewusstsein oder auch Achtsamkeit für Dich in Deinem Leben, Deiner Familie, Deiner Arbeit bedeutet?**

Kathrin Koehler: Zum Thema Achtsamkeit habe ich damals bereits Dein Buch gelesen „Achtsamkeit in digitalen Zeiten". Das Leben an sich drückt uns oftmals irgendwie so Dinge rein und dann muss man sich wieder ein bisschen vorkämpfen, sich mal schütteln und sich dann sagen:

> „Lass mal alle Fünfe gerade sein, geh mal wieder barfuß über eine Wiese, schwimme im See und versuche schöne Momente zu schaffen, damit dieser ganze Druck dieser Gesellschaft, in der wir heute leben und die viel von uns fordert, abfällt, und dass das wieder in ein gutes Gleichgewicht kommt."

Und danach lebe ich. Ohne dass ich jetzt viele Ausbildungen oder so was hätte, es ist einfach, wenn Du so willst, ein ganz natürlicher Zustand, in den ich immer wieder zurückkommen möchte. Ich habe tatsächlich ein ganz gutes Verhältnis zu mir selbst und zu meinen Bedürfnissen, so bin ich immer vorgegangen, auch noch abseits des Themas Mutterschaft oder Elternschaft.

Was bedeutet denn bewusste, empathische Kommunikation für Dich?

Kathrin Koehler: Das startet immer mit dem Hinhören. Hin- und Zuhören, was sagt der andere, wie sagt er es, was sind die Worte, wie ist die Wortwahl, was sind die Bedürfnisse? Und empathisch heißt dann tatsächlich das „Sich-Einstellen auf den anderen". Und darauf dann einzugehen, wirklich immer mal wieder zu versuchen zu hören: Was höre ich da? Und was heißt das für mich? So habe ich zum Beispiel meine Tochter vor unserem Interview gefragt, ob es für sie in Ordnung ist, wenn ich darüber spreche. Ich habe gesagt: „Du, pass mal auf, ich habe da so eine Anfrage, ich soll jetzt über mein Muttersein sprechen. Ist Dir das denn recht?" Meine Tochter antwortete ganz cool und entspannt – auch von der Tonlage: „Ja. Wann erscheint das denn?" Also gleichsam, rationales Interesse ihrerseits. Da habe ich gewusst: Ja, das kann ich wohl machen. Es scheint ihr wirklich recht zu sein.

Das Teenager-Alter Deiner Tochter hat vermutlich auch seine Herausforderung hier und da. Gibt es Momente, die in Dir irgendwie Stress auslösen? Wie gehst Du damit um?

Kathrin Koehler: Manchmal kann ich es tolerieren und manchmal auch nicht. Wenn mein Stresslevel hoch ist, kann ich es weniger tolerieren. Der Klassiker. Ich sage dann manchmal auch, wie es mir geht und dass es mir jetzt nicht mehr gut geht und dass ich jetzt eine Verhaltensänderung wünsche. Man kann als Teenager:in schon ordentlich rummuffeln, aber es gibt Grenzen und die ziehe ich dann auch und sage, so, bis hierher und nicht weiter.

Eine Anekdote: Die Freiheit, die ich meiner Tochter gewähre, wurde einmal kommentiert. Klassische Situation – drei Familien parallel im Urlaub. Wie kümmern sich alle um ihre Kinder? Da war mein Mann nicht dabei. Da spreche ich jetzt ganz für mich. Irgendwann wurde mir mal bei einem Glas Wein zurückgespielt, ich würde mich ja nicht so viel um unsere Tochter kümmern. Ich fand das ehrlich gesagt gut, dass der Freund mir das gesagt hat, dass das so gesprochen wurde hinter meinem Rücken. Das habe ich erst mal so mitgenommen und war auch erst mal getroffen. Und dann dachte ich: „Ja, richtig, ich kümmere mich nicht so viel um sie, ich lasse ihr aber auch den Raum, mal Dinge zu machen." Und dann bin ich nicht die ganze Zeit helikoptermäßig hinterher, dass es meinem Kind gut geht, sondern ich habe in der Kindheit gelernt, dass es ein paar Signale bei ihr gibt, dann geht es ihr sehr gut.

„Ich wusste immer, wenn das Kind dasitzt und fröhlich vor sich hersingt, dann geht es ihm gut." Das sollte man dann auch zuzulassen und dem Kind nicht andauernd irgendetwas anbieten. Nicht andauernd in dieser „Ich bin jetzt für Dich da"-Haltung sein. Das habe ich auch in der Vorbereitung zum Gespräch gedacht.

Ich sehe das total ambivalent: In der Achtsamkeit zu sein, aber eben auch in der Achtsamkeit den Freiraum zu lassen und nicht in dieser Achtsamkeit zu sein, die ich auch häufig sehe: Alles aufs Kind ausgerichtet. Alles. „Was will das Kind"?

Ich bin eher so, dass ich sage: „Wir sind hier ein System und da muss jeder sein Recht bekommen". Und das ist eben schwer, wenn da unterschiedliche Systeme aufeinanderprallen. Und da habe ich gedacht, ja, am Ende habt ihr recht, ich habe mich weniger vermeintlich um sie gekümmert. Ich habe sie einfach auch gelassen, weil ich eben daran glaube, dass daraus was Gutes entsteht. Und wenn ihr meint, ihr müsst mehr kuscheln und mehr Elternzeit mit Kind machen, dann macht das. Aber bewertet mich nicht. Das war ein spannender Augenblick, auch für mich in der Reflexion, wie ich erziehe.

Ich glaube, leider wird das Wort „Achtsamkeit" ganz oft nur in Verbindung mit Aufmerksamkeit gebracht. Und eigentlich geht es oft genau um das Gegenteil. Es geht um (innere) Verbundenheit. Um Loslassen, wie Du es schilderst. Es geht darum, nicht zu urteilen, zu vertrauen. Davon habe ich gerade ganz viel herausgehört in Deiner Geschichte.

Stell Dir vor, Corona ist zurück. Du hättest wieder ein Kleinkind, Kita zu, Kunden, Partner, Familie, alle zer-

ren an dir. Wie organisierst Du Dich? Wie gehst Du mit Stress um?

Kathrin Koehler: Wenn andere Faktoren mehr Raum brauchen, weil jetzt ein Lockdown käme, dann musst Du dem stattgeben. Wieder runterdampfen, Termine absagen, wenn es denn sein muss. Du kannst nicht leisten, wenn Du nicht in Deiner Kraft bist!

Was auch hilft, sind ein gutes Netzwerk und vorausschauendes Denken. Was kann eintreten? Sich selber so ein bisschen „abpuffern" und das funktioniert am besten übers Netzwerk. Die Abholliste in der Kita, Geben und Nehmen mit gegenseitiger Betreuung, ein gutes Backup mit einem Babysitter und wenn es geht, die Großeltern, wenn sie denn in der Stadt sind, um sich Freiräume zu schaffen. Und diese Freiräume geben Dir selbst den Freiraum, die Kraft zu tanken, um in der Familie mit voller Liebe da zu sein, um aber auch im Beruf gut performen zu können. Das bringt Dich einfach wieder in die Kraft. Also mich zumindest.

Der „Schichtbetrieb" und die „Me-Time", wie Du es nennst, helfen auch gegen Stress. Wir haben seit einigen Jahren außerhalb von Berlin so einen kleinen grünen Flecken. Da schöpfe ich meine Kraft. Da gucke ich auf das Wasser und kann barfuß über die Wiese laufen. Ich bin da Gärtnerin und zupfe an meinen Blumen herum. Da weiß ich einfach, hier ist gerade Auftanken angesagt und das tut mir total gut!

Wenn ein süßer Marienkäfer Dir jetzt einen Wunsch erfüllen würde für Eltern, Kinder oder Familien – was würdest Du Dir wünschen?

Kathrin Koehler: Ich wünsche mir, dass Eltern und Familien die Balance tatsächlich für sich persönlich finden, ihren Weg gehen und sich nicht zu sehr im Vergleichen mit anderen aufreiben.

Für mich war der „Schichtbetrieb" in der Betreuung super. Aber das heißt nicht, dass das der Mega-Tipp für alle ist und

„one size fits all". Ich finde es wichtig, zu versuchen, Freiheit zu gewinnen und es so zu machen, wie man denkt, dass es richtig ist. Im Netzwerk immer mal wieder zu checken, wie machen es die anderen, ohne in dieses Wertende zu gehen. Wir sind soziale Wesen, wir wollen einen Abgleich mit anderen.

Alles ist da, wir können das Internet leer lesen, was Elternschaft angeht, aber da weißt Du immer noch nicht, wie Du es richtig machst. Es gibt vielleicht auch kein richtig und falsch. Es ist wichtig, die innere Stimme zuzulassen!

Vollständiges Interview als Video und/oder Audio

Das vollständige Interview ist als Video bei YouTube und/oder Audio-Version im Podcast „Achtsamkeit für Eltern" von MARIENKÄFERMOMENTE auf meinen Webseiten verfügbar, siehe www.marienkäfermomente.jetzt. Einen ersten Intro-Ausschnitt des Interviews findest Du zudem in der begleitenden Springer Nature More Media App. Einfach den Link unter Abb. 5.13 scannen. Hört/schaut unbedingt mal rein!

Abb. 5.13 Video-Intro aus dem Interview mit Kathrin Koehler – Track 15. (Illustration: Fine Heininger) (▶ https://doi.org/10.1007/000-bgc)

Weiterführender Link
https://www.kathrinkoehler.com/
www.marienkäfermomente.jetzt

5.8 Sandra Runge, Rechtsanwältin für Arbeitsrecht, Proparents-Initiatorin & Autorin – zum Thema Vereinbarkeit, Elterndiskriminierung und den achtsamen Umgang mit Stress

Nachfolgend ein Auszug aus dem gemeinsamen Interview-Gespräch zwischen Sandra Runge (s. Abb. 5.14) und Lilian Güntsche-Hilgendag. Video-Interview abrufbar auf www.marienkäfermomente.jetzt und/oder im Podcast „Achtsamkeit für Eltern" von MARIENKÄFERMOMENTE.

Im Oktober 2022 unterhielt ich mich mit Sandra Runge, die sich mit der Proparents-Initiative Initiative (https://proparentsinitiative.de/) an der Front gegen Elterndiskriminierung einsetzt. Ihre Mission ist es, „die Welt für Mütter & Väter gerechter und leichter mit dem Job vereinbar zu machen". Sie ist gemeinsam mit Karline Wenzel Autorin von „Glückwunsch zum Baby, Sie sind gefeuert" (Runge und Wenzel 2022), Rechtsanwältin für Arbeitsrecht (https://www.kanzlei-runge.de/), Speakerin, Herausgeberin

Abb. 5.14 Sandra Runge. (https://sandrarunge.de/; Foto: Manu Wolf)

des „Smart Mama Blogs" (https://www.smart-mama.de/) zum Thema Elternrechte und Co-Founderin des „Coworking Toddler" (https://www.coworkingtoddler.com/), einer Kita mit Coworking Space. Sandra setzt sich darüber hinaus auch unermüdlich für eine Steigerung des Elterngeldes ein und hat dafür ebenfalls eine Petition ins Leben gerufen. Zudem ist Sandra Mama von zwei Jungs im Alter von neun und zwölf Jahren. Man könnte sagen, sie ist ein Role-Model für Vereinbarkeit, wie es im Buche steht.

Sandra und ich kennen uns schon lange. Vor vielen Jahren lud mich Sandra ein im „Coworking Toddler", wo Kinderbetreuung und Arbeiten an einem Ort verbunden werden können, eine Lesung im Rahmen meines Buches „Achtsamkeit in digitalen Zeiten" zu geben. Nach der Veranstaltung sagte Sandra zu mir: „Lilian, Du musst unbedingt etwas zum Thema Achtsamkeit für Eltern machen." Diese Worte sind mir in Erinnerung geblieben und dieses Buch ist meine Antwort darauf.

Die Achtsamkeit war für Sandra schon lange ein Herzensthema. Wie sie zur Achtsamkeit steht, sie in ihren Alltag integriert, wie sie mit Stress umgeht, wie sie es schafft, alles unter einen Hut zu bekommen, und was Vereinbarung für sie bedeutet, dazu unterhielten wir uns in einem spannenden Interview. Auch einen Wunsch für alle Eltern, Kinder bzw. Familien hat Sandra geäußert, wenn ein Glücksmarienkäfer ihr einen erfüllen würde.

Nachfolgend ein paar Auszüge und wertvolle Tipps von Sandra Runge. Das vollständige Interview ist auf der begleitenden Website zum Buch auch im Video-Format zu sehen.

Sandras Zitat zum Thema Erziehung:

Sandra Runge: Was ich rückblickend wichtig finde oder was mich immer begleitet, ist, dass man alles nicht so super perfektionistisch sehen sollte und mehr mit einem Schmunzeln und mit etwas Leichtigkeit. Ich habe gemerkt, dass man so in vielen Situationen einfach sehr viel besser durch den Alltag mit Kindern kommt.

Was bewirkt die „Geschichte mit dem Marienkäfer" in Dir?
Sandra Runge: Ich kann das aus eigener Erfahrung sehr gut nachvollziehen. Ich erinnere mich an eine Situation, da waren wir auf irgendeiner Städtereise und das, was mein Sohn am tollsten fand, waren die Gullydeckel. Oder im Zoo haben wir uns Elefanten angeguckt und ich wollte ihm die schönsten, wildesten Tiere zeigen. Und das, was er am spannendsten fand, war ein kleiner Glaskasten mit winzigen Mäusen drin. Ich weiß noch, ich hatte mich wirklich auf alle Tiere im Zoo gefreut und im Endeffekt standen wir eine Stunde vor diesem Glaskasten mit Mäuschen. Das war einer dieser prägenden Momente. Kinder überraschen einen einfach immer wieder und bringen einen zum Schmunzeln. Plötzlich hält einen jemand an der Hand fest, man muss stehen bleiben und etwas angucken, an dem man selbst vielleicht vorbeigelaufen wäre, wie zum Beispiel einen Gullydeckel.

Wie gehst Du mit Stresssituationen um, wenn alles zusammenkommt? Stell Dir doch vor, es kommt alles auf einmal: Die Pandemie meldet sich zurück. Gleichzeitig wollen Journalisten mit Dir über Dein neues Buch „Glückwunsch zum Baby, Sie sind gefeuert" sprechen und parallel brauchen die Kinder irgendwas, müssen vielleicht früher von der Schule abgeholt werden oder es ist Homeschooling angesagt und eine Mandantin braucht auch noch Unterstützung bezüglich Elterndiskriminierung. Wie organisierst Du Dich? Nachfolgend Sandras Tipps zum Umgang mit Stress.

> **Tipps zum Umgang mit Stress**
>
> **Ruhe bewahren:** Versuche, die Ruhe zu bewahren. Das ist mir früher nicht so leichtgefallen, ich bin dann eher in einen Hektik-Modus gekommen. Mit der Zeit bekommt man etwas mehr Gelassenheit.
>
> **Einsortieren und Priorisieren:** Es gibt Dinge, die man ändern kann, und es gibt Dinge, die man nicht ändern kann. Daran denke ich heutzutage in Stressmomenten. Ich rege mich über Sachen, die ich nicht ändern kann, nicht mehr auf. Ich finde es sehr wichtig, dass man erst mal gewisse Dinge einsortiert und dann priorisiert. Und klar haben die Kinder oberste Priorität. Wenn sie krank sind, dann müssen die Kinder abgeholt werden und alles andere muss dann einfach drum herum funktionieren.

Dieser Tipp, den Du gerade genannt hast, hat auch etwas mit Achtsamkeit zu tun. Bewusst machen, beobachten, sortieren. Ist es etwas, das ich verändern kann, wo ich Einfluss nehmen kann oder nicht? Geht es jetzt quasi um Akzeptanz – das darf ich annehmen – oder Reaktion – braucht es etwas, das sich verändern kann?

Sandra Runge: Das musste ich auch lernen, das gebe ich offen zu. Das ist mir früher nicht immer leichtgefallen. Da konnte ich mich dann auch irgendwie eher ärgern, mich da reinsteigern oder fluchen. Jetzt bin ich eher diejenige, die versucht, das in die Familie rein zu transportieren und das tatsächlich auch meinen Kindern beizubringen.

Berufstätig Eltern sein, Wiedereinstieg nach der Elternzeit und warum es Sandra wichtig ist, sich mit der Proparents-Initiative gegen Elterndiskriminierung einzusetzen. Sandras Motivation und wie es dazu kam ...

5 Marienkäfermomente „Achtsamkeit für Eltern ...

Sandra Runge: Als Anwältin für Arbeitsrecht bemerkst Du schnell, wenn irgendwas schiefläuft. Häufig natürlich, wenn es schon zu spät ist oder das Kind in den Brunnen gefallen ist. Dann kam noch eine persönliche Erfahrung dazu. Ich habe früher in verschiedenen Unternehmen in der Rechtsabteilung gearbeitet und eher auf der Arbeitgeberseite in Kanzleien. Ich habe selber gemerkt, wie schwer ein Wiedereinstieg sein kann nach der Elternzeit. Bei meinem großen Sohn bin ich ein Jahr zu Hause gewesen und dann wiedergekommen.

Am ersten Tag nach der Elternzeit habe ich meinen Job verloren! Das war ein sehr prägendes Erlebnis, weil ich nie gedacht hätte, dass so etwas passieren kann. Das Ganze war rückblickend eine ziemlich gemeine Geschichte und ein Schlag ins Gesicht. Ich dachte: Das schaffst Du alles, Du kommst zurück, arbeitest Vollzeit, Kind in der Kita, alles gut organisiert. Es war eine große Enttäuschung. Aber letztendlich war es auch der Antrieb dafür, ein bisschen genauer darüber nachzudenken: Was ist da schiefgelaufen?

Es war der Anlass, dass ich mich bei meiner Arbeit für diesen Bereich eingesetzt habe, tiefer eingestiegen bin und auch schnell das Bedürfnis hatte, darüber zu schreiben. Aus Anwaltssicht in einfacher Sprache, damit Mütter und Väter genauer ihre Rechte kennen. Ich habe schließlich immer stärker das Bedürfnis gehabt, auszusprechen, woran es auch bei uns im System sozusagen krankt. Da stehen bei mir ganz oben die fehlenden gesetzlichen Grundlagen für gewisse Dinge, die Eltern besser schützen würden.

Als die Corona Krise kam, wurde daraus tatsächlich eine Initiative, die sich dafür einsetzt, Elternschaft oder Fürsorgeleistung sehr viel stärker auf gesetzlicher Ebene und zwar in unserem Antidiskriminierungsgesetz aufzunehmen, um einen besseren Schutz von Eltern zu erreichen. Da gab es dann eine Petition, die über 51.000 Menschen unterschrieben haben während der Krise. Es bleibt zu hoffen, dass das Ganze irgendwann Gesetz wird, weil es bei uns einfach kein ausgesprochenes oder klares Gesetz gibt, in dem steht, dass Eltern nicht benachteiligt werden dürfen in der Arbeitswelt. Und das finde ich, ist eine Aussage, die unbedingt vorhanden sein muss und nicht fehlen darf.

Die Faktenlage unterstützt den Handlungsdrang:

- Eine Studie der Antidiskriminierungsstelle des Bundes aus Mai 2022 kommt zu dem Ergebnis, dass 41 % aller Eltern mindestens eine Diskriminierungserfahrungen in ihrem Arbeitsleben gemacht haben.
- 15 % aller Mütter bekommen ihren Job nach der Elternzeit nicht mehr, weil der entweder weggefallen oder gestrichen wurde.

Geht Vereinbarkeit in Deutschland?

Sandra Runge: Wenn Du mich jetzt so fragst, würde ich ehrlich gesagt fast eher von „Unvereinbarkeit" – zumindest in unserem aktuellen System – sprechen.

Da ist natürlich noch viel Luft nach oben. In unserem Buch *„Glückwunsch zum Baby, Sie sind gefeuert"* haben wir sehr viele Unternehmen interviewt und man sieht, es gibt viele Erfolg versprechende Maßnahmen, aber es passiert einfach noch zu wenig. Viele haben noch nicht erkannt, dass Eltern wertvolle Arbeitskräfte sind und dass es sich da lohnt, ein bisschen mehr „out of the box" zu denken und vielleicht Dinge wie Jobsharing oder spezielle Wiedereinstiegsprogramme auf die Beine zu stellen. Der Fachkräftemangel wird sich in den nächsten Jahren zuspitzen und ich glaube, viele Unternehmen werden da kaum noch eine Wahl haben. Sie müssen sich wirklich überlegen, wie sie ihre Mitarbeiter:innen, die jetzt in die Elternzeit gehen, halten. Nachfolgend Sandras Tipps, wie man sich dennoch als berufstätige Mama „vorbereiten" kann.

> **Tipps für berufstätige Mütter**
>
> **Die Schuld nicht bei sich suchen!** Viele Mütter suchen die Schuld bei sich oder haben das Gefühl, sie haben selber etwas falsch gemacht. Sie trauen sich nicht oder schämen sich, irgendwas anzusprechen. Ich glaube, aus der Falle muss man raus! Denn es hat meistens gar nichts mit der Person selbst zu tun, sondern das sind oft die äußeren Umstände. Ich glaube, da muss man schauen, dass man sich nicht kleinmacht, sondern ganz im Gegenteil, stattdessen versuchen, sich für seine Rechte einzusetzen und sich notfalls auch Hilfe suchen.
>
> **Beratung finden bei Experten und Anlaufstellen!** Gerade, wenn es rechtlich schwierig wird beim Wiedereinstieg, gibt es Beratungsstellen, die helfen. Die Antidiskriminierungsstelle, Betriebsräte oder auch Verbündete im Unternehmen.
>
> **Sich auch untereinander als Eltern mehr helfen!** Wenn die Kita schließt, zum Beispiel mit anderen Eltern einfach untereinander verabreden und jeder hat dann zwei Stunden zum Arbeiten und der andere passt jeweils aufs Kind auf. Solche Modelle fehlen manchmal.

Wie bringst Du alles unter einen Hut? Was ist Dein persönliches Geheimnis?

Sandra Runge: Flexibles, selbstbestimmtes Arbeiten! Ich habe das Glück, dass ich sehr flexibel arbeiten kann und auch schon fast immer konnte. Das wäre, wenn ich diesen Job, den ich ja verloren habe, nach der Elternzeit weitergemacht hätte, wahrscheinlich sehr viel schwerer geworden, weil Homeoffice oder Ähnliches absolut undenkbar war. Ich kann meine Arbeit sehr stark den Bedürfnissen der Familie und den Kindern anpassen. Das kann mein Mann auch. Dadurch können wir das sehr gut im Alltag miteinander wuppen, weil dann der eine das Kind abholt, der andere macht etwas anderes und zwischendurch arbeitet man halt noch mal zwei Stunden oder notfalls abends.

Fokussieren. Ich weiß, dass ich nicht immer alle Sachen, die ich gleichzeitig mache, mit der gleichen Intensität machen kann. Ich habe daher immer ein Thema, das stark im Vordergrund steht, und dann scharen sich die anderen Themen drum herum. Das ist ein bisschen so, wie beim Jonglieren, es kann auch mal ein Ball herunterfallen. Aber meistens schaffe ich es irgendwie und es funktioniert ganz gut.

Mein Kind – mein Achtsamkeitstrainer – wie ich auch sage. Wie siehst Du das?

Sandra Runge: Ich glaube, man muss sich da drauf einlassen können und dem Ganzen einen Raum geben. Du musst es auch zulassen, dass Dein Kind der Achtsamkeitstrainer ist.

Sich an einem stressigen Tag zu sagen: „Ich atme jetzt einfach mal zehn Minuten in Ruhe und schaue mir die Bagger oder die Ziegelsteine an." Das wäre wahrscheinlich ein gutes Achtsamkeitstraining gewesen! Manchmal ist das aber nicht so leicht. Zum Beispiel, wenn wir in fünf Minuten beim Kinderarzt sein müssen, da wir sonst drei Stunden im Wartezimmer sitzen, wenn wir unpünktlich sind. Wenn Du ein stärkeres Bewusstsein schaffst, jene und solche Momente zu erkennen und zu unterscheiden, dann ist das sehr wertvoll.

Was ist Dein Wunsch an einen Glückskäfer?

Sandra Runge: Hinsichtlich der Vereinbarkeit würde ich mir wünschen, dass der Marienkäfer alle Politiker und Politikerinnen, Gesetzgeber und Gesetzgeberinnen verzaubert, sodass ganz schnell bessere rechtliche Grundlagen für Eltern geschaffen werden und wir oder unsere Kinder in einer anderen Rechtsordnung und einer anderen Arbeits- und Lebenswelt aufwachsen.

Vollständiges Interview als Video und/oder Audio

Das vollständige Interview ist als Video bei YouTube und/oder Audio-Version im Podcast „Achtsamkeit für Eltern" von MARIENKÄFERMOMENTE auf meinen Webseiten verfügbar, siehe www.marienkäfermomente.jetzt. Einen ersten Intro-Ausschnitt des Interviews findest Du zudem in der begleitenden Springer Nature More Media App. Einfach den Link unter Abb. 5.15 scannen. Hört/schaut unbedingt mal rein!

Abb. 5.15 Video-Intro aus dem Interview mit Sandra Runge – Track 16. (Illustration: Fine Heininger) (▶ https://doi.org/10.1007/000-bgd)

Weiterführende Links

https://www.coworkingtoddler.com/
https://www.kanzlei-runge.de/
www.marienkäfermomente.jetzt
https://proparentsinitiative.de/
https://sandrarunge.de/
https://www.smart-mama.de/

5.9 Chérine De Bruijn – Unternehmerin, Kommunikationsprofi und Podcasterin „MUT ZUR PERSÖNLICHKEIT" – zum Thema Mut, Authentizität und Mindset

Nachfolgend ein Auszug aus dem gemeinsamen Interview-Gespräch zwischen Chérine De Bruijn (s. Abb. 5.16) und Lilian Güntsche-Hilgendag. Video-Interview abrufbar auf www.marienkäfermomente.jetzt und/oder im Podcast „Achtsamkeit für Eltern" von MARIENKÄFERMOMENTE.

Wenn es eine Frau in meinem Bekanntenkreis gibt, die sich für mehr Mut stark macht, ist es Chérine De Bruijn (mehr unter https://www.cherinedebruijn.com). Da Mut einer der agilen Scrum-Werte ist, und sehr hilfreich, um Veränderungen zu meistern, was Eltern quasi täglich erfahren, traf ich mich mit Chérine zu einem Interview-Gespräch im Rahmen dieses Buches. Chérine De Bruijn ist als Gründerin der CORPORATE KITCHEN® (corporatekitchen.de) bekannt für ihre Kommunikations- und Netzwerkarbeit, als energiegeladene Moderatorin und Impulsgeberin

Abb. 5.16 Chérine De Bruijn (https://www.cherinedebruijn.com; Foto: Alyn Camara)

für Führungskräfte und Teams aktiv sowie die Initiatorin des Podcasts „MUT ZUR PERSÖNLICHKEIT" (mutzurpersoenlichkeit.de). Für ihr Engagement in der Zusammenarbeit mit jungen Start-ups und etablierten Unternehmen wurde sie zudem in ihrer damaligen Funktion als Geschäftsführerin eines Branchennetzwerks für die digitale Wirtschaft als einer der „101 Digitale Köpfe NRW" ausgezeichnet. Chérine und ich kennen uns bereits seit vielen Jahren und standen auch schon oft zusammen als Sängerinnen auf der Bühne, eine Aktivität, die auch einer kleinen Prise Mut bedarf. Auch in ihren tollen Podcast lud mich Chérine schon einmal ein, wo wir uns über Achtsamkeit und Agilität im Business unterhielten und was all das mit Mut zu tun hat (MUT ZUR PERSÖNLICHKEIT, Folge 18, 2022). Nachfolgend freue ich mich, Dir eine Zusammenfassung aus unserem Gespräch rund um Mut, Authentizität und Mindset-Shaping im Rahmen dieses Buches zur Verfügung zu stellen.

Was denkst Du über meine „Geschichte mit dem Marienkäfer"?

Chérine De Bruijn: Die Geschichte mit dem Marienkäfer hat mich sehr berührt. Ich habe Gänsehaut bekommen und muss zugeben, dass ich auch ein Tränchen verdrückt habe.

Das hat verschiedene Gründe: Ich kannte Deine Mutter gut und weiß, wie viele tolle Ratschläge Du von ihr erhalten hast. Da kannst Du noch viele weitere Bücher schreiben. [Lacht]

Mich hat die Geschichte aber auch sehr getroffen, weil da so viel Wahrheit drinsteckt. Ich selbst bin sehr umtriebig, bin viel unterwegs. Ich tue das gerne, aber natürlich bin ich sehr beeinflusst von neuen Impulsen, neuen Menschen, die ich kennenlerne, viel geprägt von Neuem.

Man geht oft nicht in die Tiefe und ruht sich auch nicht viel aus zwischendurch, weil das alles so viel Spaß macht. Aber ich merke, es ist ein natürlicher Wunsch der Seele und des Körpers, auch mal Ruhepause zu haben und auch mal nichts zu tun. Weniger zu tun, einfach mal durchzuatmen und sich auch einfach mal zu freuen, wie schön gerade draußen das Herbstlaub aussieht.

Es hilft sehr, so einen Impuls zu kriegen und darauf zu achten. Wenn ich jetzt nur zehn Minuten habe, wo ich kurz was machen kann, dann gehe ich zum Beispiel auf den Balkon. Ich gucke mir die Bäume der Nachbarschaft an und atme tief durch. Wenn ich das mache, gibt es mir für diesen Moment ein Gefühl der Gelassenheit. Das hilft. Atmen hilft sowieso immer.

Mich hat Deine Geschichte mit dem Marienkäfer insgesamt emotional sehr berührt. Ich denke, wir sollten alle versuchen, nicht zu erwachsen zu sein, sondern die Welt mehr aus den Augen eines Kindes zu sehen. Kinder sind neugierig, Kinder sind begeisterungsfähig, leidenschaftlich und stehen immer wieder auf, wenn sie hinfallen. Das sind alles Eigenschaften, die wir als Erwachsene brauchen, um in einer Welt der Veränderung mutig auch neue Impulse zu setzen. Wir brauchen auch Veränderer in der Zukunft, denn wir haben viele Themen, die wir bewältigen müssen. Wir brauchen diese mutigen Persönlichkeiten. Da können wir uns ganz viel von Kindern abgucken. Mein Papa hat früher immer gesagt: „Kinder sind wie kleine Erwachsene ohne Erfahrung. Wir müssen sie ernst nehmen, aber natürlich auch begleiten."

Welches Zitat verbindest Du mit Achtsamkeit und Kindern?

Chérine De Bruijn: „Aufmerksamkeit durch Aufmerksamkeit." Ich finde Aufmerksamkeit, vielleicht nennst Du es auch Achtsamkeit, ist eine sehr wichtige Eigenschaft, die es ermöglicht, sich selbst, seine Stärken und seine Schwächen zu kennen. Zu wissen, was mich definiert, wie möchte ich mich sehen, wie wirke ich vielleicht auch auf andere? Diese Aufmerksamkeit kann man auch anderen schenken, denn nur wer gesehen wird, fühlt sich wohl. Das ist für ein Kind genauso.

Aufmerksamkeit bekommt man durch Aufmerksamkeit. Das ist keine Einbahnstraße, das geht in zwei Richtungen. Aufmerksamkeit hat auch viel mit Wertschätzung zu tun. Es ist wichtig, Wertschätzung in der Welt und in seinem Umfeld zu verteilen. Die Wertschätzung sich selbst gegenüber hat da eine sehr wichtige Schlüsselrolle. Gerade wenn es hoch hergeht im Alltag, wenn wir viele Themen haben, die uns beschäftigen, wenn wir viele Unsicherheiten haben, die wir in uns tragen.

Je klarer wir wissen, wie wir mit uns selbst umgehen, was wir leisten können und wo es auch einfach mal Schluss ist und man „Nein" sagt, desto besser. Das ist, glaube ich, eine wichtige Eigenschaft.

Was bedeutet Authentizität für Dich?

Chérine De Bruijn: Authentizität ist für mich Mut zur Persönlichkeit. Das ist die Fähigkeit, sich so zu zeigen und so zu sein, wie man eben ist. Man muss sich nicht verstellen. Ich merke, dass ich die meiste Energie entfalten kann und meinen Energiehaushalt pflegen kann, wenn ich mich in meiner Haut fühle. Ich glaube, was uns alle vereint, wenn wir uns in unserer Haut fühlen, ist, dass wir das Gefühl haben, wir können so sein und wir werden so gesehen, wie wir sind.

Die Achtsamkeit führt dazu, dass man sich wieder in seiner Haut fühlt. Das ist unfassbar wichtig, ansonsten sind wir wie ein Fähnchen im Wind. Ich sage auch immer, und das ist vielleicht der Master Hack, um authentisch zu bleiben: Vergleiche Dich nicht mit anderen, das ist tödlich.

Warum hast Du angefangen, Dich für „Mut zur Persönlichkeit" einzusetzen?
Chérine De Bruijn: Wir leben in einer Welt, in der sich unglaublich viel verändert, in der es ganz wichtig ist, seiner Persönlichkeit treu zu bleiben und authentisch zu bleiben, egal in welcher Situation man gerade steckt. Wenn man eine Familie gründet, ist das ja nicht anders. Persönlichkeit ist für mich ein ganz wichtiges Alleinstellungsmerkmal eines Menschen.

Was bedeutet Mut für Dich?
Chérine De Bruijn: Meine Großmutter, die leider verstorben ist, hat gesagt: „Mut heißt machen und tun". Dieses machen und tun habe ich von ihr gelernt.

Es ist nicht die Kunst, keinen Mut zu haben, sondern seine Angst zu überwinden. Mut kann nicht ohne Angst entstehen. Für mich macht Mut aus, sich auch aus seiner Komfortzone zu bewegen, nicht zu bequem zu werden und nie aufzuhören zu lernen.

Mut ist unglaublich wichtig, weil er uns dazu befähigt, Dinge anders zu tun. Mut ist eine ganz wichtige Grundvoraussetzung, die wir für die Zukunft brauchen. Ohne Mut haben wir keine Zukunft. Wir brauchen immer Menschen, die neu mit Situationen umgehen, was zuerst zu einer Verunsicherung führt. Es braucht unbedingt Menschen, die sagen: „Ich springe jetzt ins kalte Wasser, ich bin mutig, ich mach das jetzt und ich will auch ein Vorbild sein."

Welche Eigenschaften sind neben Mut wichtig, um den Veränderungen zu begegnen?
Chérine De Bruijn: Resilienz ist für mich neben Mut eine ganz wichtige Eigenschaft, die wir brauchen. Je mutiger wir

sind, einfach Entscheidungen treffen und unser Ding durchziehen, desto resilienter macht es uns.

Vorher schöpfst Du Deine scheinbar endlose Energie?
Chérine De Bruijn: Ich werde häufig gefragt: „Chérine, Du sprühst ja vor Energie, wie machst Du das?" Dann sage ich „Leute, ich mache das, was ich wirklich, wirklich gerne tue". Nachfolgend ein paar von Chérines Hacks für mehr Energie und weniger Stress.

> **Tipps für mehr Energie**
>
> **Auch die kleinen Erfolge feiern:** Nicht nur für andere, für seine Familie oder das Kind, sondern auch für sich selbst. Was hast Du selbst gerade gut gemacht, wie hast Du diese Situation gemeistert? Diese Erkenntnisse unbedingt für sich manifestieren.
> **Kleine positive Rituale in den Alltag einbauen, um Positives zu feiern:** Rituale erschaffen, die signalisieren: „Hey, gut gemacht". Das kann z. B. ein Song oder ein Duft sein.
> **Fokus bewusst justieren:** Aufmerksamkeit auf das lenken, was gut funktioniert. Das gibt uns die Chance, dass mehr gut funktioniert, als wenn wir die ganze Zeit die Aufmerksamkeit auf all das richten, was gerade nicht gut läuft.
> **Ausbrechen, wenn alles zu viel wird:** Wenn man das Gefühl hat, gerade ist alles zu viel, alle wollen was von einem, einfach einmal auszubrechen. Was kosten zehn Minuten? Nix. Zehn Minuten raus auf den Balkon, raus ins Grüne, frische Luft schnappen und einmal tief durchatmen. Das beruhigt die Nerven und gibt Kraft.
> **Sich besinnen und eruieren, wo die eigene Energie geschöpft wird:** Allein die Energie von jemandem anderen abhängig zu machen, ob es ein Kind ist, ob es Kollegen sind, ob es der Mann ist, ist nicht gesund, die Energie muss vor allem aus sich selbst rauskommen.

Was motiviert Dich da darin, „Achtsamkeit für Eltern" zu unterstützen? Warum ist das wichtig?
Chérine De Bruijn: Mich motiviert es, mehr Achtsamkeit für Eltern zu unterstützen, weil es eine der größten Energie-

quellen ist, die Eltern nutzen können, um Herr oder Frau ihrer Situation zu werden. Achtsamkeit ist unglaublich wichtig, um seinen Kern und sein Wesen nicht aus dem Auge zu verlieren.

Dein Wunsch an einen Glückskäfer? Wenn Du Dir jetzt vorstellen würdest, es kommt ein kleiner Marienkäfer angeflogen und setzt sich auf Deine Schultern, Du darfst einen Wunsch äußern, was Du Eltern, Kindern, Familien wünschen würdest. Was wäre das?

Chérine De Bruijn: Ich wünsche ihnen die Aufmerksamkeit für Aufmerksamkeit, die sie benötigen, die ihnen genügend Energie und auch Inspiration gibt, die Höhen und Tiefen eines Familienlebens und all die Rollen, die noch dazukommen, zu bewerkstelligen.

> **Vollständiges Interview als Video und/oder Audio**
>
> Das vollständige Interview ist als Video bei YouTube und/oder Audio-Version im Podcast „Achtsamkeit für Eltern" von MARIENKÄFERMOMENTE auf meinen Webseiten verfügbar, siehe www.marienkäfermomente.jetzt. Einen ersten Intro-Ausschnitt des Interviews findest Du zudem in der begleitenden Springer Nature More Media App. Einfach den Link unter Abb. 5.17 scannen. Hört/schaut unbedingt mal rein!
>
>
>
> **Abb. 5.17** Video-Intro aus dem Interview mit Chérine De Bruijn – Track 17. (Illustration: Fine Heininger) (▶ https://doi.org/10.1007/000-bge)

Weiterführende Links
www.cherinedebruijn.com
www.corporatekitchen.de
www.marienkäfermomente.jetzt

5.10 Dr. med. Gabriele Kewitz – Fachärztin und Oberärztin am Universitätsklinikum Charité (im Ruhestand) – zum Thema Achtsamkeit, Ruhepausen für das Gehirn und Auswirkungen von Stress bei Eltern und Kindern

Nachfolgend eine Zusammenfassung aus dem gemeinsamen Interview-Gespräch zwischen Dr. med. Gabriele Kewitz und Lilian Güntsche-Hilgendag, weitere Informationen auf www.marienkäfermomente.jetzt.

Dr. med. Gabriele Kewitz war Fachärztin für Kinderheilkunde und Neu- und Frühgeborenenmedizin (Neonatologie) am Universitätsklinikum Charité unter Herrn Prof. Dr. med. Hans Versmold. Sie ist außerdem Stillberaterin (IBCLC) im Ruhestand. Unter Herrn Prof. Dr. Manfred Liebel hat sie an der FU Berlin „Kinderrechte" studiert und mit dem Europaen Master of Childhoodstudie and Childrens Rights abgeschlossen. Die Masterarbeit beschäftigte sich mit den Kinderrechten in Kinderkliniken. Gabriele Kewitz hat für die Deutsche Liga für das Kind gearbeitet. Es entstanden Texte und Filme zur seelischen Gesundheit von Kindern (weitere Informationen unter: https://seelisch-gesund-aufwachsen.de).

Gabriele Kewitz und ich lernten uns über eine gemeinsame Freundin/Bekannte kennen. Sie half uns telefonisch schon häufig bei Fragen rund um die Gesundheit innerhalb der Familie mit wertvollen Tipps weiter. Sie ist Ärztin mit Leib und Seele und hat ein großes Herz für Kinder und für Tiere. Wir durften einmal ihre Esel besuchen, was eine ganz besondere Erfahrung für unseren damals zweijährigen Sohn war. Nachfolgend eine Zusammenfassung unseres Interview-Gesprächs.

Wie stehen Sie als Ärztin zur Achtsamkeit?
Gabriele Kewitz: Wohltuend sind diese Ruhepausen für das Gehirn, wir bleiben bei der Wahrnehmung stehen und lassen nicht zu, dass sich das Gehirn mit Wahrnehmungen auseinandersetzt, das heißt es kann sich ausruhen. Aktuelle Studien zeigen, dass es ein Vorteil ist, wenn dem Gehirn am Tag alle vier Stunden eine Pause gegönnt wird. Vielleicht ist die Wirkung einer Meditation ähnlich der eines kurzen Mittagsschlafes, der früher (in bestimmten sozialen Schichten) üblicher war als heute.

Die Wahrnehmung können wir nicht stoppen, aber die Weiterverarbeitung der augenblicklichen Wahrnehmung im Gehirn können wir mit Übung vorübergehend bremsen.

Ich praktiziere seit einem Jahr Achtsamkeitsübungen mithilfe einer App (Sam Harris), wenn möglich zweimal täglich: einmal über 20 min und nach vier bis sechs Stunden eine zehnminütige Kurzversion. Mein Ziel: dem Gehirn eine kurze Ruhe zu gönnen, damit es anschließend wieder gut arbeiten kann, vielleicht ähnlich dem Schlaf. Hektik und alle negativen Folgen davon möchte ich vermeiden.

Was ich erlebe: Ich suche mir einen ruhigen, möglichst bequemen Ort und mithilfe der Anleitungen konzentriere ich mich auf Sinneswahrnehmungen. In erster Linie Wahrnehmungen über Ohren (Geräusche hören, nicht interpretieren), Haut (Temperatur, Druck, Begrenzungen fühlen, nicht interpretieren), Augen (optisch sehen, nicht interpretieren). Manchmal meine ich, die kleine dünne Mauer, die ich zwischen Wahrnehmung im Wahrnehmungsorgane (Haut, Auge, Ohr, Nase, Mund) und Interpretation des Wahrgenommenen im Gehirn aufbaue, zu spüren. So gönne ich dem Gehirn Ruhe und Erholung.

Können gestresste Eltern Achtsamkeitsübungen machen?

Gabriele Kewitz: Es wäre besonders wichtig, den Kindern mit klarem Kopf und vielen positiven Gefühlen zu begegnen. Mit guten Absprachen zwischen Partnern sollten Achtsamkeitsübungen mindestens einmal oder zweimal täglich zehn Minuten möglich sein. Spätestens während der Schwangerschaft mit Achtsamkeitsübungen zu beginnen, ist wahrscheinlich eine gute Idee, denn ich nehme an, dass die Resilienz gegenüber Stress steigt. Stress ist weder für die Schwangerschaft noch für das Zusammenleben mit Kindern ein günstiger Begleiter. Es gibt ausreichend wissenschaftliche Literatur zu den Zusammenhängen zwischen Stress und Schwangerschaft.

Wie wirkt sich Stress auf Eltern und Kinder aus?

Gabriele Kewitz: Die sogenannten Schreikinder haben Stress – die Mutter/Eltern braucht/brauchen Zuwendung und Entlastung. Später sind es eher die besonders ruhigen Kinder, die mehr Zuwendung und positive Unterstützung brauchen. Andere Kinder zeigen Aggressionen, weil sie nicht verstanden werden, mangelnde Zuwendung erfahren, Frustration erlauben, weil sie nicht gehört, nicht berücksichtigt werden. Achtsam sein gegenüber einem selbst und anderen – so selbstverständlich und so schwer!

Wie lässt sich Achtsamkeit beim Stillen umsetzen?

Gabriele Kewitz: Gemeinsam mit dem Kind in die Achtsamkeit zu gehen, wäre wahrscheinlich eine gute Sache z. B. beim Stillen, Kuscheln, Beobachten. Vielleicht könnten Mütter Achtsamkeit beim Stillen üben? Als Wissenschaftlerin sage ich: Keine Ernährung ist so gut wie das Stillen. Abpumpen und Füttern ist die zweite Möglichkeit. Jeder Muttermilchersatz ist ein Kompromiss. Das Stillen klappt nicht bei allen Frauen, der Stillbeginn für Mutter und Kind stellt häufig eine Herausforderung dar, die gemeistert werden muss.

Gelassenheit und ein klarer Kopf sind hilfreich. Diese Begleiter können durch Achtsamkeitsübungen begünstigt werden!

Was ist Ihr Wunsch an einen Glückskäfer?

Gabriele Kewitz: Ein achtsamer Umgang mit Kindern wie auch Natur und Tieren ist mir ein Herzensanliegen. Davon wünsche ich mir mehr in unserer Gesellschaft. Wir brauchen mehr Achtsamkeit im Bildungssystem, in der Betreuung der Kinder in Kindergärten und Schulen. Vielleicht würde ein Angebot von Achtsamkeitskursen helfen. Außerdem würde ich mir wünschen, dass Deutschland stillfreundlicher wird und das Stillen auch in der Öffentlichkeit stärker akzeptiert wird.

Weiterführender Link
https://seelisch-gesund-aufwachsen.de

5.11 Kreative Achtsamkeitsimpulsseite #5 „Marienkäfermomente erfassen"

Geballte Inspiration hast Du soeben bekommen durch die Interview-Gespräche und vielen Impulse. So hoffe ich zumindest! Welche wunderbaren achtsamen Marienkäfermomente im Rahmen der gelesenen Interviews sind Dir besonders hängengeblieben? Was hat Dich besonders inspiriert oder im Herzen berührt? Was möchtest Du am liebsten direkt anwenden? Gib jedem der drei Marienkäfer auf dieser Seite ein Wort, Zitat, Gedanken, inhaltlichen Anker, um Dich daran zu erinnern.

DAS HAT MICH BESONDERS AUFBLICKEN
UND ZUVERSICHTLICHER SEIN LASSEN:

DAS HAT MIR BESONDERS DAS HERZ ERWÄRMT:

DAS HAST MIR BESONDERS DAS GEFÜHL
GEGEBEN AM LIEBSTEN GLEICH DAMIT
LOSZULEGEN UND LOSZUFLIEGEN:

Literatur

Arbor (2022), www.arbor-seminare.de. Zugegriffen: 31.10.22
Arbor Online Center 2022, www.arbor-online-center.de. Zugegriffen: 31.10.22
Corporate Kitchen (2022), https://www.corporatekitchen.de/blog. Zugegriffen: 19.11.22
Coworking Toddler (2022), https://www.coworkingtoddler.com/. Zugegriffen: 19.11.22
De Bruijn C (2022), https://www.cherinedebruijn.com/. Zugegriffen: 19.11.22
Früchtenicht K, Seifert, G (2020) Von Anfang an gesund, Gesundheitskräfte natürlich stärken für Kinder von null bis drei, 1. Aufl. hanserblau, München
Hanser Literaturverlage (2022) Buch: Von Anfang an gesund, https://www.hanser-literaturverlage.de/buch/von-anfang-an-gesund/978-3-446-26424-3/. Zugegriffen: 13.11.22
Homodea (2022), https://homodea.com/wer-wir-sind. Zugegriffen: 19.11.22
IHK Köln (2022), Vereinbarkeitsmanager https://www.ihk.de/koeln/hauptnavigation/vereinbarkeits-manager-5186208. Zugegriffen: 12.11.22
Imdahl I, Steeger J (2022), Warum Frauen die Welt retten werden, Komplett Media
Kanzlei Runge (2022), https://www.kanzlei-runge.de/. Zugegriffen: 19.11.22
Koehler K (2022), Kathrin Koehler, https://www.kathrinkoehler.com/. Zugegriffen: 19.11.22
Life Trust Holding GmbH (2022) https://lifetrust.com/. Zugegriffen: 19.11.22
Lindau A (2022), Andrea Lindau, https://andrealindau.com/. Zugegriffen: 19.11.22
LinkedIn Imdahl (2022), https://www.linkedin.com/in/ines-imdahl. Zugegriffen: 19.11.22
Mama Meeting (2022) https://mamameeting.de/. Zugegriffen: 19.11.22

Mama Meeting RocknRaise Festival (2022), https://mama-meeting.de/rocknraise-festival-fuer-working-moms-2022/. Zugegriffen: 19.11.22

MARIENKÄFERMOMENTE (2022), http://marienkaefermomente.jetzt/. Zugegriffen: 04.12.22

MUT ZUR PERSÖNLICHKEIT (2022), https://mutzurpersoenlichkeit.de. Zugegriffen: 04.12.22

MUT ZUR PERSÖNLICHKEIT (Folge 18, 2022), Im Talk mit Lilian Güntsche-Hilgendag, https://mutzurpersoenlichkeit.podigee.io/18-im-talk-mit-lilian-guentsche-hilgendag. Zugegriffen: 15.11.22

Proparents Initiative (2022), https://proparentsinitiative.de/. Zugegriffen: 19.11.22

Rheingold Salon (2022), www.rheingold-salon.de. Zugegriffen: 19.11.22

Runge S (2022), Sandra Runge, https://sandrarunge.de/. Zugegriffen: 19.11.22

Runge S, Wenzel K (2022) Glückwunsch zum Baby, Sie sind gefeuert! Diskriminierung von Eltern im Job: Fallgeschichten von Betroffenen und Lösungsansätze, Eden Books – ein Verlag der Edel Verlagsgruppe

Seelisch gesund aufwachsen (2022), https://seelisch-gesund-aufwachsen.de. Zugegriffen: 19.11.22

Smart Mama (2022), https://www.smart-mama.de/. Zugegriffen: 19.11.22

Smart Worq (2022), https://smartworq.de/. Zugegriffen: 30.11.22

THE DIGNIFIED SELF® 2022, https://thedignifiedself.com/de. Zugegriffen: 04.12.22

Valentin L (2022), Achtsam Leben Achtsam Lehren, Referenzen, https://www.lienhard-valentin.de/referenzen/. Zugegriffen: 05.11.22

Valentin L, Kunze, P (2015) Die Kunst gelassen zu erziehen, Arbor Verlag

6

Mindful Agile Parenting Manifest (MAP-M) – Zeit zu fliegen, Marienkäfer!

Es ist an der Zeit, Agilität und Gelassenheit im Berufs- und Familienalltag mithilfe des MAP-M zu manifestieren. Es ist Zeit zu fliegen, kleiner Marienkäfer!

6.1 MAP-M: Ein Achtsamkeits-Versprechen mit Dir selbst

Das Leben mit Kindern ist eine unfassbar wertvolle Chance, zu wachsen und das Leben noch einmal zu erleben – aus Kinderaugen. Aus meiner Erfahrung des agilen Arbeitens hilft es, wenn wir unsere Überzeugung, ein „Commitment" dafür aussprechen, um eine Vision zu manifestieren. Wenn Dir dieses Buch also gefallen hat und Du Impulse darin entdeckt hat, die Dir hilfreich erscheinen, wäre es gut, wenn Du Dir selbst ein Versprechen aussprichst, Dich daran zu erinnern.

Wenn wir eine Vision in Worte bringen und sie am besten mit allen Sinnen erlebbar und spürbar machen können, ist die Wahrscheinlichkeit sehr viel höher, dass diese auch eintreten wird. Das ist das Gesetz der Anziehung. Wir sollen also nun auch unserem Unterbewusstsein suggerieren: „Hey, hier passiert etwas! Ich mache das jetzt! Ich meine das ernst!" Das ist eine Entscheidung und Entscheidungen können sich unfassbar befreiend anfühlen. Ich lade Dich daher dazu ein, Dich zu entscheiden, ob Du mehr Achtsamkeit, Agilität und Gelassenheit in Dein Leben bringen möchtest.

6 Mindful Agile Parenting Manifest (MAP-M) …

 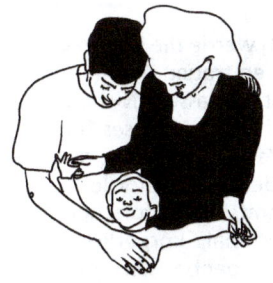

Wenn dem so ist, dann unterzeichne am besten die nachfolgende Mindful Agile Parenting Manifest (MAP-M) Das MINDFUL AGILE PARENTING MANIFEST. Gerne kannst Du Dir dieses auch im exklusiven Members-Bereich auf meiner Webseite herunterladen (www.marienkäfer-momente.jetzt/bonus).

MINDFUL AGILE PARENTING-MANIFEST
MAP-M

> **Commitment: MINDFUL AGILE PARENTING MANIFEST (MAP-M)**
>
> Ich _____ [Name] verspreche mir selbst und meinem Kind öfter mal Marienkäferpunkte zu zählen und den Moment zu genießen – ohne auf die Uhr zu gucken und einer To-do-Liste hinterherzurennen. Ich möchte darauf vertrauen, dass mein Kind/meine Kinder mein(e) Achtsamkeitstrainer sein kann/können und auch von ihm/ihr lernen. Ich möchte bewusster und mit Empathie kommunizieren und mich öfter in andere hineinversetzen, vor allem in die Perspektive meines Kindes/meiner Kinder.

Ich werde die sieben Grundhaltungen der Achtsamkeit im Herzen tragen und in meinen Alltag integrieren: Anfängergeist, Loslassen, Nicht wertend, Akzeptanz, Vertrauen, Geduld und müheloses Tun.

Wenn ich merke, dass mich bestimmte Situationen besonders herausfordern, werde ich schauen, woher das kommt, und erforschen, was dieser Trigger mit mir macht, emotional, körperlich, in meinen Gedanken. Ich werde genau beobachten und analysieren, ob es Erfahrungen aus meiner eigenen Kindheit sind, die eigentlich dahinterstehen. Wenn Stress entsteht, möchte ich genauer hinsehen, woher dieser Stress kommt und was die Trigger dafür sind. Ich möchte daraus lernen und raus aus dem Automatismus hin zu einer bewussteren Reaktion gelangen.

In Zeiten des Wandels möchte ich mich erinnern an das Change-Mindset und die agilen Werte. Ich werde Veränderungen mit mehr Mut, Respekt, Hingabe, Offenheit und Fokus betrachten. Ich möchte eine gelingende Vereinbarkeit in mein Leben bringen und werde mich dafür einsetzen und die nötigen Gespräche suchen. Ich werde hierbei üben mehr zu vertrauen.

Ich werde sanft und achtsamer mit mir selbst umgehen und mich nicht dafür verurteilen, wenn ich mal wütend, schwach, traurig bin, die Fassung verliere oder nicht zum Meditieren oder sonstigen Selbstfürsorgemomenten komme. Ich weiß, wie wichtig Mitgefühl ist, und werde sowohl meine Liebsten als auch mich selbst, gut behandeln. Ich werde nicht mehr ständig der Vergangenheit hinterhertrauern oder mir Sorgen über die Zukunft machen. Von nun an lebe ich im JETZT. Ich lasse mich ein auf die schönen kleinen Dinge im Leben, werde diese wertschätzen und gebe mehr Raum für viele magische „Marienkäfermomente" – alleine und/oder mit meinen Liebsten.

[Datum, Unterschrift]

6.2 CHECK-OUT: RETROSPEKTIVE

Wie bereits im Buch in Kap. 2 zum Change-Mindset erläutert, gibt es im agilen Arbeiten, um Wandel zu meistern, feste Routinen. Sie geben inmitten der ständigen Veränderungen etwas Halt. Eine davon ist die Retrospektive. Hierbei geht es darum, kontinuierlich zu reflektieren, was lief gut, was hätte besser laufen können und welche Maßnahmen es dafür braucht. Ziel ist es, Erkenntnisse zu generieren und (gemeinsam) Stück für Stück besser zu werden und zu wachsen.

Du kannst diese Übung auch mit Dir allein (oder natürlich auch mit Deinem/er Partner/in) durchführen. Ich bitte Dich, dazu noch einmal Deine Aufzeichnungen hervorzuholen, die Du Dir am Anfang dieses Buches gemacht hast, als Du den ersten Check-in „Meine Wetterlage" aus Kap. 1 durchgeführt hast.

> **Übung „Retrospektive"**
> Führe diese Übung nun noch einmal durch und schau, ob sich die Ergebnisse verändert haben. Nun blicke zurück auf die Zeit, während Du dieses Buch gelesen hast und die Übungen durchgeführt oder Impulse auf Dich hast wirken lassen. Reflektiere einen Moment in Stille und beantworte nachfolgende Fragen.

Retrospektive: Rückblick

Was lief gut?	Was hätte besser laufen können?

Retrospektive: Konkrete Handlungen und Helfer:innen im Alltag

Was sind konkrete Verbesserungsmaßnahmen?	Wer oder was kann mich dabei unterstützen?

Retrospektive: Dankbarkeit und Wertschätzung formulieren

Wofür bin ich dankbar?	Schreibe eine oder mehrere Punkte auf für die Du jetzt gerade dankbar bist.

Retrospektive: Achtsamkeitsübungen und -impulse

Welche Übungen oder Inspirationen in diesem Buch haben in mir die größten Aha-Effekte ausgelöst oder mir geholfen?	Wie plane ich, diese Gedanken oder Übungen in meinen Alltag zu integrieren? We rkann mich dabei unterstützen?

6.3 Impulse zum Dranbleiben für den achtsamen Alltag

Wir alle kennen ihn, den inneren Schweinehund. Kleine Erinnerungsstützen im Alltag können helfen, dranzubleiben. Ein paar Tipps, gebe ich Dir gerne an die Hand:

6 Mindful Agile Parenting Manifest (MAP-M) ...

Manifestation

Drucke Dir die Achtsamkeitsimpulsseiten aus diesem Buch auf meiner Website aus (*marienkaefermomente.jetzt*), befülle die Check-in- und Check-out-Übungen im Rahmen dieses Buches und gebe Dir selbst ein Commitment, indem Du das Mindful-Agile-Parenting-Manifest (MAP-M) zu Beginn dieses Kapitels unterzeichnest.

Finde einen Gelassenheits- bzw. Achtsamkeits-Buddy

Finde jemanden, der sich mit Dir gerne zu den Themen rund um „Achtsamkeit für Eltern" austauscht und dem Du von Deinen Marienkäfermomenten erzählen kannst. Das motiviert sehr. Du kennst das vermutlich vom Sport. Wenn wir einen Sport mit jemanden zusammen betreiben, ist die Motivation höher, dass wir auch wirklich Sport machen und regelmäßig hingehen. Also suche Dir genauso jemanden für Deine Achtsamkeitsreise und für mehr Gelassenheit im Elternalltag.

Übungen aus diesem Buch immer wieder in Erinnerung rufen und in den Alltag integrieren

Wichtiger Hinweis: Alle Übungen für mehr Gelassenheit im Elternalltag findest Du im Überblick in einem Übungsverzeichnis in diesem Kapitel. Siehe dafür bitte die Tabelle am Ende des Kapitels. Dort sind auch die geschätzte Dauer für die Übungen und Kapitelverweise enthalten. Schau dort am besten immer mal wieder rein und probiere etwas Neues aus. Ich wünsche Dir viel Erfolg und Freude damit!

Digitale Inhalte in App und im Web genießen

In der zum Buch begleitenden Springer Nature More Media App findest Du Audio-Dateien und tolle Videos aus den Interviews. Dies soll Dein digitaler Wegbegleiter sein und bleiben. Höre Dir die angeleiteten Meditationen und Klänge an – egal, wo Du gerade bist.

Ich lege Dir auch ans Herz, Dir die vollständigen Video-Interviews mit den Experten aus diesem Buch im Web auf *www.marienkäfermomente.jetzt* anzusehen (s. Marienkäfermomente 2022) und/oder Lilian Güntsche-Hilgendag (2022) und den Podcast „Achtsamkeit für Eltern", präsentiert von MARIENKÄFERMOMENTE zu abonnieren. Es wird auf dort und auf meinen Webseiten immer wieder weitere Impulse und neue Gespräche geben, die publiziert werden. Es lohnt sich, in Verbindung zu treten und/oder den Newsletter und Podcast zu abonnieren (überall, wo es Podcasts gibt).

Sharing is Caring! #MARIENKÄFERMOMENTE

Teile auch gerne Deine persönlichen Highlights und Marienkäfermomente in den sozialen Medien und nutze den Hashtag: #MARIENKÄFERMOMENTE – Sharing is caring! So findest Du vielleicht weitere Gleichgesinnte und sie finden Dich.

Zudem erinnert es Dich auch selbst immer wieder daran, auf „Marienkäfermomente" zu achten und solche gemeinsam mit Deinem Kind/Deinen Kindern zu erschaffen. Ich freue mich auch immer sehr über die Zustellung schöner Marienkäferfotos. Einige haben mich bereits erreicht! Was sind Deine Marienkäfermomente?

Mindfulness Apps

Es gibt viele tolle Meditations- und Achtsamkeits-Apps, die ebenfalls eine gute Unterstützung für kleine Atemmeditationen oder Impulse im Alltag sein können. Stiftung Warentest hat 2021 einige Meditationsapps einem Qualitätstest unterzogen (weitere Infos dazu finden sich bei Stiftung Warentest 2021). Die App Headspace, welche Meditationen für Erwachsene und Kinder anbietet, erhielt hierbei die Bestnote (Headspace App 2022). Auch die 7Mind App (7Mind App 2022), die von einigen Krankenkassen bezuschusst wird, konnte mit einem guten Ergebnis abschließen. Im Rahmen des Blogposts „Top Apps für mehr Achtsamkeit" auf *thedignifiedself.com* habe ich noch weitere Apps betrachtet (The Dignified Self 2019).

Literatur und Hörbücher

Wenn Du Literaturtipps rund um das Thema Achtsamkeit, Erziehung und Persönlichkeitsentwicklung suchst, schau doch mal in das Literaturverzeichnis dieses Buches am Ende jedes Kapitels. Eine Momentaufnahme einiger Werke, die mich inspiriert haben, entdeckst Du vielleicht in Abb. 6.1.

In der Literatur zu diesem Buch sowie in meinem ersten Buch „Achtsamkeit in digitalen Zeiten" (Güntsche 2016) findest Du viele weitere Literatur-Impulse zum Stöbern. Sehr zu empfehlen ist es auch, die Hörbücher und Interviews mit Eckhart Tolle zu hören. Diese findest Du zum Beispiel bei Spotify. Das Buch „Jetzt! Die Kraft der Gegenwart" (Tolle 2010) zählt aus meiner Sicht zu den besten Büchern, die jemals geschrieben wurden. Ich höre gerne das Hörbuch auf Englisch. Es hilft mir sehr, es anzuhören, es ist wie eine Meditation für meine Ohren. Fun-Fact: Neulich hatte ich eine Zahn-OP und habe es mir währenddessen eingeschaltet. Ich war sehr aufgeregt und angespannt in der Behandlung, aber als das Hörbuch startete, merkte ich sofort, wie sich die Entspannung ausbreitete. Ich fragte den Arzt, ob ich weitere Schmerzmittel bekommen hatte. Er verneinte. Es war also allein die „Meditation" von Eckhart Tolle, die mich hat entspannen lassen. Ein schönes Beispiel, finde ich, das zeigt: Wir haben es oft selbst in der Hand.

Abb. 6.1 Literatur Inspiration; Foto: Lilian Güntsche-Hilgendag

---

Übung: Mindfulness-Reminder

Einen **Hack** möchte ich Dir gerne noch mitgeben: Stelle Dir einen Timer oder eine Erinnerung im Smartphone als kleinen Mindfulness-Reminder, z. B. einen Wecker, der jeden Tag zur gleichen Zeit ertönt und Dich daran erinnert, Achtsamkeit zu praktizieren – jetzt in diesem Moment. Auch wenn es nur eine Minute ist. Das ist besser als nichts. Oder Du hängst Dir ein Bild oder einen Spruch auf, der oder das Dich daran erinnert.

Darüber hinaus, blocke Dir Zeiten für Selbstfürsorge, Deine Me-Time! Zeit, die Du Dir selbst widmest, um Dich daran zu erinnern, auch Dich zu pflegen. Nur so kannst Du auch für andere wirklich da sein. Diese Me-Time-Momente sollten mit der Zeit mehr und mehr Teil Deines normalen Alltags werden. Mal ein heißes Bad am Abend, mal ein Gespräch mit einer engen Freundin, mal eine 3-Minuten-Atem-

> pause (s. Übung „3-Minuten-Atempause" unter Abschn. 1.5). Mal ist es Yoga am Morgen und mal ist es das gemeinsame Zählen von Marienkäferpunkten mit dem Kind. Kleine Marienkäfermomente der Achtsamkeit hier und da. Das ist hilfreich, um den Elternalltag ein wenig zu „entstressen".
> Vielleicht markierst Du Dir auch Deine Lieblingsübungen aus diesem Buch oder hörst Dir die Meditationen an. Oder Du schaust online im anknüpfenden „Achtsamkeit für Eltern"-Podcast vorbei unter marienkäfermomente.jetzt. Schau, was sich für Dich richtig anfühlt und integriere das. Wenn Du merkst, es funktioniert irgendwie nicht, verändere es und passe es an. Bleibe agil!

und denk' dran, in Tab. 6.1 findest Du die bereits erwähnte Zusammenfassung aller über 50 Übungen bzw. Achtsamkeitsübungen & Impulse aus diesem Buch. Zielsetzung ist es, durch kleine Übungen und Meditationen wie diese, die oft gar nicht so viel Zeit beanspruchen, etwas mehr Gelassenheit im Elternalltag zu finden.

6.4 „Flieg Marienkäfer, flieg" – eine Reise des Erwachens

Um Inspiration zu schöpfen und neue Wege zu gehen, können zum Beispiel die Kunst, Musik, Literatur, Zitate oder Gedichte unterstützen. Gerne teile ich daher ein Gedicht mit Dir: ERWACHEN.

Denn Bewusstseinsschärfung und Achtsamkeit sind eine Form des Erwachens. Ich hoffe, die nachfolgenden Zeilen unterstützen Dich auf Deiner weiteren Reise.

Erwachen (Ein Gedicht von Lilian Güntsche-Hilgendag)
Wo Schmerz ist, ist auch Wachstum.
Wo Sorgen sind, sind auch Träume.
Wo Zweifel sind, ist auch Vertrauen.

Wo Enttäuschung ist, ist auch Erwartung.
Wo Verlangen ist, ist auch Hingabe.
Wo Stress ist, ist auch Gelassenheit.
Wo Wut ist, ist auch Geduld.
Wo Einsamkeit, ist auch Erkenntnis.
Wo Verlust ist, ist auch Orientierung.
Wo Eintönigkeit ist, ist auch Kreativität.
Wo Veränderung ist, ist auch Agilität.
Wo Perfektionismus ist, ist auch Authentizität.
Wo Niederlagen sind, ist auch Erfolg.
Wo Ablenkung ist, ist auch Bewusstsein.
Wo Regen ist, ist auch Sonne.
Wo Lärm ist, ist auch Stille.
Wo Hass ist, ist auch Liebe.
Wo Angst ist, ist auch Mut.
Wo Verdrängung ist, ist auch Erwachen.
Wo „irgendwann" ist, ist auch JETZT.

Und wann ist der beste Zeitpunkt, um mit Achtsamkeit anzufangen? JETZT. Ich wünsche Dir und Deiner Familie eine tolle Reise des Erwachens! Ihr seid bereits auf dem Weg.

Den ersten Schritt bist Du bereits gegangen mit der Entscheidung, dieses Buch zu lesen.

Den zweiten Schritt bist Du gegangen mit dem Impuls, Dich für Achtsamkeitspraxis zu öffnen.

Den dritten Schritt bist Du gegangen, als Du angefangen hast, die Schönheit auch in der Imperfektion und im Anfängergeist zu sehen.

Den vierten Schritt bist Du gegangen, als Du angefangen hast, mehr zu vertrauen, loszulassen und zu akzeptieren, was ist.

Den fünften Schritt bist Du gegangen, als Du angefangen hast, aufzuhören alles aufzuzählen, und Gelassenheit in Dein Leben getreten ist.

Die weiteren Schritte werden sich bilden – Tag für Tag, Schritt für Schritt – denn es ist Dein Weg!

Gehe ihn bewusst und in Deinem eigenen Tempo (gemeinsam mit Deinem Kind/Deinen Kindern).

Und wenn es Dir oder Euch mal alles „zu groß", „zu schwer", „zu viel" erscheint, denk an die Zeilen von Kafka:

„Wege entstehen dadurch, dass man sie geht" – Franz Kafka

Happy Mindful Mom,
Foto: Sopotnicki Photography

Jedoch bitte ich Dich eines nicht zu vergessen auf Deinem Weg! Denke daran, immer einmal stehen zu bleiben, um die Marienkäferpunkte zu zählen und Dich an den kleinen Dingen zu erfreuen – wie ein Kind und auch gemeinsam mit Deinem Kind. Das ist ein wertvoller Teil der Reise, die das Leben lebenswerter macht. Ich wünsche Dir viele Marienkäfermomente in Deinem/eurem Leben! Und nun:

FLIEG MARIENKÄFER, FLIEG!!!

6.5 Kreative Achtsamkeitsimpulsseite #6 „Wertschätzung und Kudos"

Sind wir liebevoll und mitfühlend zu uns selbst, können wir auch tiefe Liebe und Verbundenheit weitergeben. Die Achtsamkeit, das Wahrnehmen der „Fullness", der Fülle, aus dem Wort MindFULNESS, werden Dir helfen. Auf dieser letzten Achtsamkeitsimpulsseite möchte ich Dich einladen, Dich selbst zu feiern und Dir selbst Wertschätzung, Lob und Anerkennung zu zeigen, indem Du Kudos Karten an Dich selbst schreibst. Das ist eine beliebte Methode in agilen Projekten und eine starke, visuelle Art und Weise, DANKE zu sagen. Natürlich kannst Du auch einem anderen Menschen Kudos schreiben und aussprechen, aber bitte starte mir Dir selbst.

> **Meine Kudos-Karte an Dich**
>
> Ich bin stolz auf Dich und dankbar, dass Du dieses Buch gelesen hast. Ich bin inspiriert davon, wie Du immer weiter an Dir arbeitest. Ich wünsche Dir, dass Du erkennst, dass Du gut genug bist, so wie Du bist. Es ist okay, nicht perfekt zu sein. Und es ist wunderbar, sich weiterzuentwickeln, insbesondere dann, wenn es um das Wohl unserer Kinder geht. Ich danke Dir von Herzen für Dein Vertrauen und Deine Zeit.

Du bist dran! Lobe Dich, feiere Dich, wertschätze Dich, lass negative Gedanken los! Erfreue Dich einfach – ohne zu werten – an Dir, Deinem Leben, Deinem Kind, positiven Aspekten. Das tut gut.

Kudos-Karten-Inspirationen als mögliche Vorlagen:

- Ich bin dankbar dafür, dass ich …
- Ich bin stolz auf mich, dass ich …
- Danke für …
- Das habe ich heute besonders gut gemacht:
    - Eine Situation, in der mein Kind mir etwas Tolles gezeigt hat (danke an mein Kind für …)
    - Eine Situation, in der ich Liebe gegeben habe (danke an mich für …)

Und nun: Schreibe mindestens 3 Kudos-Karten an Dich selbst. Viel Freude dabei!

1.
2.
3.

Zum Abschluss möchte ich Dich ermutigen Dir die Übungen aus diesem Buch noch einmal anzuschauen und für Dich zu entscheiden, welche Du in Deinen Alltag integrieren kannst. Eine Übersicht aller Übungen findest Du wie bereits angekündigt im Nachgang. Viel Spaß beim Experimentieren!

Übungsverzeichnis für mehr Gelassenheit im Elternalltag

	Kapitel/Themenfokus	Titel der Übung/des Impulses	Art der Übung/des Impulses	Ungefähre Dauer
1	Abschn. 1.4 Mindfulness in a nutshell – Wie Achtsamkeit gegen Stress helfen kann	Übung zum „Bewusstseins-dreieck	Achtsamkeitsübung/ Selbstwahrnehmung	10–15 Min.
2	Abschn. 1.5 Impulse und Übungen aus dem „Mindful Parenting"-Ansatz	3-Minuten-Atempause	Meditation (auch als Audio verfügbar)	3 Min.
3	Abschn. 1.5 Impulse und Übungen aus dem „Mindful Parenting"-Ansatz	Situation aus den Augen des Kindes betrachten	Achtsamkeitsübung/ Empathie fürs Kind	5 Min.
4	Abschn. 1.5 Impulse und Übungen aus dem „Mindful Parenting"-Ansatz	Hörmeditation mit Mantra des Mitgefühls	Meditation (auch als Audio verfügbar)	10–15 Min.
5	Abschn. 1.5 Impulse und Übungen aus dem „Mindful Parenting"-Ansatz	Übung: Schwere Momente erkennen und sich ihnen mit Mitgefühl zuwenden (Rupture & Repair)	Achtsamkeitsübung/ Konfliktsituationen	10–15 Min.
6	Abschn. 1.6 Achtsamkeit mit Kind in den Alltag integrieren	Übung: Einschlaf-Fantasie-reise für Kinder	Fantasiereise mit Kind/ zur Ruhe kommen (auch als Audio verfügbar)	10–15 Min.

(Fortsetzung)

	Kapitel/Themenfokus	Titel der Übung/des Impulses	Art der Übung/des Impulses	Ungefähre Dauer
7	Abschn. 1.7 Check-in: Intention – und Assessment – Momentaufnahme des Status-quo	Selbsttest: Status quo & Intention	Fragebogen	10 Min.
8	Abschn. 1.7 Kreative Achtsamkeitsimpulsseite #1	„Marienkäferpunkte zählen und ausmalen"	Fokus & Bewusstseinsschärfung (mit Kind) durch bewusstes Malen und Entdecken	5–10 Min.
9	Abschn. 2.3 Agile Werte nach Scrum – eine solide Stütze bei Veränderungen auch im Familienkontext	Tab. 2.1 Fokus: Single Kontext Übung nach Sutherland (2015)	Fokus – Übung um Single Tasking zu üben	5 Min.
10	Abschn. 2.4 Agile Routinen & Impulse – Struktur ins Chaos des Alltags bringen	Routine „Daily Stand-up"	Organisationstipp/Agile Mindset/Routine für Veränderungsmanagement	15 Min.
11	Abschn. 2.4 Agile Routinen & Impulse – Struktur ins Chaos des Alltags bringen	Werte Definition	Bewusstseinsschärfung/ Aktive Reflektion	15–30 Min.
12	Abschn. 2.4 Agile Routinen & Impulse – Struktur ins Chaos des Alltags bringen	In Iterationen (aka Sprints) denken und den großen Elefanten „klein" schneiden	Sprintplanung/agiles Mindset/Routine für Veränderungsmanagement	15 Min. (ongoing)

13	Abschn. 2.4 Agile Routinen & Impulse – Struktur ins Chaos des Alltags bringen	Offene Haltung durch urteilsfreie Kommunikation und bewusste Gedanken	Achtsamkeitsübung/ Urteilsfreie und offene Kommunikation	3 Min. (ongoing)
14	Abschn. 2.4 Agile Routinen & Impulse – Struktur ins Chaos des Alltags bringen	KANBAN FAMILY BOARD für „agile" Moms & Dads	Organisationstipp/Agile Mindset/Routine für Veränderungsmanagement	15 Min. (ongoing)
15	Abschn. 2.4 Agile Routinen & Impulse – Struktur ins Chaos des Alltags bringen	Stärken bewusst machen	Bewusstseinsschärfung/ Aktive Reflektion	15 Min. (ongoing)
16	Abschn. 2.5 Kreative Achtsamkeitsimpulsseite #2	„Marienkäferpunkte berechnen"	Fokus & Bewusstseinsschärfung (mit Kind)	10 Min.
17	Abschn. 3.2 Das Kinder-Mindset üben – Impulse & Übungen für „mindful" Moms & Dads	Achtsames Essen – „Die 5 Sinne und den Anfängergeist erwecken"	Achtsamkeitsübung	15 Min.
18	Abschn. 3.2 Das Kinder-Mindset üben – Impulse & Übungen für „mindful" Moms & Dads	Rosinenübung auf das eigene Kind übertragen (angelehnt an Bögels und Restifo 2015)	Achtsamkeitsübung/ Empathie	15 Min.
19	Abschn. 3.2 Das Kinder-Mindset üben – Impulse & Übungen für „mindful" Moms & Dads	Autopilot aus!	Achtsamkeitsübung/ Bewusstseinsschärfung	3 Min.
20	Abschn. 3.2 Das Kinder-Mindset üben – Impulse & Übungen für „mindful" Moms & Dads	Kreativität freien Lauf lassen	Impuls/Child Mindset	Ongoing

(Fortsetzung)

	Kapitel/Themenfokus	Titel der Übung/des Impulses	Art der Übung/des Impulses	Ungefähre Dauer
21	Abschn. 3.2 Das Kinder-Mindset üben – Impulse & Übungen für „mindful" Moms & Dads	Neue Wege gehen	Impuls/Child Mindset	Ongoing
22	Abschn. 3.2 Das Kinder-Mindset üben – Impulse & Übungen für „mindful" Moms & Dads	Anker – Frei sein, Neues wagen	Selbsthypnose/Ankern	5-10 Min. (ongoing)
23	Abschn. 3.3 Wertfrei-sein – Impulse & Übungen für „mindful" Moms & Dads	Gedanken wie Wolken ziehen lassen	Meditation	5-10 Min.
24	Abschn. 3.3 Wertfrei-sein – Impulse & Übungen für „mindful" Moms & Dads	Das Meer der Gedanken	Meditation	5-10 Min.
25	Abschn. 3.4 Vertrauen lernen – Impulse & Übungen für „mindful" Moms & Dads	Sprichwort – Es braucht ein Dorf, um ein Kind großzuziehen	Bewusstseinsschärfung/ Aktive Reflektion/ Organisation	5-10 Min. (ongoing)
26	Abschn. 3.4 Vertrauen lernen – Impulse & Übungen für „mindful" Moms & Dads	„Mitreißen lassen von dem Urvertrauen der Kinder"	Impuls/Child Mindset/ Vertrauen	Ongoing
27	Abschn. 3.4 Vertrauen lernen – Impulse & Übungen für „mindful" Moms & Dads	„Dem Jetzt hingeben – dem Körper vertrauen"	Meditation/Vertrauen	5 Min. (ongoing)

28	Abschn. 3.4 Vertrauen lernen – Impulse & Übungen für „mindful" Moms & Dads	„Balance zwischen Fürsorge und Eigenverantwortung finden"	Bewusstseinsschärfung/ Vertrauen	5 Min. (ongoing)
29	Abschn. 3.5 Loslassen lernen – Impulse & Übungen für „mindful" Moms & Dads	Loslassen Meditation	Meditation (auch als Audio verfügbar)	5 Min.
30	Abschn. 3.5 Loslassen lernen – Impulse & Übungen für „mindful" Moms & Dads	Schmetterlingsumarmung „Ich bin genug!"	Atemübung/Selbstfürsorge	3 Min.
31	Abschn. 3.5 Loslassen lernen – Impulse & Übungen für „mindful" Moms & Dads	Dankbarkeit und Wertschätzung sich selbst gegenüber stärken	Achtsamkeitsübung/Routine der Dankbarkeit	5 Min. (ongoing)
32	Abschn. 3.5 Loslassen lernen – Impulse & Übungen für „mindful" Moms & Dads	Aufgabeliste – integriere sie in Deine Achtsamkeitspraxis	Organisationstipp/Achtsamkeitspraxis	5–10 Min. (ongoing)
33	Abschn. 3.5 Loslassen lernen – Impulse & Übungen für „mindful" Moms & Dads	Inspiration einer To-be-Liste (angelehnt an Bögels 2018, S. 26)	Organisationstipp/Achtsamkeitspraxis	5–10 Min. (ongoing)
34	Abschn. 3.5 Loslassen lernen – Impulse & Übungen für „mindful" Moms & Dads	Balance aus To-do und To-be herstellen	Organisationstipp/Achtsamkeitspraxis	Ongoing
35	Abschn. 3.6 Akzeptanz üben – Impulse & Übungen für „mindful" Moms & Dads	Das negative Gefühl „willkommen" heißen in Deinem „Gasthaus"	Achtsamkeitspraxis/ Gedicht/Mindset Akzeptanz	5–10 Min.

(Fortsetzung)

	Kapitel/Themenfokus	Titel der Übung/des Impulses	Art der Übung/des Impulses	Ungefähre Dauer
36	Abschn. 3.6 Akzeptanz üben – Impulse & Übungen für „mindful" Moms & Dads	Selbstmitgefühl schenken, Liebe aufnehmen	Meditation/Selbstfürsorge	3 Min.
37	Abschn. 3.6 Akzeptanz üben – Impulse & Übungen für „mindful" Moms & Dads	Kirtan-Gesang „Mantra Meditation" mit Harmonium	Mantra-Meditation (auch als Audio verfügbar)	5 Min.
38	Abschn. 3.7 Gelassen bleiben – Impulse & Übungen für „mindful" Moms & Dads	Gelassenheits-Buddy finden	Bewusstseinsschärfung/ Aktive Reflektion/ Mindset müheloses Tun	5 Min.
39	Abschn. 3.7 Gelassen bleiben – Impulse & Übungen für „mindful" Moms & Dads	Sandburg bauen als Gelassenheitspraxis	Achtsamkeitsübung/ Mindset müheloses Tun	Ongoing
40	Abschn. 3.7 Gelassen bleiben – Impulse & Übungen für „mindful" Moms & Dads	Calendar-Clearing	Organisationstipp/ Achtsamkeitsübung/ Mindset müheloses Tun	5 Min. (ongoing)
41	Abschn. 3.7 Gelassen bleiben – Impulse & Übungen für „mindful" Moms & Dads	Quartals-Schwerpunkte – es muss nicht alles auf einmal sein	Organisationstipp/Aktive Reflektion/Mindset müheloses Tun	10 Min. (ongoing)
42	Abschn. 3.7 Gelassen bleiben – Impulse & Übungen für „mindful" Moms & Dads	Delegieren	Organisationstipp/Aktive Reflektion/Mindset müheloses Tun	5 Min. (ongoing)

43	Abschn. 3.8 Geduld üben – Impulse & Übungen für „mindful" Moms & Dads	Sound-Meditation als Geduldsprüfung	Sound-Meditation (auch als Audio verfügbar)	5–10 Min. (ongoing)
44	Abschn. 6.8 Geduld üben – Impulse & Übungen für „mindful" Moms & Dads	Lego als Geduldspraxis	Achtsamkeitsübung/ Mindset Geduld	Ongoing
45	Abschn. 6.8 Geduld üben – Impulse & Übungen für „mindful" Moms & Dads	1 min Stille	Meditation/Mindset Geduld	1–3 Min.
46	Abschn. 6.8 Geduld üben – Impulse & Übungen für „mindful" Moms & Dads	Schildkröten-Vision	Meditation/Mindset Geduld/Visualisierung	3 Min.
47	Abschn. 6.8 Geduld üben – Impulse & Übungen für „mindful" Moms & Dads	Reflexionsübung Geduld	Bewusstseinsschärfung/ aktive Reflektion/Mindset Geduld	3 Min.
48	Abschn. 6.8 Geduld üben – Impulse & Übungen für „mindful" Moms & Dads	Sich der Unruhe und Ungeduld bewusster werden	Bewusstseinsschärfung/ Aktive Reflektion/Mindset Geduld	3 Min.
49	Abschn. 3.9 Kreative Achtsamkeitsimpulsseite #3	„Marienkäfer entdecken"	Fokus & Kreativität (mit Kind)	5–10 Min.
50	Abschn. 4.1 Vereinbarkeit von Family- und Businessleben	Inneres vs. äußeres System	Impuls/Mindset Vereinbarkeit	Ongoing

(Fortsetzung)

Kapitel/Themenfokus	Titel der Übung/des Impulses	Art der Übung/des Impulses	Ungefähre Dauer
51 Abschn. 4.2 Symbiose aus Karriere und Familie – eine Zeit für bewusste Entscheidungen	Übung: Die 6 Pforten zur Entscheidungsfindung	Organisationstipp/ Bewusstseinsschärfung/ Entscheidungen	Ongoing
52 Abschn. 4.3 Kreative Achtsamkeitsimpulsseite #4	„Brain dump" für eine gelingende Vereinbarkeit	Mindful Journeling/ Achtsamkeitsübung/ Bewusstseinsschärfung/ Vereinbarkeit	15 Min.
53 Abschn. 5.11 Kreative Achtsamkeitsimpulsseite #5	„Marienkäfermomente" erfassen	Achtsamkeitsübung/Aktive Reflektion/Inspiration	15 Min.
54 Abschn. 6.1 MAP-M: Ein Achtsamkeits-Versprechen mit Dir	MINDFUL AGILE PARENTING MANIFEST (MAP-M) commitment	Manifestation/Mindset/ Bewusstseinsschärfung	5–10 Min.
55 Abschn. 6.2 Check-Out: Retrospektive	Retrospective	Organisationstipp/Agile Mindset/Routine für Veränderungsmanagement	10–15 Min.
56 Abschn. 6.3 Impulse zum Dranbleiben für den achtsamen Alltag	Mindfulness-Reminder	Achtsamkeitspraxis/ Selbstfürsorge	Ongoing
57 Abschn. 6.5 Kreative Achtsamkeitsimpulsseite #6	„Wertschätzung und Kudos"	Achtsamkeitspraxis/ Wertschätzung und Selbstfürsorge (mit Kind)	10 Min.

Literatur

7Mind App (2022), https://www.7mind.de/app. Zugegriffen: 19.11.22

Bögels S, Restifo K (2015) Mindful Parenting: A Guide for Mental Health Practitioners. WW Norton & Co.

Bögels S (2018) Elternsein – die ganze Katastrophe: Achtsam mit Kindern wachsen. Arbor Verlag

Güntsche L (2016), Achtsamkeit in digitalen Zeiten 2016, Springer Fachmedien, Wiesbaden

Headspace App (2022), https://www.headspace.com/de/. Zugegriffen: 19.11.22

Lilian Güntsche-Hilgendag (2022), http://lilianguentsche.de/. Zugegriffen: 19.11.22

Marienkäfermomente (2022), http://marienkaefermomente.jetzt/. Zugegriffen: 19.11.22

Stiftung Warentest (2021), Meditations-Apps im Test, Testergebnisse für 20 Meditations-Apps 08/2021. https://www.test.de/Meditations-Apps-Test-5771056-0/. Zugegriffen: 5.11.22

The Dignified Self® (2019) Top Apps für mehr Achtsamkeit, https://thedignifiedself.com/de/top-apps-fuer-mehr-achtsamkeit/?noredirect=de_DE. Zugegriffen: 5.11.22

Tolle E (2010), Jetzt! Die Kraft der Gegenwart, Kamphausen Media GmbH

 Springer springer.com

Lilian N. Güntsche

Achtsamkeit in digitalen Zeiten

Ein persönlicher Wegweiser
für mehr Ruhe in
der Beschleunigung

Jetzt bestellen:
link.springer.com/978-3-658-11089-5

GPSR Compliance
The European Union's (EU) General Product Safety Regulation (GPSR) is a set of rules that requires consumer products to be safe and our obligations to ensure this.

If you have any concerns about our products, you can contact us on

ProductSafety@springernature.com

In case Publisher is established outside the EU, the EU authorized representative is:

Springer Nature Customer Service Center GmbH
Europaplatz 3
69115 Heidelberg, Germany

www.ingramcontent.com/pod-product-compliance
Lightning Source LLC
LaVergne TN
LVHW020327260326
834688LV00037B/899